JN088194

最高の打ち手が見つかる

3つのマップで
戦略に沿った施策を
実行する

マーケティングの実践ガイド

A Practical Guide to Marketing

富家 翔平
Shohei Fuke

SE
SHOEISHA

はじめに

「どんな施策を打てばいいのだろう？」「何を改善すればいいの？」「関係部署の協力が得られない……」「施策と企画どちらが悪かったのか？　他に考えられる要因は？」

これらは、私がマーケターとしてのキャリアをスタートしたときに日々頭を悩ませていたことですが、多くの方に共感していただけるのではないでしょうか。

コニカミノルタジャパンでマーケティング組織を立ち上げることになった私は、マーケターとしての仕事の全体像を理解できずにいました。「職務を全うし、成果を上げたい！」という熱意はあるものの、何を目的に、どんな考え方や順番でどんなアクションを取ればよいのか見当もつかなかったのです。マーケティングの〝本質〟について書かれた理論を調べたり書籍を読んだりしましたが、マーケティングの初心者だった私には用語の理解だけで一苦労。ましてやその知識を自分の業務に適用し活用することは困難を極めました。それならばと、デジタルマーケティング、ＳＥＯ、コンテンツマーケティング、ＭＡツールの活用などの特定の分野や施策に焦点を当てた本を手に取ってみましたが、部分的な理解は深まるものの、依然として全体像を把握することができずにいました。

私自身がそんな状況だったので、立ち上げたばかりのマーケティング組織もまた、何もかも手探りで進めるしかない状況でした。マーケティング組織としての現在地もわからず、目指すべき方向性も見えず、マーケティング戦略もろくにない中で、「とりあえずやってみるか」と施策だけを積み上げていたのです。会社として初めてマーケティングに注力したこともあって一定の成果は出ましたが、すぐに頭打ちとなりました。

まさに、頭の中は冒頭で挙げた「?」で埋め尽くされたのです。当時、マーケティングの全体像を把握できていれば、組織の課題に沿った施策を考えることができ、次のアクションも見えたはずです。

皆さんには当時の私と同じ思いをしてほしくないと考え、マーケティングの全体像把握のための時間と労力を正しくショートカットできる本書を執筆しました。

ここで少し、私のキャリアについてお話しさせてください。

私は新卒で通販会社に広告担当者として入社し、そこで初めてマーケティングの仕事に出合いました。商品の魅力を自分の言葉で表現し、それを届ける手段を考え、実行する日々でした。その後、広告代理店でのコンサル業務を経て、2018年にコニカミノルタジャパンに入社し、BtoBマーケティング組織の立ち上げを行いました。当初は3人のチームでしたが、3年後には30人以上の組織へと成長し、当時最年少で部長を務めました。そして、2022年には新設された全社マーケティング組織の責任者として、さまざまな事業のマーケティング活動に携わりました。現在はEVeMという急成長を導くためのマネジメントトレーニングサービスを扱う企業でマーケティングの責任者を務めています。

私はこれまでのマーケターとしての経験を通じて、マーケティングの仕事の醍醐味は打ち立てた仮説と施策の結果を見て改善を図り、次なる一手へとつなげていくプロセスにあると感じています。同時に、マーケティング組織が成果を出すためには、優れた戦略や戦術だけでなく全体像を把握し組織を動かすことも重要であると痛感しています。

本書ではマーケティングの全体像を、マーケティング組織を立ち上げて成果を出すための「プロセス」、目的やボトルネックを明確にするための「キーポイント」、実際の行動に移すための「アクション」の3つのポイントで整理してお伝えします。

本書はマーケターの方はもちろん、営業やインサイドセールス、経営者や事業責任者、カスタマーサクセスの皆さんとマーケティングへの共通理解を得ることにも役立ちます。自分たちの現在地を指差し確認し、どんな目的で何を実行するのかをぜひ皆さんで話し合ってみてください。きっとそのディスカッションは、マーケティングの力を活用しさらなる成果を上げるうえで、とても価値のある時間になると思います。

皆さんが本書を読み終えた後、「できる施策からやってみよう」から脱却し、今日やるべきことに自信を持って取り組めるようになっていただければ、これ以上嬉しいことはありません。

目次

第1部　組織の立ち上げ期／立て直し期

第1章　自社の状況と顧客を知る～①現状を把握する～

第2章　マーケティング組織の活動計画を練る～②組織をつくる～

第2部　組織の初動期

第5章　リードへのアプローチ～⑤商談機会を得る～

第6章　実行力を高めるマネジメント～⑥実行と改善のサイクルを回す～

第3部　組織の成長期

読者特典データのご案内

本書に収まりきらなかった原稿のPDFと、本書で紹介する「プロセスマップ」「キーポイントマップ」「アクションマップ」のPDFを読者特典としてプレゼントいたします。読者特典データは、以下のサイトからダウンロードして入手なさってください。
https://www.shoeisha.co.jp/book/present/9784798185729

※読者特典データのファイルは圧縮されています。ダウンロードしたファイルをダブルクリックすると、ファイルが解凍され、ご利用いただけるようになります。

●注意

※読者特典データのダウンロードには、SHOEISHA iD（翔泳社が運営する無料の会員制度）への会員登録が必要です。詳しくは、Webサイトをご覧ください。
※読者特典データに関する権利は著者および株式会社翔泳社が所有しています。許可なく配布したり、Webサイトに転載することはできません。
※読者特典データの提供は予告なく終了することがあります。あらかじめご了承ください。

●免責事項

※読者特典データの記載内容は、2024年6月現在の法令等に基づいています。
※読者特典データに記載されたURL等は予告なく変更される場合があります。
※読者特典データの提供にあたっては正確な記述につとめましたが、著者や出版社などのいずれも、その内容に対してなんらかの保証をするものではなく、内容やサンプルに基づくいかなる運用結果に関してもいっさいの責任を負いません。
※読者特典データに記載されている会社名、製品名はそれぞれ各社の商標および登録商標です。

序章

3つのマップでつかむ
マーケティングの
全体像

01 プロセスマップで理解する全体像

本書は自社の立ち位置を確認する「プロセスマップ」、最適な指標を確認する「キーポイントマップ」、施策実行時のポイントを整理した「アクションマップ」の3つのマップでマーケティングの課題を解決していきます。まずは「プロセスマップ」から見ていきましょう。

プロセスマップの基本

「プロセスマップ」は、14～15ページの図解1の通り、マーケティング組織の立ち上げからスタートし、成果を創出するために実行すべきことをプロセスに落とし込んだものです。「何から手をつけてよいかわからない」「次に何をすればよいのかわからない」「今やっていることが正しいか不安」などといった悩みはすぐに解消できると思います。また、本書は「プロセスマップ」の進行に合わせて内容を構成しているので、あなたの悩みに該当する箇所から読んでいただいても構いません。

8つのマーケティングプロセスをマーケティング組織の立ち上げ／立て直しを行う「組織の立ち上げ／立

て直し期」、マーケティング戦略と戦術をプランに反映させながらアクションを積み重ねる「初動期」、成果創出を実現する「成長期」の3つのフェーズに分けています。それぞれのフェーズで取るべきアクションをA～Pに1つずつ振り分けているので、迷わずに進めていけます。

プロセスマップの活用方法

まずは、自分たちの現在地をプロセスマップで把握しましょう。プロセス①～⑧の実践度合いをチェックしてみてください。おそらく大半の方は、プロセスマップに記載されているアクションのほとんどが未着手か、あるいは中途半端に手をつけた状態になっているのではないでしょうか？　その状態からで大丈夫なので、順番に自身で指差し確認しながら、できていること、できていないことを整理してみてください。①～⑧のプロセスでできていないことや取り組みが不十分なところが、自分たちの現在地だと思ってください（すでに施策を実行して⑤の位置にいるように見えても、②のEが不十分だとまだ立ち上げフェーズといえる）。

プロセスマップを活用するうえで重要なポイントが2つあります。1つ目は、**プロセスは一度通ったら終わりではなく、何度も何度も全体を塗り直すようにプロセスをなぞるイメージを持つこと**です。ここで提示しているプロセスは、それぞれを完ぺきに仕上げなければ次に進めないようなものではありません。むしろ、あらゆるものを同時並行で進めていかざるを得ない状況の中では、重要度の低いアクションにリソースを投

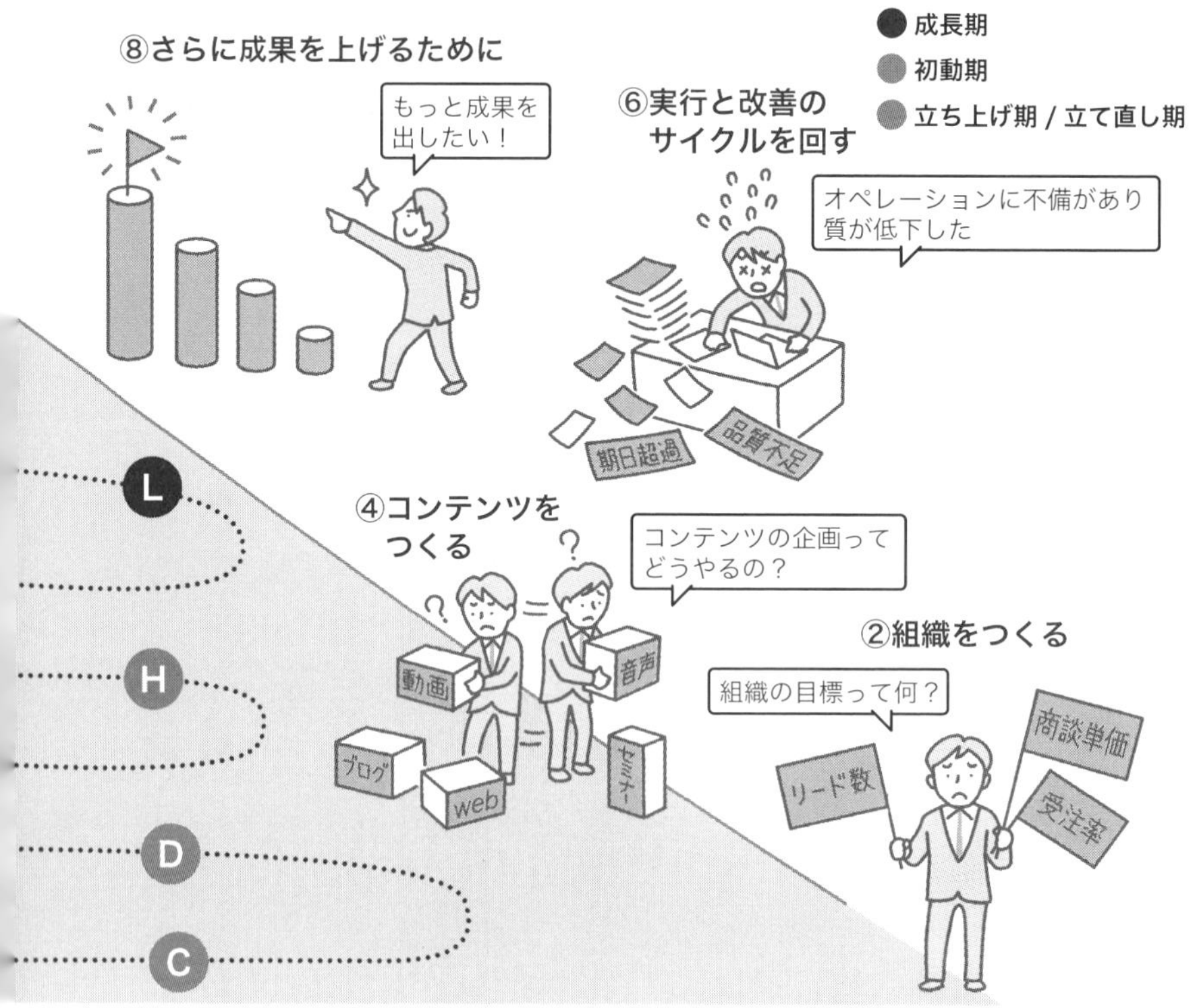

⑤商談機会を得る：第５章

- Ⓙフォローする対象を明確にする
- Ⓚ商談機会をいただく努力を重ねる

⑥実行と改善のサイクルを回す：第６章

- Ⓛチームのマネジメントを強化する
- Ⓜ価値を出すミーティングを行う

⑦実行すべきアクションを見つける：第７章

- Ⓝ全体を俯瞰し課題とアクションの方針を見直す
- Ⓞアプローチする指標を広げる

⑧さらに成果を上げるために：第８章

- Ⓟ組織を活性化させる

図解1 プロセスマップ

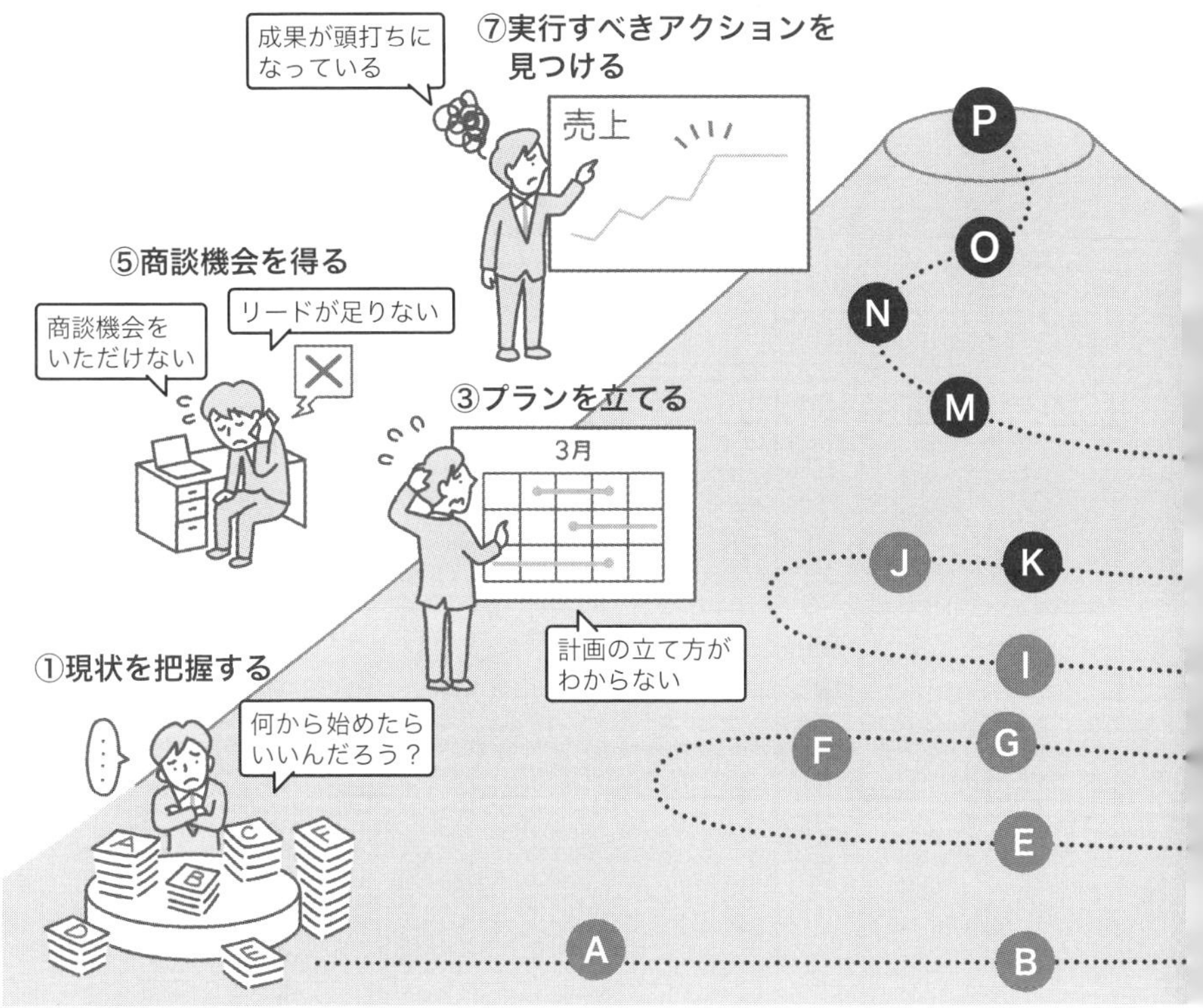

①現状を把握する：第１章

- Ⓐ 自社を知る
- Ⓑ 事業を知る
- Ⓒ 顧客を知る（カスタマージャーニーへ落とし込む）

②組織をつくる：第２章

- Ⓓ 組織の活動計画を立てる
- Ⓔ 組織体制を構築する

③プランを立てる：第３章

- Ⓕ KGI・KPI とそのオペレーションを設計する
- Ⓖ マーケティングプランをつくる

④コンテンツをつくる：第４章

- Ⓗ コンテンツ生成フレームをつくる
- Ⓘ コンテンツを企画する

下しすぎてしまうことにもつながります。環境や状況が変化するたびにプロセスマップを見ながら全体像を確認し、取り組みが足りていないところはどこか？　次に何をすべきか？　注力すべきアクションは何か？　を見定めるのに活用していただければと思います。ただ、迷ったら番号が若い順に着手するようにしてください。

２つ目は、**関係者と一緒に指差し確認をすることでプロセスそのものへの理解と、目的や方法の共通理解をつくること**です。現場でよく、マーケティング組織と関係者間でマーケティングに関する知識や経験にギャップがあることで、実行しようとしているアクションに理解や協力が得られないという問題が起きます。信ぴょう性や納得感という意味でいえば、とくに未経験者で構成されたマーケティング組織の場合は説明にかけるコストも膨らみがちです。説得材料の１つとしてこの「プロセスマップ」を活用することで、説明を含めた調整にかけるコストを圧縮しスムーズな合意形成を図ることが可能になります。皆さんがイチから資料に起こす必要はないので、ぜひ有効活用してください。

実行力を増強するためのアクション

「プロセスマップ」では、「立ち上げ期／立て直し期」「初動期」「成長期」の３つのフェーズで行うべきアクションを明確にしました。これは、**マーケティング組織の「実行力」を効率的かつ効果的に〝増強〟してもらいたい**、という願いを込めてのことです。マーケティング組織における実行力とは、組織が計画した戦略や目標を効率的かつ効果的に遂行し、目指す成果を達成する能力を指します。マーケティング組織が事業に貢献し続けるためには、組織としての「実行力」を増強していく取り組みにも注力し続ける必要がある、と考えています。そしてその実行力を増強するための効果的なアクションは、組織のフェーズによって異なります。いくつか例を挙げて考えていきましょう。

例えば「立ち上げ期」であれば、自分たちの事業や自社の状況、顧客、市場の現状を把握したうえで、組織の活動計画やマーケティングプランに落とし込んでいく準備が必要です。施策実行前の準備に時間をかけるべきなのですが、実際には「とりあえず、セミナーをやってみる」と見切り発車で実行した施策の成果が出ず、早々に組織立ち上げや立て直しの出鼻をくじかれてしまう、といったことはよくあります。

組織のフェーズの変化を認識し、組織の実行力を増強していくための適切なアクションが求められるのですが、当事者であるほど目の前のことに必死で客観的に見ることができないものです。**「プロセスマップ」では、フェーズに紐づけてアクションを紹介しているので、自分たちが置かれた状況で実行すべきアクションをすぐに確認できます。**四半期や半期ごとに振り返りを行うタイミングでざっと目を通してもらうだけでも効果的です。ぜひ、定期的に見直しをしてみてください。

それぞれのフェーズで行うアクション

立ち上げ期／立て直し期

立ち上げ期／立て直し期は、マーケティング組織を形づくっていくフェーズです。はじめに着手するのは

「現状把握」です。**把握すべきは、「自社」「事業」「顧客」の3つです。**現状を把握するために得た生の情報の1つひとつが、第2～5章で作成するアウトプット（活動計画、マーケティングプラン、カスタマージャーニー、コンテンツ生成フレームなど）すべてに影響します。裏を返せば、現状把握があいまいなままでアウトプットを作成しようとすると、いわゆる一般的な理論や定石、その方の経験などに頼らざるを得ず、どこか芯を食っていない中身のないアウトプットになってしまいます。

初動期

初動期は、「マーケティングプラン」を作成し（第3章参照）、それにもとづいてリードの創出や商談機会の獲得などの目標達成を目指して施策を実行していくフェーズです。このフェーズでは、自社特有の「コンテンツ生成フレーム」の作成と活用がカギを握ります。コンテンツ生成フレームは、顧客が求めていないコンテンツを無計画に生み出さないようにするためのフレームです。フレームをなぞりながら、リードの獲得や商談機会を得るためのコンテンツをどのように企画し届けるかを考えます。コンテンツ生成フレームを作成せずにコンテンツを企画してしまうと、顧客が求めていないものを、顧客に届かない方法で届けようとしてしまいます。もちろん自分たちが狙っていた目的も果たせません。

最もわかりやすい例は、「新しいリードを獲得する目的で、自社のサービスを紹介するセミナーをハウスリスト（自社が保有するリードリスト）内に告知したら、集客数が1桁で新規リード獲得も0件だった」というケースです。経験のある方も多いのではないでしょうか？ これらは企画の内容やセミナーという形式、集客方法など、それぞれの選択が悪いのではなく、**目的を果たすための適切なコンテンツを企画できていないことと、それを届ける方法がマッチしていない**ことが原因です。新規リードを獲得したいのであれば、ハウスリスト以外の集客手段を検討しないといけませんし、そもそも自社のサービス紹介に興味を持ってくれる人は基本的には少ないです。コンテンツ生成フレームを活用することで、こうした結果を招かないように適切なコンテンツを企画できる状態を目指します。

また、初動期では商談機会の獲得を目指してフォローする対象の条件やそのアプローチ方法についても検討します。商談機会を得るためには、顧客からのリアクションを待つか、こちらからアプローチするしか方法はありません。相手に不快感を与えないような顧客体験を追求しながらも、いかに能動的にアプローチできるかを考えていきます。

成長期

組織の規模や解決すべきテーマが広範になること、施策のレベルが上がっていくことで増大するタスク量と上昇する難易度、求められる成果に比例してマネジメントの重要性が増していくフェーズです。

マーケティング組織のフェーズが成長期に差し掛かってくると、施策の実行による短期的な成果の創出やマーケティング組織が管理している指標の改善だけでなく、**中長期的かつ持続可能性の高いマーケティング活動による成果創出を実現するために、他部門への働きかけや連携強化を図ることも必要**になります。それに伴い、マーケティング組織の活動範囲も広がり、施策の量も難易度も上昇していきます。

期待される成果が大きくなり、担う役割も広範になるからこそ、それらに耐えうる強固なオペレーションを構築して実行力を持つ組織をつくる必要があります。安定して施策を実行することと、さまざまな施策に挑戦していくことが求められます。一般的には「属人化」させないことを前提にオペレーションを組むことが多いですが、私は大きな成果を目指す場合はその逆であると考えています。あえて属人化させることによってノウハウや学びを集中させれば、高い成果を生むための実行力を高めることができます。その後に、そこで得た経験や学びを組織に還元していく平準化を両立させることを意識しましょう。組織として大きなチャレンジをし続けることで成果を生むことができます。重要なのは、施策を実行する従業員1人ひとりにしっかりと目を向け、全員が意欲的に働き、成長できるための取り組みを目指すことです。

02 キーポイントマップで理解する要点と流れ

22〜23ページにある「キーポイントマップ」は、リードジェネレーション施策によるリード創出からLTV最大化までの全体像と一連の流れを示したものです（図解2）。「キーポイントマップ」を左から右へ順に眺めながら、用語の意味や位置を確認するだけでマーケティング活動の全体像の把握が大きく進むと思います。また、それらに連動するように〝指標〟を整理していますので、それぞれの位置関係についても確認してください。一連の流れで構造を理解し、指標の位置関係も踏まえたうえで自社の状況を構造的に捉えられるようにできれば、改善すべきボトルネックを見つけやすくなります。

ただ、「キーポイントマップ」のような完ぺきな構造化は非常に難しいことも併せてお伝えしておきます。マーケティング組織として目指すべき理想像の1つではありますが、過度に構造化や分業体制の導入に固執したり、指標ごとに正確に数値を取ろうとするあまりに高負荷なオペレーションを組んだりすると、肝心の施策の実行が後手に回ってしまいます。

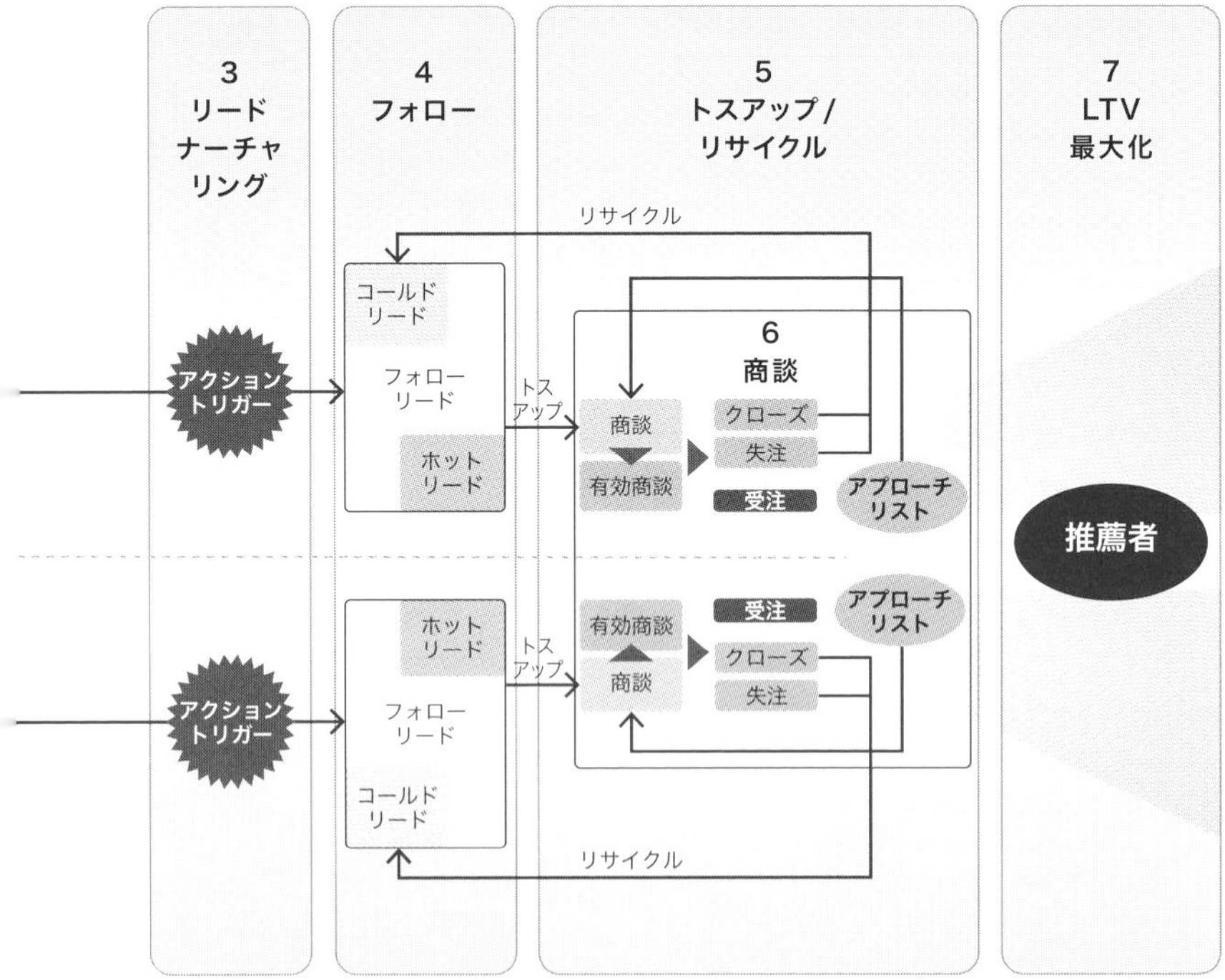
3
リード
ナーチャ
リング
4
フォロー
5
トスアップ/
リサイクル
7
LTV
最大化
リサイクル
コールド
リード
アクション
トリガー
フォロー
リード
ホット
リード
トス
アップ
6
商談
商談
有効商談
クローズ
失注
受注
アプローチ
リスト
推薦者
ホット
リード
有効商談
受注
アプローチ
リスト
トス
アップ
商談
クローズ
失注
アクション
トリガー
フォロー
リード
コールド
リード
リサイクル

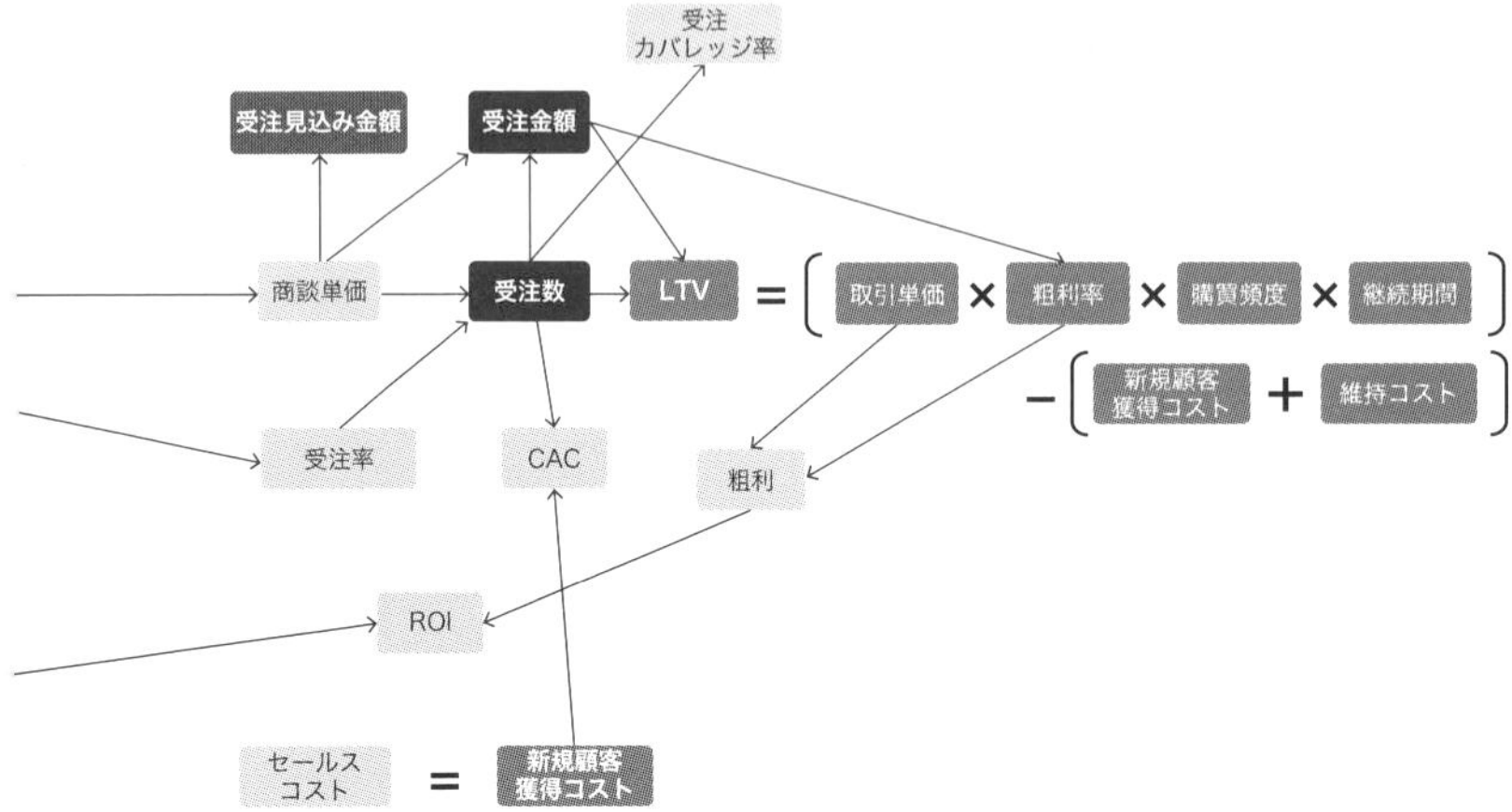
受注
カバレッジ率
受注見込み金額
受注金額
商談単価
受注数
LTV
=
取引単価
×
粗利率
×
購買頻度
×
継続期間
−
新規顧客
獲得コスト
+
維持コスト
受注率
CAC
粗利
ROI
セールス
コスト
=
新規顧客
獲得コスト

図解2　キーポイントマップ

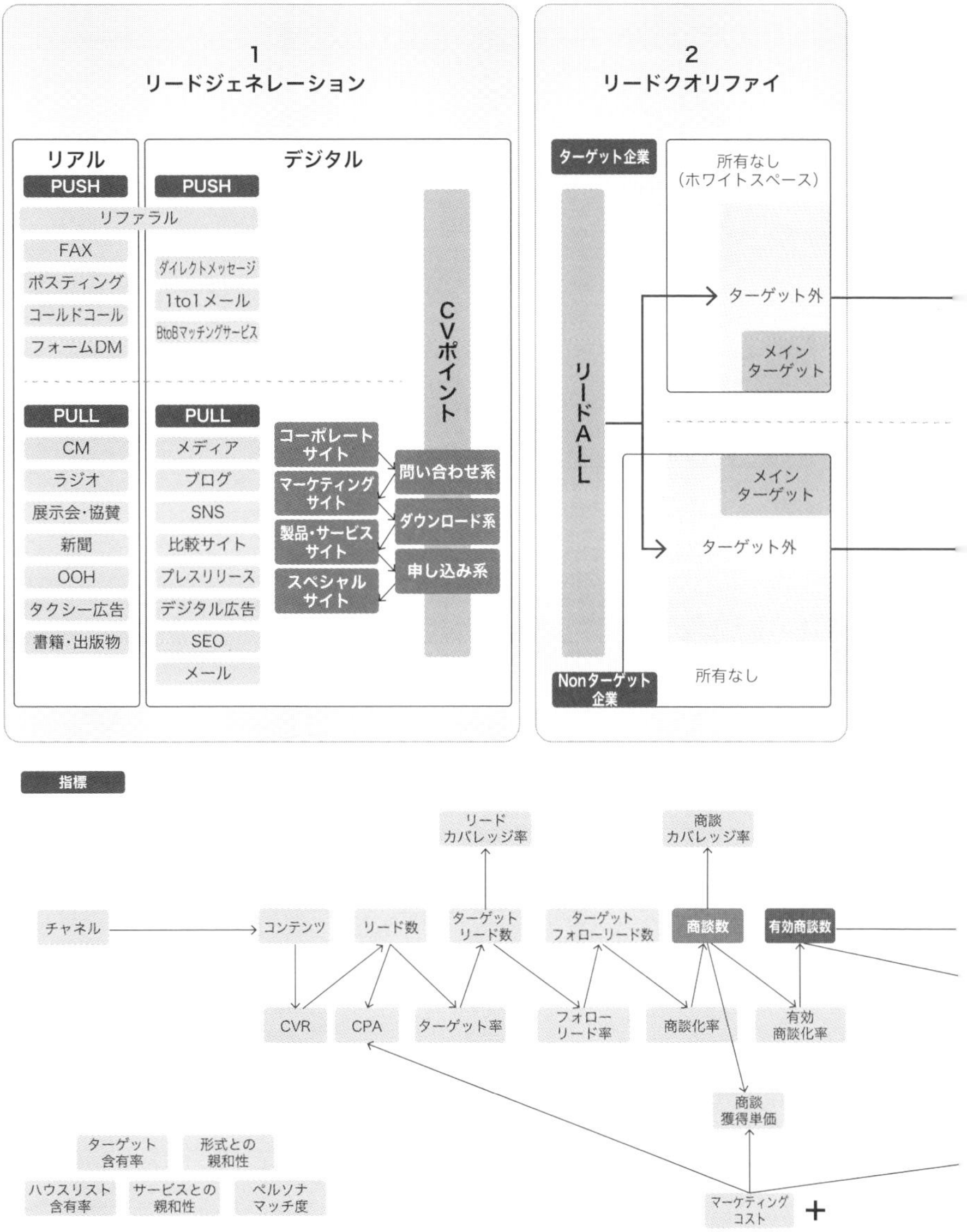

「キーポイントマップ」の全体像と流れ

「キーポイントマップ」のそれぞれの用語について解説します。

1．リードジェネレーション

リードジェネレーションとは、見込み顧客となる「リード」を獲得するための施策のことです。対象者に対してこちらから能動的に仕掛けていくＰＵＳＨの施策と、相手からのリアクションを待つＰＵＬＬの施策があります。さらにリアルとデジタルに分けられます。リアルは名刺交換や直接のヒアリングを通じて顧客の情報を取得し、デジタルの施策はＣＶポイント（フォーム）を通過してもらうことで情報を取得します。

リードジェネレーションは、取引につながる見込み顧客を獲得し、商談や受注へとつなげていくことが目的であるため、**不特定多数のリードを獲得すればよいのではないことに注意しましょう**。

2．リードクオリファイ

リードクオリファイとは獲得したリード（企業対象）を「企業軸」と「顧客軸」で評価し、適切なフォローを迅速に行うための取り組みです。獲得したリードすべてに対して企業を対象とする「企業軸」での評価を行い、ターゲットかＮｏｎターゲットかに分けます。そこから個人を対象にした「顧客軸」でメインターゲットとなる属性のリードなのかを評価します。例えば、「株式会社ＥＶeＭのマーケティング部長の富家」というリードを獲得した場合、まずは「株式会社ＥＶeＭ」という企業軸での評価を行い、その後、顧客軸で「マーケティング部長」を評価する流れとなります。**リードクオリファイを適切に行うことで、注力すべき顧客が明確になり、マーケティング・インサイドセールス・営業間のスムーズなリードの受け渡しや営業生産性を向上させる狙いがあります。**

リードクオリファイの実行には、明文化されたターゲットの条件と関係者間の意思疎通と合意が必要不可欠です。厳しすぎる条件や、抽象度が高くデータソースを用いて分類できないものは、適さない場合があります。

3. リードナーチャリング

リードナーチャリングは、２で選別したリードに対してコンテンツを通じてアプローチし、フォローを行う対象へと引き上げる施策を指します。**リードナーチャリングは人によって解釈が異なる傾向にあるため、次の目的をしっかり意識して実行してください。**

・コンテンツに継続的に接触してもらうことでポジティブな印象を抱いてもらう
・自社のサービスの理解度を高めてもらうための情報提供と接触を促す

よくあるのが、ポジティブな印象を抱いてもらうためのコンテンツ提供に意識が偏ってしまい、自社のサービスを伝えることを忘れてしまったり、過度に恐れてしまったりすることです。セミナーの満足度を重視するあまり、自社のサービスを紹介する時間を一切取らないようにしていたら、「いつもおもしろいセミナーを開催してくれるけど、何の会社なのかよくわからない」と、アンケートで書かれてしまったという笑い話も聞いたことがあるほどです。あくまでもバランスが大切であり、偏りすぎないように注意してください。

フォロー対象へと引き上げる際は、こちらから能動的にフォロー対象にする方法と、顧客の「アクショントリガー」を検知し受動的にフォロー対象にする方法の2つを組み合わせる必要があります。リードクオリファイを行った後に、フォローの対象とするかどうかの判断を入れる理由と2つの方法を組み合わせたほうがよい理由は、第5章にて詳細を解説します。

4. フォロー

フォローは、フォロー対象となったリードに対して主に商談機会の獲得を目的としたアプローチを行う施策を指します。電話やメールによるフォロー活動が主になります。

フォローするにあたり重要なのはリード管理とコミュニケーションシナリオの設計です。リードに関する情報やフォロー状況を適切に管理し、「今日フォローするべき顧客は誰なのか?」「それはなぜなのか?」「どういう目的でどんなシナリオでフォロー活動を行うのか?」を設計しましょう。フォロー活動では、相手と良好な関係の構築を目指すことが重要です。リストの上から順番にとにかくコールする、というのは施策としては成立するかもしれませんが失う信頼も大きいです。こちらの都合で購買プロセスを強引に進めようとするのではなく、まずは役に立つことを意識して価値のある情報提供を行い、併せて自社の商品やサービスの価値を端的に伝え、双方が合意したうえで商談に進むようにしましょう。

5. トスアップ/リサイクル

トスアップは、それまでのコミュニケーションログと一緒に、商談機会を営業へ引き渡す取り組みを指します。事前にヒアリングした内容や、接点の情報、商談の機会を得た案内の内容などの〝コミュニケーションログと一緒に〟がポイントで、ただ単に商談機会だけを渡すことはトスアップとはいえません。コミュニケーションログが引き渡されない商談は、顧客にとってがっかりさせてしまう結果につながりやすいからです。

リサイクルは、それまでのコミュニケーションログと一緒に、失注やクローズとなった商談のリードをフォロー対象のリードとして担当者に引き渡す取り組みを指します。リサイクルの仕組みがなければ、常に新しいリードから商談機会を獲得しないといけなくなりますし、失注前には商談の場で具体的な話をしているはずなのでもったいないです。リードリサイクルの設計とオペレーションを構築することではじめて、獲得したリードやコミュニケーションのログが資産としてストックされ、活用できるようになります。

トスアップもリサイクルもどちらも重要になるのは、コミュニケーションログと一緒にしかるべき担当者に引き渡すことです。顧客から信頼され、期待を持って商談の場にきてもらうためには一貫した顧客体験を提供する必要があります。顧客情報や接点情報、それまでのヒアリング情報などはすべて情報資産であり、それらにもとづいたコミュニケーションを提供することが、顧客との信頼関係構築の第一歩であると考えてください。

6. 商談

商談は顧客と対話し、合意形成を図る取り組みです。一般的に営業の領域となりますが、マーケターは商談の領域もしっかりと意識を向ける必要があります。**なぜなら、商談の現場は一次情報の宝庫であり、一生懸命実行してきた施策が成果につながるためのラストワンマイルだからです。**商談の場でどのような会話が展開されているか、自社や商品・サービスの価値を伝えるためには何が必要か、マーケティングで打ち出しているメッセージが現場のミスコミュニケーションにつながっていないかなど、考えることはたくさんあります。

ついつい後回しにしてしまいがちですが、商談の現場で何が起こっているのかをつかみにいくことは非常に重要です。「最近、商談に同席できていないな……」と思った方は、すぐに商談同行を依頼しましょう。

7. LTV最大化

LTV（Lifetime Value）最大化は、取引開始後の顧客に対して、顧客生涯価値（顧客が一生のうち自社にもたらす収益の総額）の向上を目指す取り組みです。そのアプローチには「顧客単価の向上」「粗利率の改善」「購買頻度の増加」「継続期間の延長」のための提案や施策があります。またそれら以外にも、自社の商品やサービスを他者へ推薦してくれるような関係性を築く活動も含みます。既存顧客に対するLTV最大化のための仕組みや仕掛けを設計し、営業やカスタマーサクセスなどの関係者と連携しながら推し進めていきます。新規顧客の獲得に夢中になり、既存の顧客がおざなりになってしまっているケースも少なくありません。そのようなときは、継続提案のアプローチリストやアクションがどのように計画・管理されているのかを確認しましょう。

指標を設定する

全体像と流れのイメージをつかめたら、指標についても理解を深めましょう。挙げている1つひとつの指標は、LTVや受注から逆算し因数に分解しています。例えば、「商談数」は、「ターゲットフォローリード数」と「商談化率」をかけて算出できますし、「有効商談数」は先ほどの「商談数」に「有効商談化率」をかけることで算出されます。

指標はそれぞれ定量的に計測できる環境をつくりましょう。**指標ごとに数字という事実で捉えることにより、正確かつ迅速にボトルネックを特定できるようになります。**

指標を扱ううえで重要なのは指標ごとに「定義」と「抽出条件」を明文化することです。人によってその指標の認識や定義が異なったり、抽出する人によって数字が違ったりすると、指標を利用した現状把握や仮説設定、アクションに悪影響を与えてしまいます。「定義」と「抽出条件」は誰が見てもわかるように明文化し、必ず関係者との合意のうえで決定するようにしましょう。とくに、「ターゲットリード」や「フォローリード」「商談」「有効商談」などの定義は、後工程の人たちが前工程の人たちの仕事を評価する側面もある（リードや商談機会を受け取った人が渡した人にフィードバックする）からこそ、あいまいにならないよう注意してください。評価や振り返りに影響してしまいます。

ここまで指標について解説をしてきましたが、ＫＧＩ・ＫＰＩの設計に悩まれる方はまずは「キーポイントマップ」の指標に当てはめて考えてみてください。事業貢献（受注・売上・粗利）に責任を持つことを前提に、自分たちの組織の実行力を冷静に見極めたうえで、自分たちで管理できてかつ短期的に成果を上げやすいものを指標にすることをオススメします。ただ、その一方でＫＧＩ・ＫＰＩはあくまでも自分たちが実行しようとしている戦略やアクションによって大きく変わることも忘れないでください。「キーポイントマップ」で整理した指標は参考にしつつも、「自分たちの取り組みの目標とその進捗を図るための指標はいったい何か？」を考え、取り組んでみて、そこから学びを得て改善していくことのほうが大切です。定量的な目標の数字にとらわれて、その影響でアクションの優先順位がうまくつけられなくなったり、組織が疲弊してしまったりしては元も子もありません。

03 アクションマップで理解する実行のポイント

34〜35ページにある「アクションマップ」は、組織全体の実行力を捉えて活用し、増強を図るにあたって注意すべき1〜6のポイントを整理したものであり、実際に施策を推し進める際に使うものです（図解3）。施策で課題を解決し、成果へとつなげていくためには、**組織に宿る「実行力の総和」がカギを握る**と考えています。アクションマップで示したポイントは、組織の「実行力」を形成する要点です。画期的な企画を考えることができても、組織に「実行力」がなければ思い描いたような成果を出すことも難しいでしょう。もちろん、オペレーションやマネジメントが整っていない組織では、中長期的かつ持続可能性の高い成長や成果創出には期待できません。

テクノロジーの進化や競合の参入など、外部環境の変化がある中で、組織が成果を出すためには、内部の状況変化にも適応せねばなりません。より高い成果を目指す場合は、施策の幅を広げるためのチャレンジが常に求められ、課題を捉えて解決するためのアクションも次第に高度なものになっていきます。具体的なアクションを検討する際も、実際に施策を推し進める際も、「アクションマップ」を見ながら実行力の礎となるポイントを俯瞰で捉えるだけで足りていないことやすべきことに気づけると思います。

アクションマップの概要

アクションマップは、「見直しポイント」「コンテンツ生成フレーム」「オペレーション」「マネジメント」「ミーティング」「コミュニケーションライン」の6つの要素で構成されています。それぞれのポイントについて解説します。

1：見直しポイント

リードジェネレーションからLTV最大化までのそれぞれの施策に対して、見直すべきポイントを整理しています（図解3と図解4）。うまくいかないな、と思ったときにこの6つの分類を客観的に眺めてみてください。きっと、どれかがちょっとずつうまくいっていないことによって、全体に悪影響を与えているということに気づけるはずです。「プロセスマップ」で現在地と進め方を確認し、「キーポイントマップ」でボトルネックとなっていそうな施策を捉え、改善すべき指標を決めたら、「見直しポイント」を確認し、見直すべきポイントを見定めてください。具体的な活用方法は第7章02節にて解説します。

2：コンテンツ生成フレーム

コンテンツ生成フレームは、顧客が求めていないコンテンツを無計画に生み出さないようにするためのフレームです。コンテンツを企画するときに、思いつきで企画したり、「やってみたい！」という気持ちだけが先行して企画したり、他社のコンテンツを単にマネして企画したりするだけでは、狙った成果を得ることは難しいです。コンテンツ生成フレームは、ペルソナにもとづいて明らかにしたカスタマージャーニーに沿って、顧客との関係性をフェーズごとに区切り、それぞれのフェーズに適したコンテンツの「目的」と「軸」、「形式」を整理しています。

コンテンツ生成フレームについての詳細は、第4章02節で解説しています。

3：オペレーション

オペレーションの工程は「分析→戦略→企画→構築・実装→運用→計測→評価→改善」となります（図解3と図解5）。何かに取り組む際は、これらの工程を思い浮かべながらオペレーションを組んでみてください。

また、オペレーションがうまく回っていないときや、うまく成果に結びついてないときの振り返りにも活用できます。この工程に過去に実施した施策の流れを当てはめてみてください。例えば「計測→評価→改善」の工程がおろそかになっている場合、施策がやりっぱなしになっていて振り返りができていない状況がわかり、「計測～改善」を担う人材を追加・育成するアクションを考えられます。これらのように、オペレ

フォロー
トスアップ
商談/リサイクル
LTV最大化

×
目的
×
コンテンツオペレーション

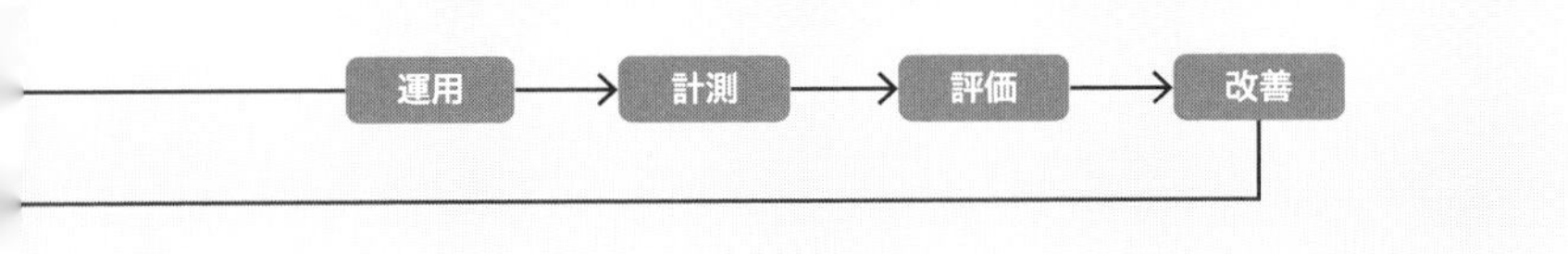
運用
計測
評価
改善

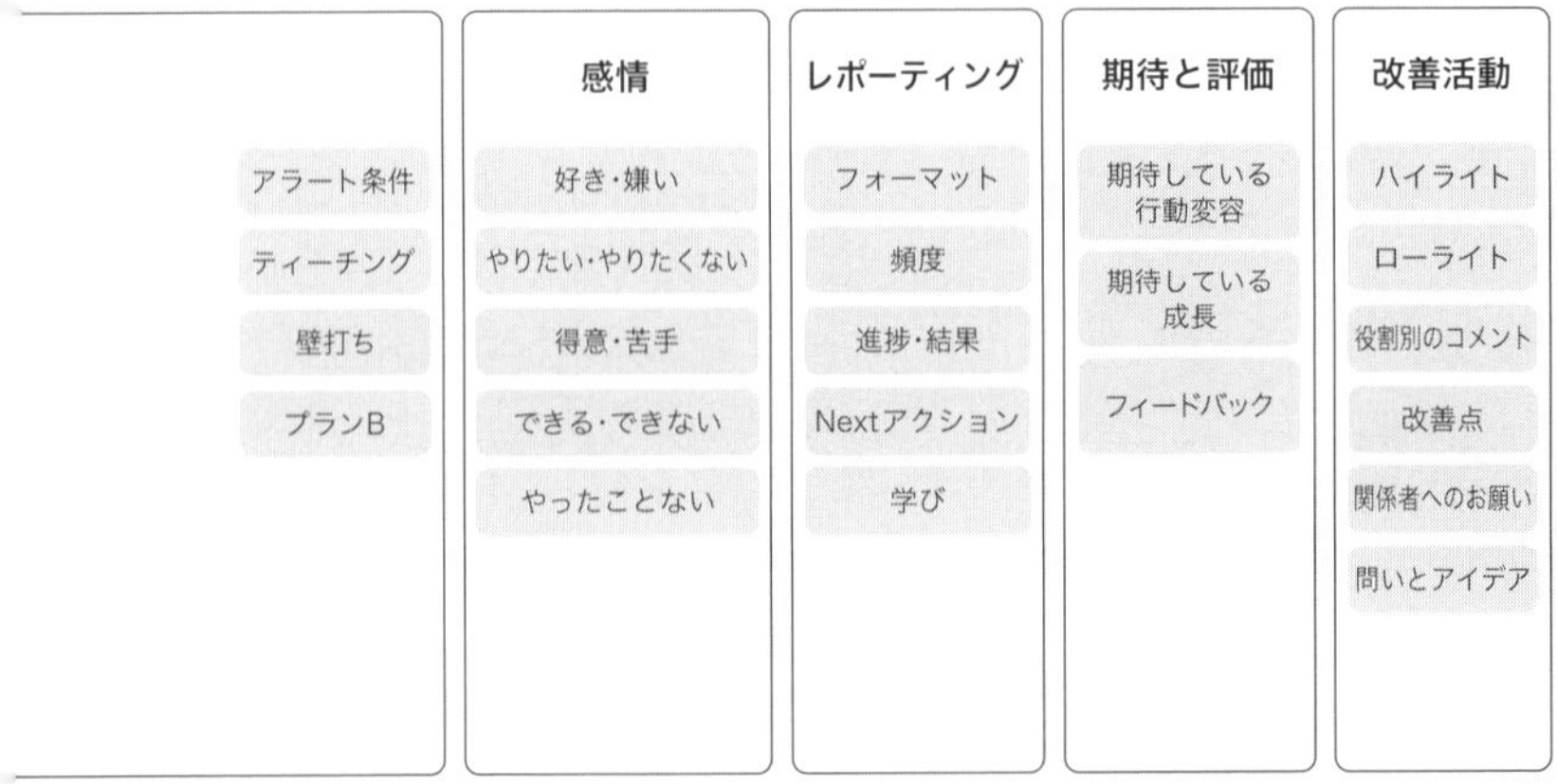
アラート条件
ティーチング
壁打ち
プランB
感情
好き・嫌い
やりたい・やりたくない
得意・苦手
できる・できない
やったことない
レポーティング
フォーマット
頻度
進捗・結果
Nextアクション
学び
期待と評価
期待している行動変容
期待している成長
フィードバック
改善活動
ハイライト
ローライト
役割別のコメント
改善点
関係者へのお願い
問いとアイデア

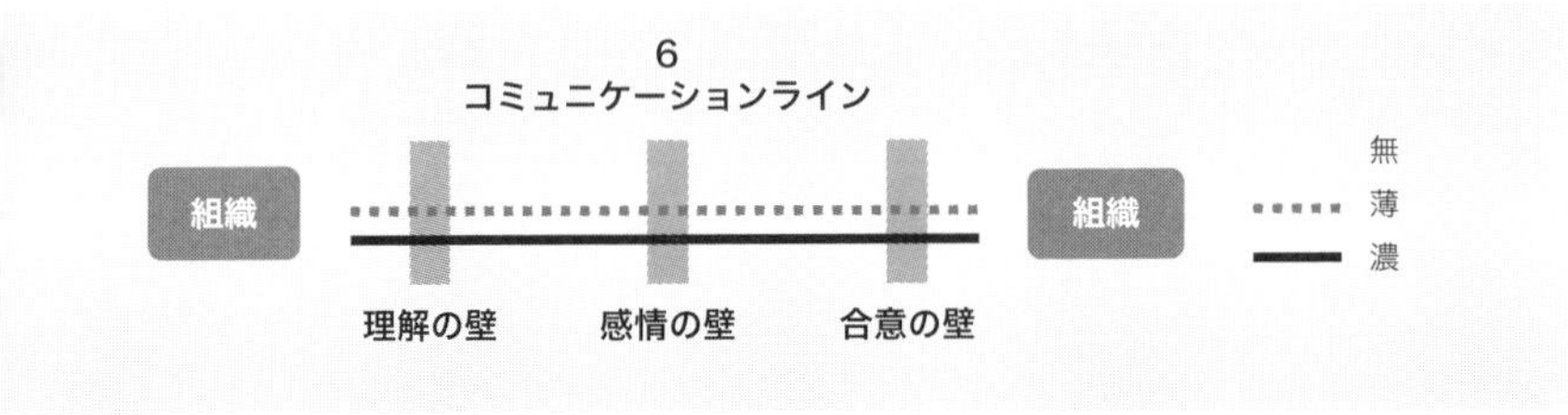
6
コミュニケーションライン
組織
組織
無
薄
濃
理解の壁
感情の壁
合意の壁

図解3 アクションマップ

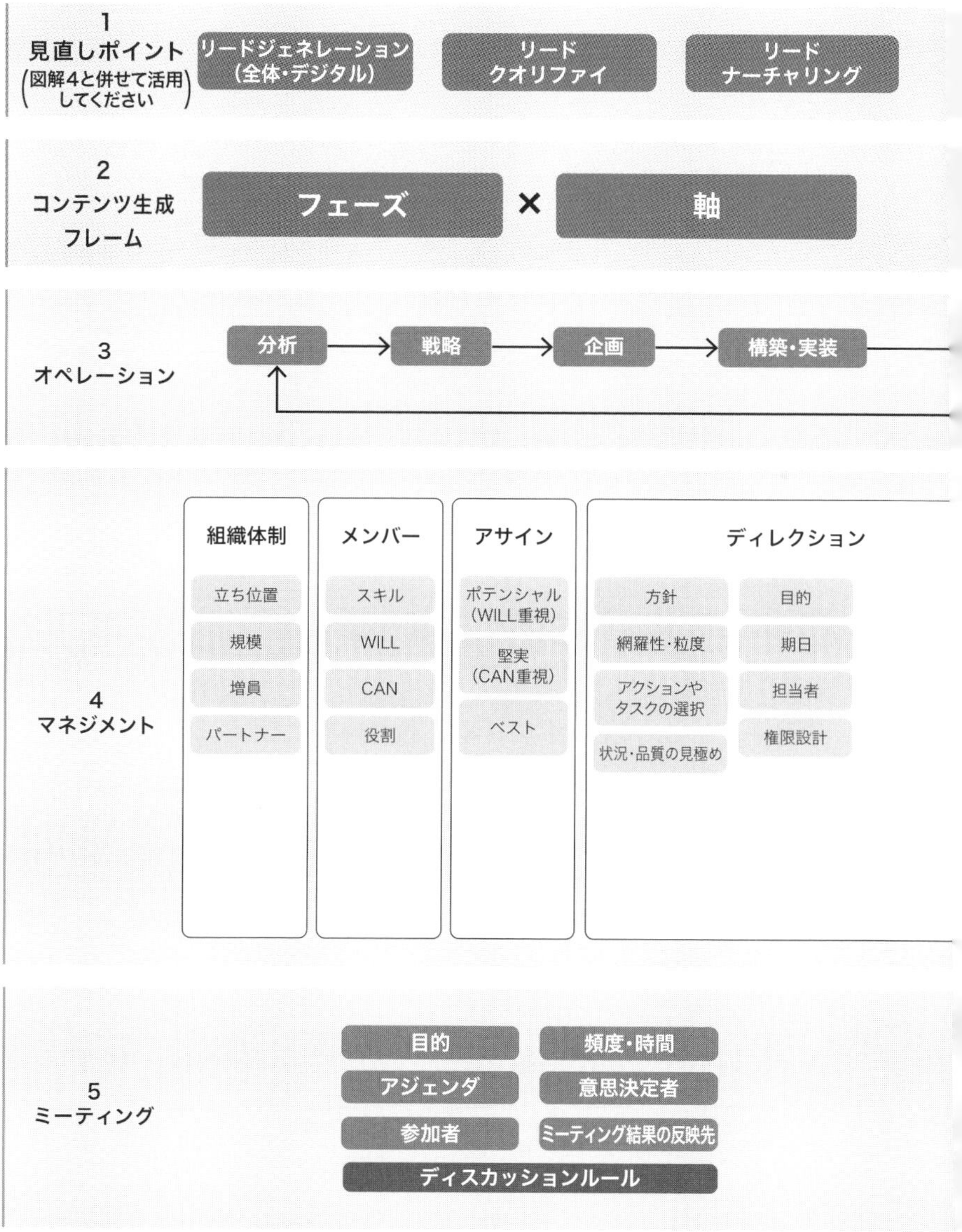

図解4 見直しポイント

リードジェネレーション（全体）

- PUSHとPULLのバランス
- アプローチ手段の網羅性
- 施策の選択に得意・不得意、好き・嫌いが反映されていないか
- ターゲットへリーチできる施策であるか
- ペルソナ、カスタマージャーニーの活用度
- コンテンツの軸
- 体験と接点の連続性
- コンテンツ、イベントの形式
- メッセージ、クリエイティブの一貫性
- 予算を使わない前提になっていないか

リードクオリファイ

- 顧客情報の格納先
- 顧客情報の格納ルール
- 顧客情報の更新・運用フロー
- 顧客情報の項目とデータソース
- データクレンジング方法
- 名寄せ方法
- ターゲット企業の条件
- メインターゲットリードの条件
- ターゲット外の条件
- 条件の合意方法
- 第三者DBの活用度
- オペレーション設計
- オペレーションの負荷
- ハウスリストの管理方法

リードナーチャリング

- コンテンツ生成フレームの活用度
- コンテンツの活用度
- リード別のコンテンツ接触回数・頻度
- リード管理
- 製品・サービスへの理解度をあげるコンテンツの有無と活用
- コミュニケーションログの収集、管理方法
- アクショントリガーの条件
- フォロー対象の条件
- MAツールの活用
- 次フェーズへのリードタイム

フォロー

- フォローリード管理
- フォローの優先順位
- リードに対するTodo管理
- フォロー手段の選択肢
- コミュニケーションシナリオ
- トークスクリプトの準備と改善
- トーク改善・録音視聴
- メールテンプレートの準備と改善
- コンテンツの活用度
- リード放置
- 1to1コミュニケーション
- 次フェーズへのリードタイム

トスアップ

- 商談打診条件・打診方法
- 日程調整打診・調整方法
- 日程調整ツールの活用度
- ヒアリング項目
- 商談管理
- コミュニケーションログ収集、管理方法
- 商談・リードの引き渡し方
- オペレーションの浸透度
- ルールの遵守度
- トスアップ後のフィードバックの伝え方、受け取り方
- 次フェーズへのリードタイム

リードジェネレーション（デジタル）

- ページのファーストビュー
- フッター、ヘッダー
- CVポイントの種類と有無
- CVポイントへの導線
- ツール環境・活用度
- アクセス解析、流入分析
- タグマネジメントシステム
- ボタン、フォームへの導線
- フォームの項目
- サンクスページ
- サンクスメール

LTV最大化

- 営業戦略
- 営業戦略の実行度
- 顧客別取引高の推移
- アプローチリストの管理方法
- 顧客単価向上の取り組み
- 粗利率改善の取り組み
- 購買頻度増加の取り組み
- 継続期間延長の取り組み
- 重点顧客の定義とアクション
- 情報資産の蓄積と活用
- 顧客との関係性
- 顧客満足度の調査
- 付加価値の言語化
- 顧客別の接点チャネルと頻度
- 紹介の発生有無
- ユーザーとの継続的な接点
- カスタマーサクセス
- カスタマーサポート

商談/リサイクル

- 商談の管理方法
- コミュニケーションログの収集、管理方法
- 営業のオペレーション負荷・定着度
- コミュニケーションログと実際の顧客の認識や状態の合致度
- 商談体験
- 営業のマテリアル（商談資料、サービス紹介資料、事例集など）
- 有効商談の条件
- 商談後のアフターフォローの方法と内容
- 有効商談化、受注、結論回収までのリードタイム
- 提供価値と期待値の調整
- 放置商談
- リサイクルのルールとフロー
- 関係者へのフィードバック
- 有効商談化、受注、失注の要因

図解5　オペレーションの工程

工程	概要
分析	意思決定に必要な情報を集め、包括的に調査・分析し問題点や機会を特定する
戦略	目標設定、リソースの配分、リスク管理の計画など、実現するための方向性を定める
企画	目標達成のためのスケジュール、予算、担当者の割り当てなどを詳細に計画し、実行可能なプランを作成する
構築・実装	企画された内容を具体的な形で実現する
運用	構築されたプロジェクトやシステム、オペレーションなどを日常的に管理し、運用管理を行う
計測	パフォーマンスや効果を定量的に測定し、進捗状況や成果の評価に必要なデータを収集する
評価	収集されたデータなどをもとに、目標や計画の達成度、問題点などを分析し、改善が必要な領域を特定する
改善	評価結果をもとに、継続的な改善活動を実施する

ーションを工程ごとに切り分け、おろそかになっている部分がないかを意識してみると、オペレーションを強化するために必要なアクションが見えてきます。

4：マネジメント

「マネジメント」というテーマは本来、非常に広範な内容を扱いますが、本書ではあくまでもマーケティングの実行に関わる部分だけをピックアップしています。

組織の実行力を高め、成果創出や課題解決のためのアクションを実行していくためには、適切なマネジメントが必要不可欠です。マネージャーは、メンバーのスキルやWILL・CANを把握し、適切な役割に人材を配置し（アサイン）、組織体制を構築していかなければなりません。それだけではなく、メンバー1人ひとりが持つ感情ともうまく向き合いながら、ディレクションすることでアクションを実行と成功に導く必要があります。また、関係者への適切なレポーティングをすることで、現状や今後についての共有、意思決定に必要な情報を渡すことや、メンバーの成長を促すための「期待と評価」、さらなる成果創出を目指した「改善活動」のサイクルを回すことも求められます。

スマートな戦略・戦術を実行するには、適切なマネジメントをされた組織やメンバーが必要です。組織のマネジメント力が不足していると、施策の実行や成果に影響が出るだけでなく、組織の実行力を生かせず疲弊を招き、退職者を発生させてしまうような悪影響も出てしまいます。

5：ミーティング

ミーティングのマネジメントは非常に重要なテーマです。現在実施しているミーティングを書き出し、「目的」「アジェンダ」「参加者」「頻度・時間」「意思決定者」「ディスカッションルール」「ミーティング結果の反映先」これらを文字に書き起こしてください。おそらく、はっきりと書けない項目のあるミーティングが出てきます。そのミーティングは効果が薄い可能性が高いため、思い切ってやめるか、参加者でそのミーティングのあり方について話し合ってみてください。

もちろん、人同士で仕事を進めていくためにはミーティングも含めたコミュニケーションが必要です。そもそも組織間におけるコミュニケーションエラーの大半は、**必要な人同士が、適切なテーマを、最適な頻度で話せていないことが要因で発生する**と考えています。前述した7つの要素を意識して、ミーティングのマネジメントにも気を配っていきましょう。

6：コミュニケーションライン

関係者とのコミュニケーションが適切に行えているのか、は盲点になりやすいです。組織の成り立ちや仕事の進め方、商習慣や会社の文化を背景に、意図せず関係者間のコミュニケーションが分断されてしまっていることはあります。例えば、プロダクトの開発チームと営業チームは案件を通じてコミュニケーションを取る一方、マーケティングチームと開発チームはそうした会話の場が持たれていない、などです。役割や機能、部門間でコミュニケーションが行われているかを確認してみると、そうした分断に気がつけると思います。

また、お互いの間には「理解の壁」「感情の壁」「合意の壁」があります。3つの壁については、第8章01節で詳細を解説します。

04

3つのマップを活用してつくる共通言語と共通理解

ここまで解説をしてきた「プロセスマップ」「キーポイントマップ」「アクションマップ」の3つのマップを、実際にどのように活用していくのかを具体的に見ていきましょう。

はじめに「プロセスマップ」を見て、自分たちの組織の現在地と次に目指す方向を確認します。進むべき方向とアクションを確認できたら、「キーポイントマップ」で全体と流れ、指標を確認します。プロセスを進めていく中で「ここがボトルネックかもしれない」と感じる取り組みや施策が出てきたら、「アクションマップ」の「見直しポイント」の項目ごとに何を見直すのかを考えてください。見直しポイントの改善や取り組み、施策を推し進める中でポイントとなる実行力の要点を俯瞰で捉え、不足している部分を補いながら前へ前へと進めていってください。

3つのマップの活用方法

3つのマップを活用することで、取り組みや施策の目的、改善する指標、見直す項目と、どのように実行していくかが明確になります。

①プロセスマップで、プロセスとアクションを明確にする（プランを立てる、実行と改善のサイクルを回すなど）

②キーポイントマップで、目的を定める（リードジェネレーション、リードナーチャリング、商談など）

③キーポイントマップの「指標」で、改善する指標を決める（リード数、商談数、有効商談化率など）

④アクションマップの見直しポイントで何を見直すのかを検討する（アプローチ手段の網羅性、商談打診条件・打診方法、営業のマテリアルなど）

⑤アクションマップ上の各ポイントを見てどのように実行していくかを具体化する（コンテンツ生成フレームの軸と目的、オペレーションの戦略、マネジメントのディレクションや改善活動、ミーティングの目的と頻度と参加者など）

例えば、「リードは獲得できているが商談機会の獲得に課題がある」状態で考えます。

まずプロセスマップを見て、「⑤商談機会を得る」というプロセスに位置し、必要なアクションは「商談機会をいただく努力を重ねる」ことがわかったとします。

次に、キーポイントマップを見ながら目的を定めます。リードを獲得している状況のためリードに対するアプローチを強化すべく、目的を「フォロー」に定め、同様の理由で、改善する指標を「商談化率」としました。

改善する指標が決まったら、アクションマップの見直しポイントを確認し、「フォロー手段の選択肢」「コンテンツの活用度」を見直すことにします。

最後に、アクションマップで各項目を確認し、「コンテンツ生成フレーム」の活用度を高め、「ミーティング」によってアイデアと実行プランを具体化していくことにしました。

これはあくまでも一例でしかありませんが、３つのマップを活用することで何を実行すべきなのかを考えやすくなるはずです。

改めて感じていただきたかったのは、マーケティング組織として成果を出そうと考えたときに、広い視野と高い視点を持って俯瞰で全体を捉え、指標と要点をつかんだうえで、アクションを積み上げていくことの難しさです。どれだけ優れたマーケターであっても、当事者であるほど視野が狭くなってしまうものですし、無意識に前提条件や制約条件にとらわれ、思考がぐるぐると回ってしまうことは起こります。

ゆえに、これら３つのマップはマーケターにとっての優れた壁打ち相手となってくれることを願って作成しています。目的とアクションが一致しているかどうかや、アクションとしての選択肢への気づきも与えてくれるはずです。３つのマップをうまく活用することでセルフ壁打ちを行い、無意識に見落としてしまっていた選択肢や可能性に気がついてもらえればと思います。

共通言語と共通理解をつくろう

マーケティング組織として成果を創出していくために、関係者との間に共通言語をつくり、共通理解を醸成していきましょう。共通言語や共通理解がなければ、それぞれの役割や機能、組織がうまく連携し取り組みや施策を推し進めていくことは難しいです。そのためのアクションには、意識とリソースを投下していくべきですが、一方でこうした「社内調整」と呼ばれる類の仕事は嫌われる傾向にあるのも事実です。

マーケティング組織が実行しようとしていることの説明資料や補足資料として、これらのマップを活用してください。3つのマップを提示しながら、常に、現在地と論点を明確にするだけでもそれらの労力は大幅に減らせるはずです。そしてその行為は、自分たちだけでなく相手にとっても価値があります。マーケティングへの理解が深まるだけでなく、より本質的で建設的な議論に時間を使えるようになるためです。そもそも、共通言語や共通理解がない場においては議論が成立していない可能性もあります。

自分の話は自分が思っている以上に相手に伝わっていない可能性があることを自覚できないと、議論が前へ進まないのです。仮に同じ意味で理解していても解釈が異なっている状況では、議論そのものが成立していない可能性が高いです。そのため、共通言語と共通理解を丁寧につくっていくことがマーケティング組織の戦略と戦術の実現に近づきます。

説明責任を果たし、信頼関係を築く

共通言語と共通理解をつくっていく過程の中で、重要なことが2つあります。それは「説明責任を果たすこと」「協力してもらえるだけの信頼関係を築くこと」です。

皆さんは「上司や周囲の人がマーケティングに対する理解がなく、投資や施策の承認、協力をもらえない」ことに、もどかしさを感じた経験はありますか？　もちろん私も経験してきました。ただ、そのようなときこそ客観的かつ冷静に見てほしいのが、自分自身が相手に対して判断に足る情報を渡せているか、説明責任を果たせているか、という点です。そもそも足りていないのは相手の理解ではなく、自分の説明かもしれません。誠心誠意伝える努力をすることがスタートラインです。

そうして説明責任を果たすことで信頼関係を築いていくことが大切ですが、一方で、協力を得るために足りていないのは説明でもロジックでもなく、ただただ当人同士の信頼関係だという可能性も十分にありえます。一緒に働く人が理屈通りに動くロボットなら悩みは少ないかもしれませんが、相手は感情を持った人です。皆さんも、理屈が通っていても感情的にやりたくないことはありますよね。「あなたのいっていることはわかりますが、協力はしません」という状況をつくってしまうことはありますし、逆に「あなたのいっていることはよくわかりませんが、協力します」という状況をつくれることもあります。資料はほどほどにして、一緒にお茶を飲むことが大事なシーンもあるということを忘れないでください。

第1部

組織の立ち上げ期／立て直し期

プロセスマップ（14～15ページ）

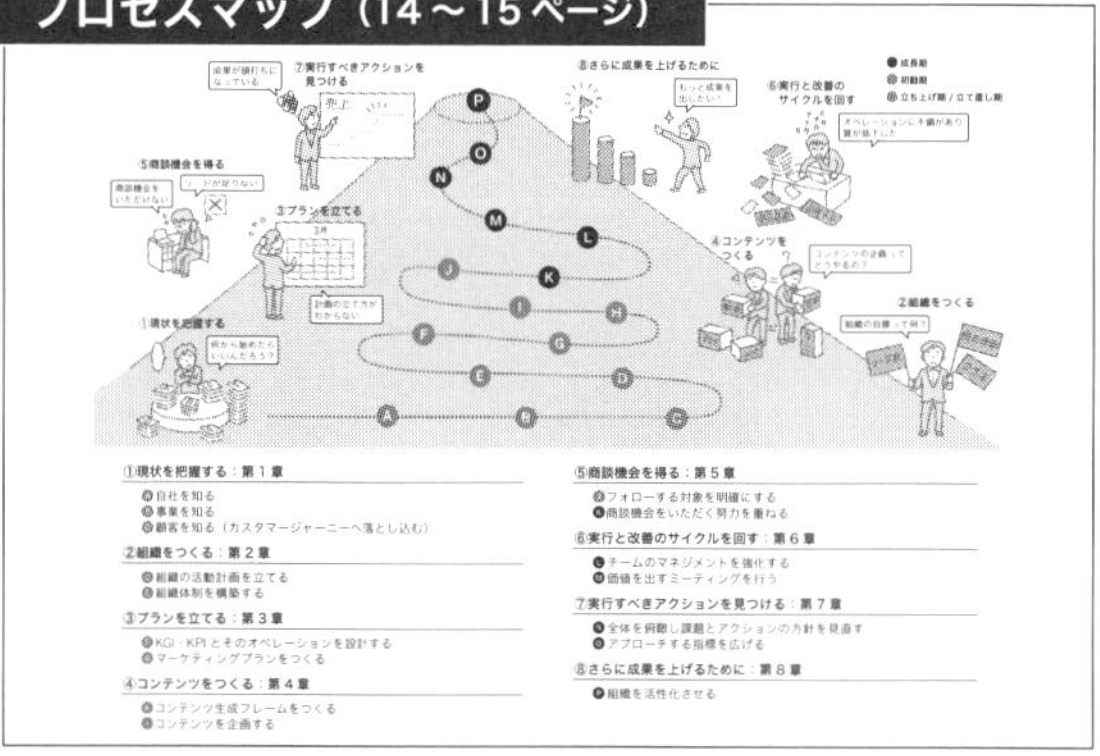

A 自社を知る
B 事業を知る
C 顧客を知る（カスタマージャーニーへ落とし込む）

自社・事業・顧客の３つの軸で現状把握を深めることで、解像度の高いアウトプットを作成する準備を行います。現状把握のために、A～Cの流れで自社・事業・顧客を理解します。Cのステップでは、これから作成していく「活動計画」「マーケティングプラン」の土台となる、カスタマージャーニーへの落とし込みを行います。

キーポイントマップ（22～23ページ）

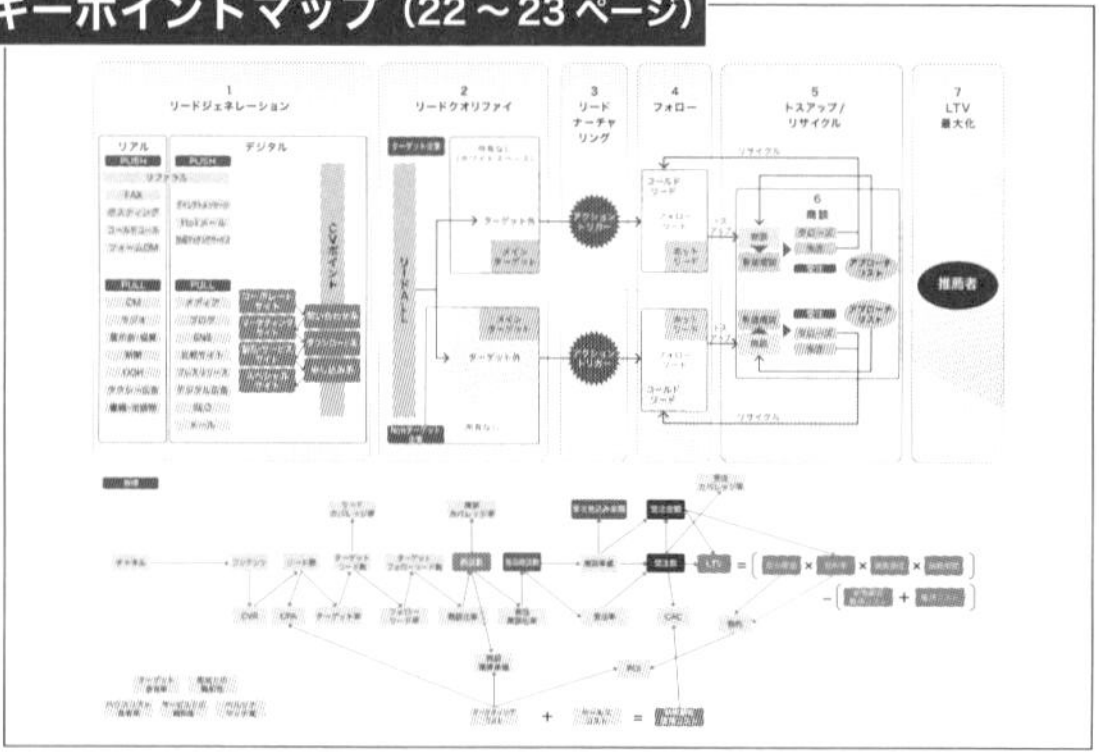

①ボトルネックを見つける
②ボトルネックに優先順位をつける

施策でボトルネックとなりうるところを、重要度と改善のインパクト、難易度でアタリをつけていってください。具体的なアクションを検討する際に、何から手をつけるかの重要な判断軸になります。

アクションマップ（34～35ページ）

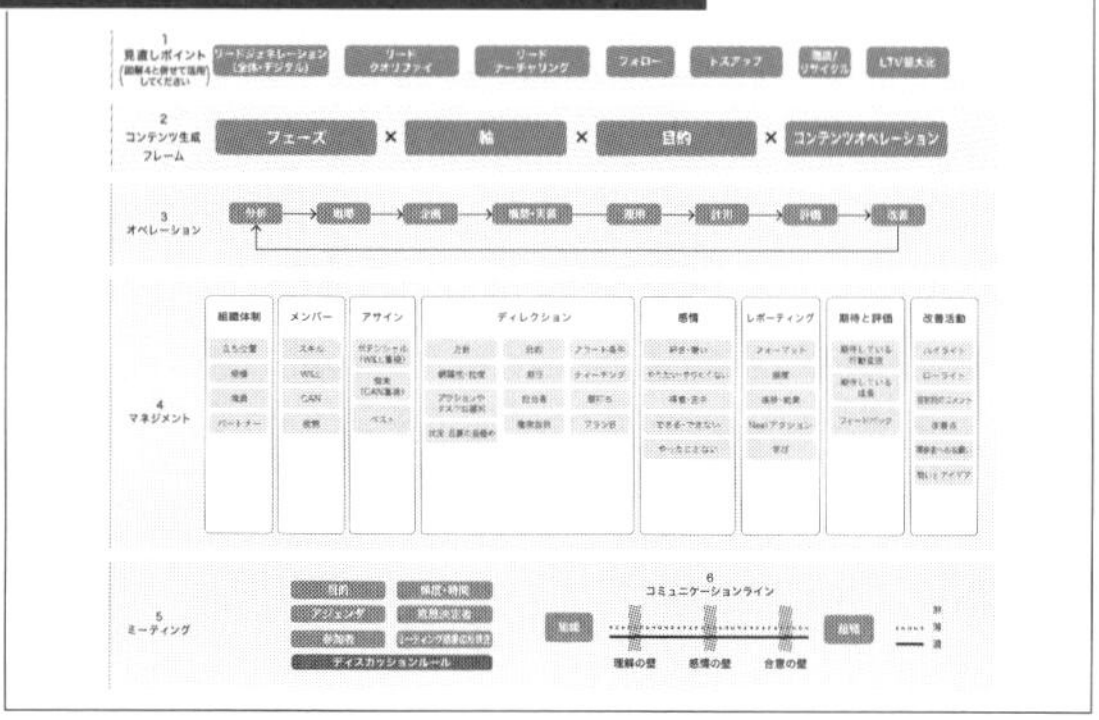

アクションを進めるにあたってボトルネックとなりやすい、「オペレーション」「マネジメント」「ミーティング」「コミュニケーションライン」の４つの要素に分ける

施策を進める際は「オペレーション」「マネジメント」「ミーティング」「コミュニケーションライン」を重視し、問題の未然防止と効率的な進行を目指してください。これにより予期せぬトラップを避け、手戻りを減らすことができます。

第1章

自社の状況と顧客を知る〜①現状を把握する〜

本章における3つのマップの使い方

「①現状を把握する」のプロセスでは、「キーポイントマップ」と「アクションマップ」の内容を踏まえながら全体の解像度を着実に高めていく使い方になります。個別の使い方は以降の章で扱うため、本章では全体像とその流れをつかむことに集中してください。

01 〈自社理解〉自社の状況を網羅的に把握する

現状把握の1つ目のステップは「自社理解」です。自分たちの会社が大切にしている価値観は何か、どのような組織があって、それぞれが何をしているのか、経営と現場でどういった報告がなされ、会社全体のオペレーションはどのように回されているのか……など、それらを把握できていなければ、マーケティング組織としても個人としても成果を出すことは難しいでしょう。

「自社理解」を深めることで得られた情報は、組織の活動計画やマーケティングプランに生かせるだけでなく、アクションの実行段階においても価値を発揮します。

大切にしている価値観と成り立ちを理解する

突然ですが、皆さんは自社の経営理念をご存知でしょうか？ あるいはフィロソフィーや、ビジョン、ミッションなど、表現やその目的は異なるかもしれませんが、いずれも会社が大切にしている価値観が書かれていることに違いはありません。一言一句違わず暗記する必要はないですが、何のことやらさっぱり……という方は、すぐに確認してください。

これらの価値観を理解すべき理由は、組織の意思決定の「強さ」と行動の「速さ」に直結するからです。マーケティングの仕事に限りませんが、**正解がない中で意思決定と行動を積み重ねていき、成果を出さねばならない状況では、拠りどころとなる共通の軸が必要**です。施策1つ取っても、やるかやらないかの判断に迷うことはたくさんあります。会社によって変わると思いますが、おおむね「会社∨本部∨部門∨チーム」の単位で分けられていることと思います。迷った際に立ち返る先として、それぞれのコミュニティで大切にしている価値観を理解するようにしましょう。これらが組織の「強さ」と「速さ」の源になってくれます。

自社の価値観への理解を深める1つのアプローチとして、自社の言葉の扱い方を確認すると見えてくるものがあります。例えば、とある企業では「アポ」という言葉は極力使わないようにし、「商談」という言葉を意識的に使うようにしています。これは、「自分たちは、お客様に最適な提案を行い取引につなげるための『商談』を得ているのであって、単なる『アポ』ではない」という意図や想いを浸透させるためだそうです。ただ単に「アポって言葉を使うのはダメらしい」程度の認識だと効果が薄いので、理由や背景まで含めて理解するようにしましょう。こうした1つひとつの言葉の扱い方や意思決定に一本の軸を通すことで組織は非常に強くなります。あなたの会社が大切にしている価値観は何でしょうか？ あるいはあなた自身が大切にしている価値観は？ その考えに至った理由も含めて言葉にして、全員の共有財産のように扱うことができれば、組織の実行力が大きく底上げされます。

仕事の流れと人を把握する

マーケティングの仕事は連携しながら仕事を進めていくため、会社全体がどのような流れで仕事を行い、誰が何をしているのかを把握しなければ良い仕事はできません。具体的には**「組織図とそれぞれの部門の役割・評価軸」、「組織における重要人物（キーマン）」**の2点を把握する必要があります。

まずは組織図を見て全体像を把握した後、それぞれの部門の役割と評価軸を確認します。何で評価される組織なのかを見れば、自ずと何をやろうとしている組織なのかという概要はつかめるはずです。例えば営業部門は、受注目標の達成と新商材の販売数が評価軸として掲げられていれば、単なる受注の達成だけでなく、新商材を販売することが求められていますし、その目標達成の文脈であれば連携を取りやすい、ということがわかります。

次に、「商談における重要人物（キーマン）」の把握です。**「①誰に何を聞けば、何がわかるのか」、「②誰に話を通せばいいのか」の2点を確認します。**「影響力・推進力・現場把握力」に着目して、図解6のように人物像を整理しておきましょう。誰に話を通すべきかは、商談内容によって異なります（営業改革のテーマだと営業部長に話を通さないといけない、基幹システムに関わるものは情報システム部長に話を通さないといけないなど）。きちんと把握しておけば、スムーズに商談を進めることができます。

図解6のような書き方をすると、商談獲得のために下心を持って人と接することや勝手に評価することに対してネガティブな印象を持つ方もいらっしゃるかもしれません。しかしこれらは「組織を動かすための段

図解6　人物像のイメージ

人物像のイメージ	影響力	推進力	現場把握力	特徴
リーダー	高	高	高	あらゆる面で優れた能力を持ち強力なリーダーシップ、実行力、現場の深い理解を兼ね備え、チームやプロジェクトを成功に導く中心的な存在
戦略家	高	中	高	・組織における戦略的な意思決定に不可欠な人物 ・強い影響力と現場の深い洞察力を持ち、中長期的な視点での意見で貢献する
エキスパート	中	高	中	・計画やアイデアを現実の成果に変える能力に長けている ・推進力が高く、チームを動かし目標達成に導く
アドバイザー	高	低	中	・強い発言力を持ちながらも、実行面では控えめ ・貴重なアドバイスや洞察で組織に影響を与え、他者の行動をサポートする
プロフェッショナル	低	中	高	・現場の詳細な知識と経験にもとづき、実務における重要な役割を果たす ・戦略的な意見よりも、現場レベルでの具体的な改善や提案に貢献
推進者	中	高	低	・強い実行力と周囲への影響力を生かし、新しいアイデアやアプローチを実現するために積極的に動く ・現場の詳細よりも、大きな目標や革新に注力する

取り」に欠かせず、組織はもちろん、個人の実行力にも大きく影響します。

また、話を通しておくべきキーマンを把握したいときは、「報告書の内容と流通経路」を把握するのもオススメです。それぞれの組織がどういった内容の報告書を、どんな頻度で、誰から誰に上げているのかといった情報の流通経路を見ると重要人物が浮かび上がってきます。この方法は、いわゆる役職者だけでなく現場のキーマンを明らかにする場合にも有効です。

組織図とそれぞれの部門の役割・評価軸、キーマンを押さえるようにすると、はっきりとした輪郭で自社を把握することが可能です。

事実を収集する

自社理解を深めるために、「事実の収集」を行いましょう。「キーポイントマップ」と「アクションマップ」を見ながら、図解7のテーマを参考に事実を書き出してみてください。**注意すべきなのは、自分が事実だと思って書いたものが実態とかい離していたという失敗です。**事実と想像を分けてあくまでも事実だけを集めるようにし、出来上がったら第三者に確認をしてもらってください。

図解７　事実の収集

テーマ	参考例
リードジェネレーション	・ウェビナーを企画するも10人未満の集客 ・予算がなく「コストがかからないもの」が前提になっている ・年に１回の展示会で大量のリード情報を獲得している
リードクオリファイ	・ターゲットの条件は決まっているものの、抽出するためのデータソースがない ・名寄せができておらず、株式会社・（株）などが混在している
リードナーチャリング	・メルマガは毎週送付しているものの、CVポイントはない ・メール施策の改善まで手が回っておらず、送ることが目的になっている
フォロー	・リードが属人的に管理されているため放置されているリードがある ・商談の打診以外に選択肢がない ・スクリプトがなく、それぞれでフォロー活動を行っている
トスアップ/リサイクル	・トスアップの基準がなく、とにかく商談機会を取るようにしている ・コミュニケーションログを残す場所がなく、担当者同士がメッセージでやり取りしている ・失注、Closeとなったらそれ以降は何も行われていない
商談	・商談のログは残すことになっているが、人によって内容がマチマチ ・新しくスタートしたツールの運用はオペレーションの負荷が高いため、現場は批判的
LTV最大化	・既存顧客への対応は営業がすべてを担っており、十分に対応ができていない ・サービスのデリバリーチームは受注への関心が低く、役割分担で揉めている
コンテンツ	・自社のサービス紹介のコンテンツしかない ・古めかしさを感じるデザインのものがいくつかあるだけ ・セミナーはタイトルは変えているが、内容はいつもほとんど同じ
オペレーション	・メール送信の際に、営業に送付可否の確認をしてもらうことになっている ・セミナー開催時は１人がすべてのオペレーションを担っている ・“内製ありき”で物事が進み外部リソースには期待できない ・マーケティング施策の成果を追えておらず、成果がわからない
マネジメント	・マーケティング組織を立ち上げたものの、経験者が不在 ・人によってタスク量に偏りがあり、役割も決まっていないのでアサインの基準がない ・レポートの内容が定まっておらず、何を報告すればいいのかの基準がない
ミーティング	・定例会は多いが、報告や共有にとどまり何かを決めるための議論は活発ではない ・1on1が導入されたが、形式的な開催にとどまっており、目的を見失い始めている
コミュニケーションライン	・各部門の責任者同士は会話しているが、現場同士で会話する機会はない ・お互いへ要求やフィードバックを伝える仕組みはない ・何をするにも調整が必要で、動きが遅い

02 〈事業理解〉提供価値と商品・サービスを理解する

現状把握の2つ目のステップは「事業理解」です。マーケティング組織が施策を実行して成果を出すためには、マーケターが誰よりも事業に詳しいことが求められます。事業に詳しくない者がマーケティング戦略を練ることになった場合、頼りになるのは一般的な理論や定石、これまでの経験しかありません。それだけだと芯を食った戦略を描くことも、顧客の心に響くメッセージも書けません。マーケター以外にすでに詳しい方が身の回りにいるケースもあると思いますが、その場合も、追いつけ追い越せの精神で事業理解に励みましょう。

提供価値を言語化して捉える

自社の事業が顧客に提供する価値について、1つひとつを丁寧に言語化し目に見える形でアウトプットに変えていくことをオススメします。事業理解を深めるためのアクションは、重要度が高いものの緊急度は低い仕事のカテゴリに属しやすいからです。皆さんの中にも、「事業理解は重要だけどつい後回しにしてしまう」という方もいるのではないでしょうか？　その理由の1つは、事業理解が深まったのかを図る基準があいまいであることです。

しかし、アウトプットすれば、その内容で事業理解の深さを客観的に判断することができます。また、フォロー時に使用するトークスクリプトや、メールのテンプレート、コンテンツを作成する際の、メインメッセージへの転用など、言語化した提供価値のアウトプットを活用できるというメリットもあります。

提供価値の言語化は、「Why・Who・What」のそれぞれで書き出してみましょう。

Why：なぜこの事業をはじめたのか

事業の成り立ちから提供価値の源泉を探ります。創業のきっかけや、新規事業に込めた想いに理由があるかもしれませんし、あるいは、大きな社会課題の解決のために立ち上がった決意や、もっとサービスを世に広めたいという野心が理由かもしれません。

「気がついたら事業として立ち上がっていた」という経緯かもしれませんが、その場合は、改めて自分たちで言語化してみるのもよいと思います。重要なのは、関係者全員が「なぜこの事業をやっているのか」を考え、自分たちで理解することです。

Who：誰に価値を提供するのか

価値を提供したい人、あるいは、すでに価値を実感してくれている人はどういう人なのか考えます。自分たちの商品やサービスが価値を届けたい人はどういう人なのかを言語化しましょう。長い文章で表現してしまうと、要素が混ざってしまったり、抽象度が上がって、結局誰に価値を提供したいのかわからなくなってしまったりします。できるだけ端的に、「ずばり一言でいうと」というレベルで書くのがオススメです。

What：何の価値を提供するのか

自分たちがどのような価値を提供するのかを複数の視点から立体的に捉えることで見ていきます。次の3つを整理する中で、提供している価値を考えましょう。

・顧客が実現したいこと／解決したい課題
・顧客が嬉しいと感じること、利益をもたらすこと
・顧客が抱える悩みや障害

これら3つが交わるところが、自分たちが提供している価値の核となる要素といえます。

商品・サービスの基本を押さえる

次に、商品やサービスに関することを言語化していきます。8項目に当てはまる内容を書き出してみてく

図解８　事業内容の基本

No.	項目	概要
1	商品・サービスの概要 （ひとことで）	商品やサービスを可能な限りシンプルに一文で表現します。ここでは、商品やサービスの核となる概念や主要な機能、または最も特徴的な利点を簡潔に述べます。具体的でシンプルな表現が理想的です。
2	商品・サービスの ラインナップ	提供している商品やサービスの全範囲をリストアップします。各ラインナップで異なるモデルやバリエーション、パッケージプランやオプション等を明確にします。
3	機能としてできること	商品やサービスが具体的に提供する機能や特性を詳細に説明します。この項目では、顧客が実際に商品やサービスを通じて実現できる具体的なアクションや成果に焦点を当てて記載します。
4	特長 （優れている点）	競合と比較して、この商品やサービスが優れている点を強調します。独自の機能、性能、品質、体験、価格、デザインなど、他とは違う特色を明確にします。
5	利点 （特長を生かして 実現できること）	商品やサービスの特長がユーザーにどのような利点をもたらすかを説明します。これは、商品の特性を具体的なユーザーの利益に結びつける部分です。
6	主要効果 （商品やサービスが 直接的に提供する効果）	商品やサービスが直接的にユーザーに提供する効果やメリットを挙げます。
7	副次効果 （商品やサービスがもたらす 追加の利点や効果）	商品やサービスの使用によって間接的に得られる利点やプラスの効果を説明します。主要効果を得ることで結果的に得られる効果やメリットが副次効果です。
8	できないこと （不得意なこと）	商品やサービスが対応できないこと、または他の選択肢に比べて不得意とされる点を記載します。

ださい（図解8）。

これらの項目は自分だけで書こうとせずに、関係者に適切な協力を求めながら完成させていくほうが望ましいです。簡単なワークショップを開いて考えてみるのもよいですね。

また、新規事業であれば書きにくい項目もあるかもしれません。うまく書けない場合は自分たちの中でもあいまいになっている、あるいは関係者の間でも意見や認識が割れている段階だともいえます。そういう状態のときは、提供価値をマーケティングメッセージに落とし込むことが難しくなり、ターゲットの検討にも影響が出ます。重要なのは早い段階でこれらの不確かな要素を明らかにし、明確にするためのアクションを早急に実施していくことです。このようなプロセスを通じて商品やサービスに対する深い理解が生まれ、それがマーケティング戦略の具体化につながります。

03 〈顧客理解〉プランの土台となる顧客理解を形にする

現状把握の最後のステップは「顧客理解」です。顧客視点に立ったプランニングやメッセージングを行うためには、顧客への深い理解が必須です。顧客理解を深めた先のアウトプットとして、ペルソナとカスタマージャーニーを作成していきます。マーケティング組織がどのような状態であれ、顧客理解を深めることとそれをアウトプットに落とし込んでいくことの重要性は変わりません。これから作成していくマーケティングプランの土台にもなりますので、しっかりと作成していきましょう。

３つのペルソナ

ペルソナには３つの種類があります（図解９）。それは、「企業ペルソナ」「組織ペルソナ」「個人ペルソナ」です。ペルソナと聞くと、個人のペルソナを連想される方もいらっしゃると思いますが、作成していく

図解9　3つのペルソナ

企業ペルソナ	組織ペルソナ	個人ペルソナ

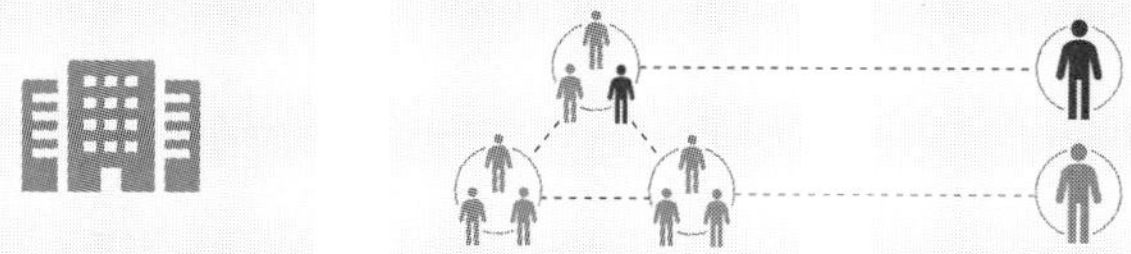

企業ペルソナ
- 売上高、従業員数などの規模
- 設立年月日
- 上場区分、非上場
- 業種／業態
- 所在地
- 事業内容
- 事業が抱えている課題
- 業界の特徴
- イメージに合致する企業

組織ペルソナ
- 組織やプロジェクトのミッションや目標
- 検討のきっかけ
- 組織として解決したい課題
- それぞれの組織の役割
- 部門間や責任者と個人同士の役割と相関

個人ペルソナ
- 所属部署／所属部署遍歴
- 勤続年数
- 決裁権の有無（決裁者との関係）
- 情報収集源や関心事
- 組織における役割
- 業務の責任範囲やミッション

順番は「企業ペルソナ↓組織ペルソナ↓個人ペルソナ」の順です。とくに組織ペルソナから個人に落とし込むことが大切です。なぜなら、企業の購買行動は、個人の意思や判断で行われるものではなく、組織やチームが目的やミッションを果たすために行われるものだからです。組織やチームが先で、その後にそこに所属する個人が動き始めるという構図になるので、「組織ペルソナ↓個人ペルソナ」の順に作成してください。

また、いずれのペルソナも、作成の目的を「顧客像の可視化」と「認識の共有」に位置づけ、精緻なものをつくることにこだわりすぎないように気をつけてください。定期的に見直しながら運用していくことを前提に、作成することをオススメします。あくまでも重要なのは、顧客理解を深めることとそれをアウトプットとして形にすること、そして施策を企画する際に顧客視点に立つためにペルソナを活用することです。もちろん精度は重要な要素ですが、目的がぶれないようにしてください。

ペルソナのつくり方と注意事項

すぐに実践できるペルソナのつくり方は、ユーザーや見込み顧客に直接話を伺う「直接ヒアリング」と、関係者に顧客のことを聞く「間接ヒアリング」の2つがあります。とくに間接ヒアリングは、社内で完結するので、練習も兼ねて気軽に実践していただけると思います。

ヒアリングによるペルソナ作成は、できるだけたくさんの個別具体な顧客に関する情報を集めて、そこから共通項を抜き出すことです。なので、注意しないといけないのは、相手がユーザーであれ、自社の営業であれ、**相手が気を利かせて架空のペルソナについて話をしてしまわないように注意してください**。ユーザー相手には「あなたのことを教えてください」と前もって伝え、営業には「○○株式会社の△△案件の担当だった、□□さんについて教えてください」というくらい具体的に聞くことが、それらを防ぐコツです。情報の加工や取捨選択はせず、ありのままで回答してください、と事前に伝えてからスタートしましょう。

1：ヒアリングの目的をセットする

ヒアリングを通じて、実現したい目的を明確にします。実際のヒアリングの場では、改めて目的やゴールを共有することで認識齟齬を防ぎましょう。

図解 10　質問の基本項目

テーマ	質問例
業務内容	・主な職務内容は？ ・どのようなプロジェクトに参画していますか？ ・今回のプロジェクトはどういった経緯でスタートしましたか？ ・情報収集は、普段どのように行っていますか？ ・どの部門やチームと連携していますか？
意思決定プロセス	・商品やサービスを選定する際の基準は何ですか？ ・どのようなプロセスを経て意思決定されますか？ ・どのような情報をもとに意思決定を行いますか？ ・意思決定に際して、他の部門や同僚の意見はどの程度影響しますか？
商品・サービス	・弊社に魅力を感じていただいた理由や、選定した理由は何ですか？ ・弊社の商品やサービスを使うことで期待していたことは何ですか？ ・弊社の商品やサービスを使うことで実感した価値は何ですか？ ・弊社の商品・サービスに対して不満や改善点はありますか？
他社との比較	・他に検討した企業や商品はありましたか？ ・他社商品と弊社商品を比較した際の決め手は何でしたか？ ・競合他社の商品に対して感じる魅力や不足点は何ですか？ ・競合他社の営業活動で優れていた取り組みはありましたか？

2：対象者の選定

目的を果たすために適した相手を選びます。顧客であれば、適したセグメントに属しているか、ターゲットリードに似た属性の方か、自社サービスに非常に満足してくださっている方か、など。

3：ヒアリングの形式

対面、電話、オンラインMTGなど、対象者の利便性やインタビューの内容、目的に合わせて形式を選択します。

4：データの記録方法

録音やビデオでの録画など、その記録方法と記録する旨を相手に伝え承諾を得ます。

5：質問の準備

図解10に質問の基本項目に関して、質問例をいくつか記載しました。ぜひ参考にしてください。

カスタマージャーニーへの落とし込み方

続いて、作成したペルソナにもとづいて顧客の行動をカスタマージャーニーへと落とし込んでいきます。次のステップに従って作成してみてください。ワークショップ形式で集まって作成してみるのもよいですし、スプレッドシートなどを用いて、オンラインで共通のファイルを全員で更新するやり方で作成してみてもよいでしょう。

ステップ1：ジャーニーが始まるスタートとゴールを決める

「スタート」はジャーニーが始まるときの顧客の状態です。何らかの課題を抱えた状態から始まることが多く、○○ができなくて困っている、上司からプロジェクトを任された、などのきっかけからスタートすることが多いです。「スタート」をどのように設定すればよいか迷ったら、顧客のニーズが発生する瞬間はいつか、を考えてみましょう。

「ゴール」はジャーニーが終わる際の顧客の状態です。「発注する」をゴールにしてしまいそうになりますが、それだけでは不十分です。あくまでも、課題が実際に解決されたり、商品やサービスの価値を実感した状態をゴールに設定しましょう。

ステップ2：顧客の行動を洗い出す

続いて、先ほど決めたスタートとゴールの間で行う顧客行動を洗い出します。ワークショップで実施する場合は、紙とペンを用意し、1人ひとりが黙々と書き出す時間を設けてください。スプレッドシートなどの場合も同様に、まずはセル内に1つずつ書いてみることからスタートです。他の人と同じアイデアが出てもOKです。とにかくたくさんの顧客行動を書き出すことが重要です。整理は次のステップで実施するので、書き出すことに集中しましょう。また、できるだけ具体的に最小粒度の行動を書くことがポイントです。「検索する」ではなく、「Googleで◯◯と検索する」くらいに具体的に書きましょう。

ステップ3：行動をフェーズごとに分ける

洗い出した顧客行動を、類似した行動グループごとに分けていきます。スタートからゴールの間で、それぞれの行動グループに名前をつけます。その後、顧客行動の点と点がつながり、大きな流れになっているかを確認してください。このときも思いついた顧客行動はどんどん書き加えていってください。

ステップ4：感情の起伏を想像する

それぞれの行動グループごとにペルソナが何を感じ、どんな課題や感情、感想や意見を持っているかに焦点を当てて書き出します。ポジティブな感情とネガティブな感情の双方を書き出すことがポイントです。とくにネガティブな感情が重要です。ネガティブな感情に対して、自社が何を実施できるのか、どういったコンテンツを提供できれば解消できるのかを考える際のヒントになるためです。

ステップ5：全体を眺めて流れを確認する

作成したカスタマージャーニーを縦と横に見て、行動グループごとにスムーズに流れているかを確認しましょう。顧客行動が極端に少ないところはないか、流れに違和感がないかに注目します。無事に、スタートからゴールまでを実際の顧客の行動がわかるように書き出せていればまずは大丈夫です。

出来上がったものは、関係者から必要に応じてアドバイスをもらいブラッシュアップを行いながら完成度を高めていきましょう。

これらのステップを踏みながらカスタマージャーニーを作成していきますが、作成する過程の中で気がつくのは「思っているよりも書けない」という事実だと思います。スラスラと書けるなら問題ないのですが、多くの人は「わからない、知らない、思いつかない」かと思います。そのようなときは、想像で書くのではなく、書けない事実を受け止め、一次情報を取りにいきペルソナやカスタマージャーニーを書けるレベルまで顧客を理解することが大事です。

プロセスマップ（14～15ページ）

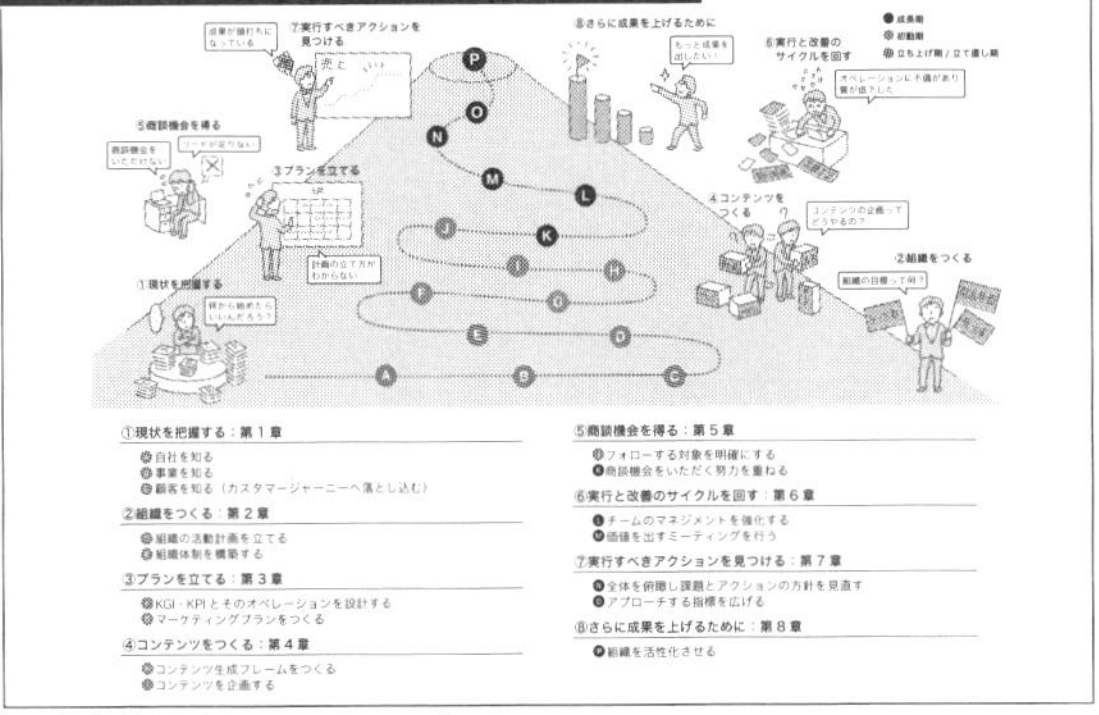

D 組織の活動計画を立てる
E 組織体制を構築する

まずはマーケティング組織の４つの立ち位置を理解し、期待される役割を押さえます。その後、「活動計画」を立て、マーケティング組織内に必要な９つの役割をもとに、メンバーの配置や外部の企業や専門家からの支援をどのように受けるかを考えていくステップを踏みます。

キーポイントマップ（22～23ページ）

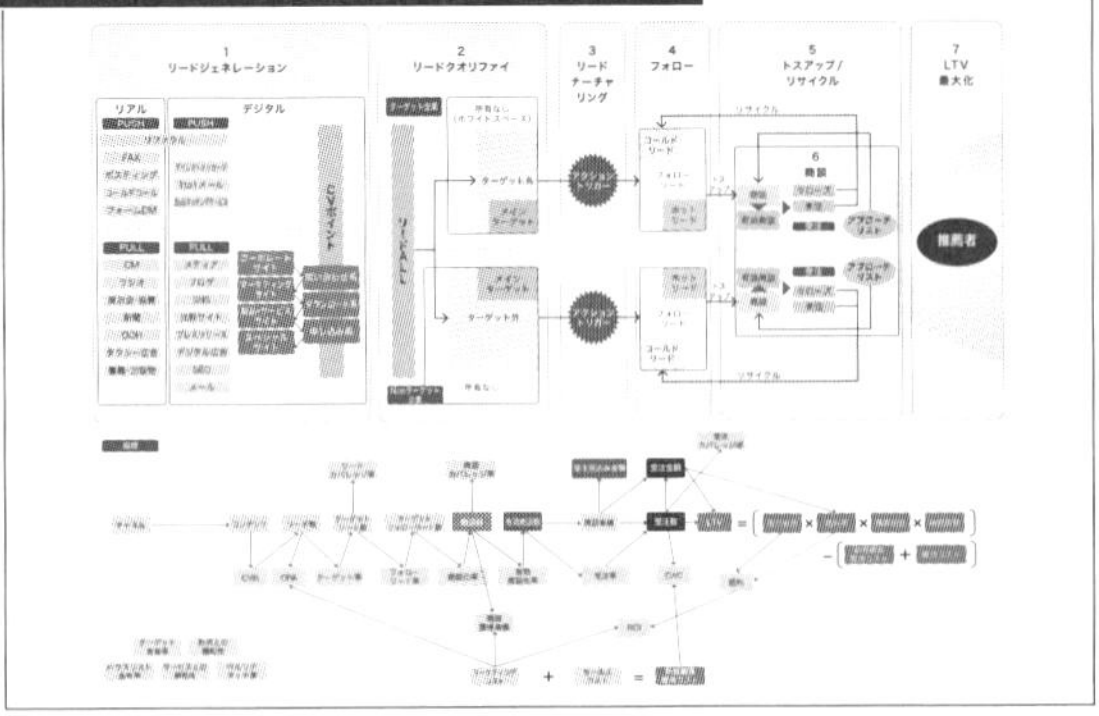

①明らかにしたボトルネックをもとに解決すべき課題を決める
②指標を参考に定量目標を設定する

全体像と流れ、指標を自社に当てはめながら、マーケティング組織として早急に手を打つべき課題はどこかを見極めます。ボトルネックを解決するために適切な指標によってマーケティング組織の目標を数値化して掲げるようにしましょう。

アクションマップ（34～35ページ）

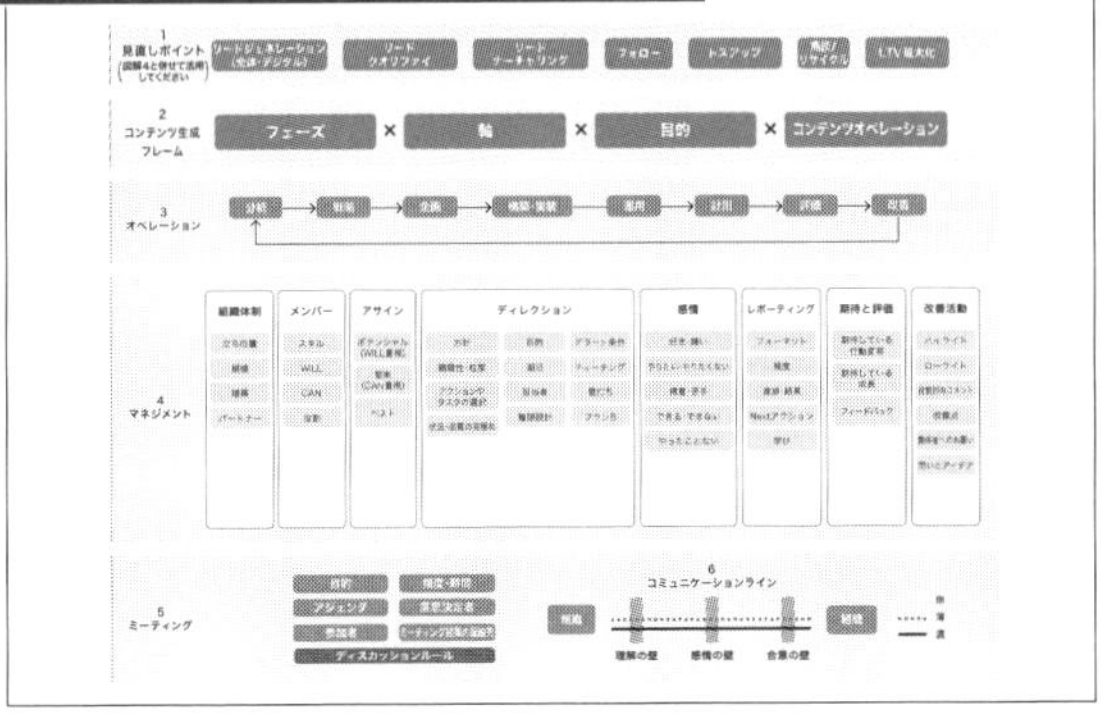

①組織体制（立ち位置・規模・増員・パートナー）
②メンバー（スキル・WILL・CAN・役割）
③アサイン（ポテンシャル・堅実・ベスト）

メンバーが組織に対する理解を深め、アクションを前に進めていくために「活動計画」を具体化します。「見直しポイント」を活用しながら解決すべき課題を見定めましょう。社内リソースに依存せず、外部リソースの活用も検討しましょう。

第2章

マーケティング組織の活動計画を練る～②組織をつくる～

本章における3つのマップの使い方

マーケティング組織の活動計画を作成し、施策を実行していくための組織体制や解決するべき課題を定めます。次に、組織の成長目標を掲げ、それに向けたアクションやメンバーのアサインを検討していきます。

01 マーケティング組織の役割と立ち位置

マーケティング組織を立ち上げる（あるいは立て直す）際に、はじめに行うべきことは組織の役割や活動計画を宣言することです。「マーケティング」という言葉や組織・機能が持つ意味が、広範かつ各社によって異なること、人によって期待することや解釈も異なることから、自分たちの言葉でマーケティング組織の役割を宣言することから始めなければなりません。それを怠ってしまうと、組織をどのような方向性で動かすのか、そのためにどんな人員が必要なのか、何を目標に活動していくのかも、あいまいになってしまいます。

マーケティング組織の役割

組織から求められているマーケティングの役割、それはずばり**「事業貢献（受注・売上・利益）に責任を持ち、それを目的に、マーケティング戦略を練り施策を実行する」だと考えます**。これ以外にない、といっても過言ではありません。あくまでも「事業貢献」を目的に、組織として掲げる定量目標を「リード創出」

図解 11　成果と成長の両立

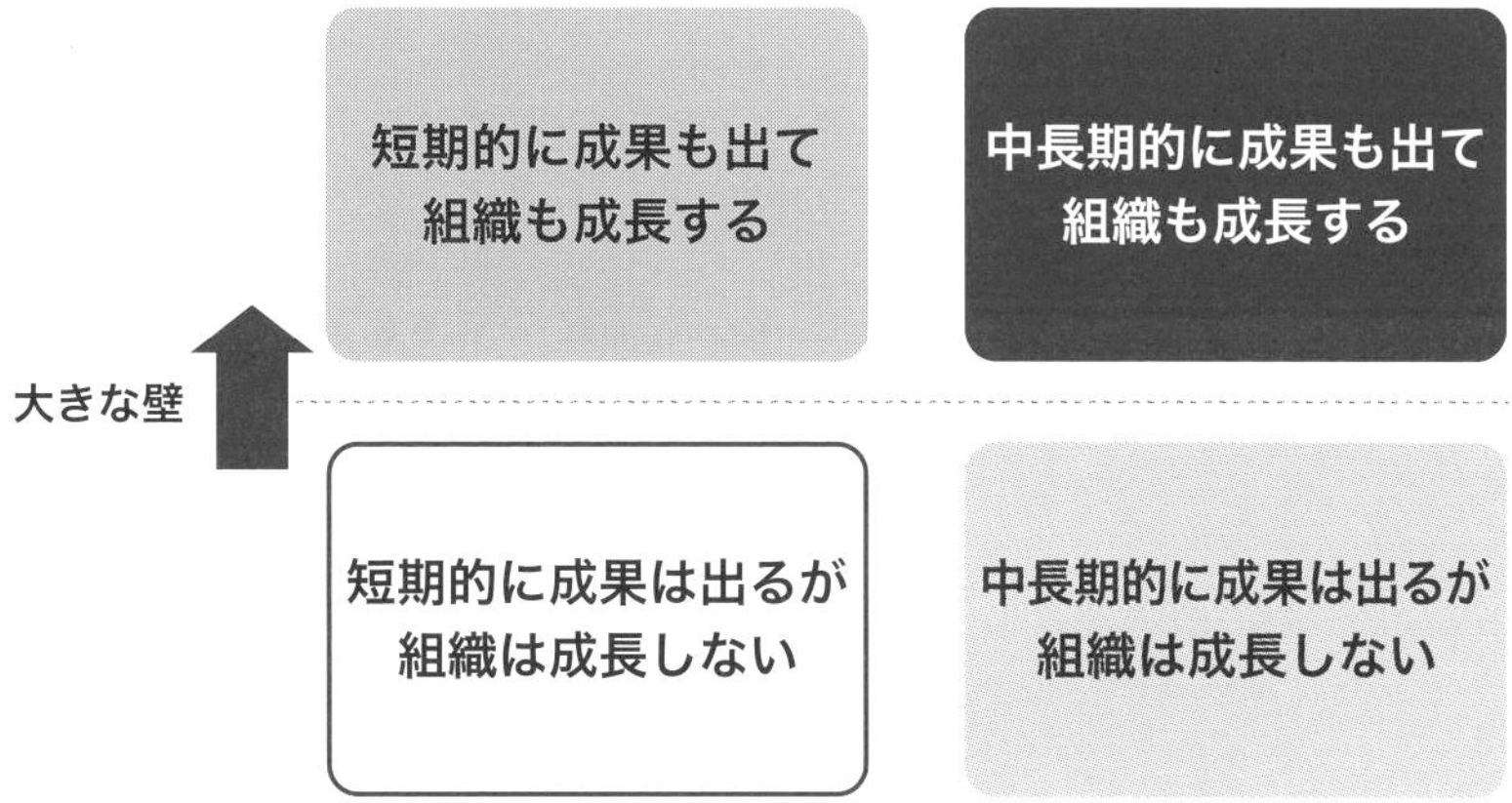

や「施策の実行数」などに絞ることはあります。また、見込み顧客の獲得だけでなく、市場調査やPR、プロダクトマーケティングや営業支援などさまざまな役割を担います。マーケティング組織が多様な役割を持つ理由は、求められる成果の内容や時間軸、マーケティング組織の成り立ちや立ち位置、事業環境、組織に属する人によって、担う機能や注力するアクションが変わるからだと考えています。

ただし、目的はあくまでも「事業貢献」であることを忘れてはいけません。それを理解するために、「成果と成長」についても考えてみましょう（図解11）。マーケティング組織に限らず、組織は常に成長（実行力の増強）も実現していかないと、中長期的かつ持続可能性の高い成果創出は果たせません。

改めて、マーケティング組織は次の3つのミッションを担っている、ということを意識しましょう。

1：期待されている短期成果を出すこと

2：期待されている成長を実現すること

3：成長を実現することで、中長期的な成果を出すこと

そのうえで、自分たちの活動が、これら3つのミッションを果たすことにつながっているのかを客観視し、自問自答するだけでも、役割や活動計画を見直すきっかけを得られると思います。

成果と成長の両方に直結する施策は少ないですが、マーケターは、いかに施策を組織の成長につなげていくかを考えられるかが腕の見せどころともいえます。例えば、外部のパートナーに営業支援をお願いするとしても、ただ業務支援をしてもらうのではなく、内製化を前提としたトークスクリプトやオペレーションの構築も視野に入れて、その業務の担当者候補の方をプロジェクトの責任者として配置する、などです。成果を出せる施策であることは前提ですが、このような役割も担っていることを意識するようにしましょう。

マーケティング組織の立ち位置

マーケティング組織の立ち位置は、大きく分けて4つあります。組織の役割が確認できたら、図解12を見ながら、自分たちのマーケティング組織がどの立ち位置なのかを把握しましょう。

①独立組織型

独立組織型は、マーケティングが事業部に所属せず独立して機能する組織形態です。例えば、特定の事業

図解12 マーケティング組織の立ち位置

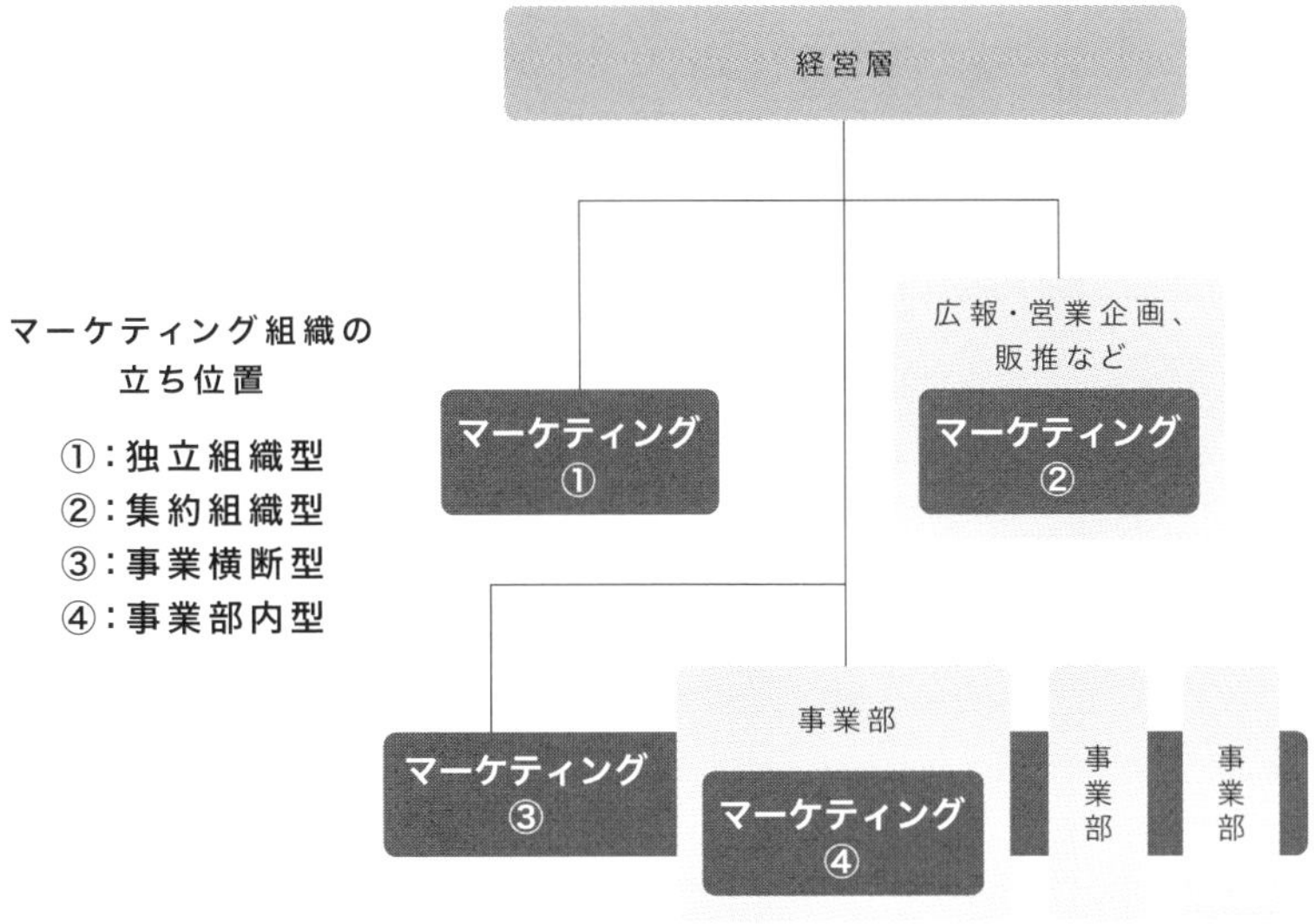

部と組んで事業拡大のミッションを担うことや、DX推進などの組織全体の取り組みをリードする役割を担う場合もあります。全社的な視野を持ちつつも、特定のプロジェクトに集中することで成果創出を目指します。独自の予算と権限を持っていることから新しいマーケティング手法の導入・検証を担ったり、独立組織ゆえに調整ごとで悩まされたりと、長期的に取り組むプロジェクトが多くなるのも特徴です。

②集約組織型

集約組織型は、マーケティング機能と広報・販促活動の機能が融合された組織形態です。展示会への出展やセミナーの企画運営、広告キャンペーンの企画・出稿など、直接的な市場へのアプローチを行います。全社機能としての活動に加え、事業部ごとのニーズに応じたマーケティングやコミュニケーション戦略を展開し、成果創出を目指します。

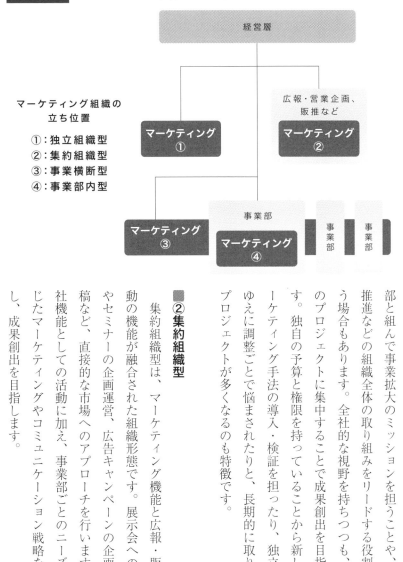

③事業横断型

事業の壁を越えて全社的な視点でマーケティング活動を行います。さまざまな部門との連携を図りながら、全社のマーケティング活動を推し進めるためのサポート役を担います。特定の事業と深く組んでマーケティング施策を実行することもあれば、完全にサポートに徹して全事業のオペレーションの支援やアドバイスを行うパターンもあります。

④事業部内型

事業に直結したマーケティング活動を担い、リード獲得や商品・サービスのプロモーションに関わる仕事の全般を担うなど、直接的な事業成果に貢献する活動が中心です。事業の深い理解と顧客ニーズの把握が重要で、より戦術的な施策の企画と実行を担います。

マーケティング組織は、期待される成果によって担う役割が変わるため、企業の中での立ち位置が異なります。組織が全社的なスケールであればあるほど、大きな影響力と推進力、長期的な視野が求められます。一方、事業部内型のマーケティング組織では、受注や商談機会獲得といったより事業貢献に近い成果と効率的な施策の実行が重視されます。第1章01節で解説したマーケティング組織の成り立ちと本章で解説した立ち位置を踏まえることにより、経営層や関係者からの期待に沿った役割を考えることができます。

02 「活動計画」を策定する

マーケティング組織の実行力を増強させ、短期的な成果と中長期的な組織の成長を両立するための取り組みや施策を進めていくために、組織の「活動計画」を作成しましょう。活動計画とは、組織の「定量目標」「実行力の成長目標」「課題」「アクションの方針」「アクション」をまとめた資料です。活動計画を作成することで、施策の実行によって短期的な成果を出すだけでなく、組織の成長につながるアクションを明確にすること、そのアクションの優先順位を高くして取り組むことができます。

活動計画を立てる

「活動計画」を作成する最初のステップは、定量目標から実行力の成長目標を考えることです。定量目標が決まっていない、考え方がわからないという場合は第3章01節もご覧ください。活動計画の考え方は至って

図解 13　活動計画の考え方

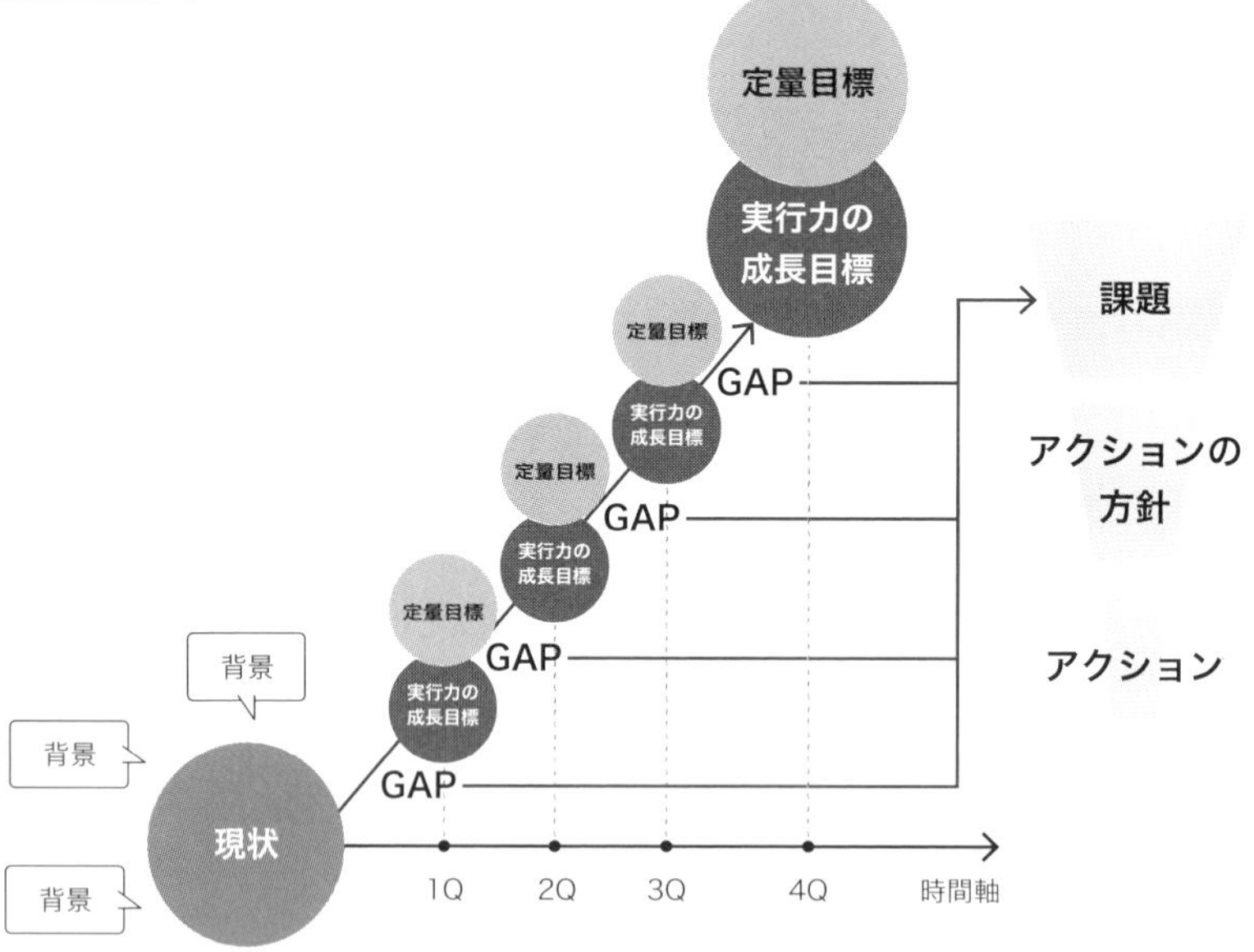

シンプルです。マーケティング組織の定量目標を達成できているときの組織の状態（理想）を思い浮かべ、現在の状況とのギャップから組織の実行力に関して解決すべき課題を考えます。解決すべき課題を洗い出したら、課題解決のための「アクションの方針」と「アクション」を順番に考えていきます（図解13）。

具体例として、立ち上げたばかりのマーケティング組織の活動計画を考えてみましょう。１Qの定量目標を「商談機会30件獲得」と掲げたと仮定して、活動計画を図解14のように立てました。

商談機会を創出できているチームを理想として考え、「実行力の成長目標」を「施策の企画と実行ができている状態」「進捗の可視化と振り返りができている状態」「継続的な目標達成のための仕込みができている状態」と設定します。施策を企画して実行できるようになれば、そこから新た

図解 14　活動計画

期間	1Q			
定量目標	商談機会30件獲得			
実行力の成長目標	・施策の企画と実行ができている状態 ・進捗の可視化と振り返りができている状態 ・継続的な目標達成のための仕込みができている状態			
計画	課題1	マーケティング施策を実践することで解像度を高める	アクションの方針	とにかく自分たちで施策を実行してみる
			アクション	・他社の施策事例を集める ・コンテンツの企画・制作、メール配信 ・振り返りと改善点の洗い出し
	課題2	目標に対する進捗を明らかにする	アクションの方針	定量的に成果を可視化するためのオペレーションを構築する
			アクション	・商談数の定義と抽出条件を合意する ・オペレーションをテストする ・レポートの内容を関係者と合意する
	課題3	マーケティングに関する知見を持ったリソースを補う	アクションの方針	外部のパートナーの知見を借りる
			アクション	・パートナーの情報収集と選定 ・プロジェクトの計画をまとめる ・予算の承認を得る

な課題に気づき、次のアクションも取れるはずだからです。一方で、ただ闇雲に施策を実行しても成果につながりづらくなりますから、施策の結果をきちんと振り返れる状態をつくることを目標にしました。また、今後も継続的に成果創出するために、先を見据えて自分たちのスキルやリソースを拡充するための段取りを組めている状態を目指すことにしました。

定めた「実行力の成長目標」と現状とのＧＡＰから導き出される課題を「課題１：マーケティング施策を実践することで解像度を高める」「課題２：目標に対する進捗を明らかにする」「課題３：マーケティングに関する知見を持ったリソースを補う」の３つに絞って設定しました。課題設定の際は、あまり多くなりすぎないように気をつけてください。アクション実行のリソースが分散されることで、目標達成から遠のいてしまうことも考えられます。

次に、それぞれの課題に対して「アクションの方針」と「アクション」を考えていきます。課題1に対しては「とにかく自分たちで施策を実行してみる」という方針を掲げ、それに付随するアクションを書き出しました。アクションの方針から考えることで、適切な範囲で柔軟にアクションのアイデアを出せます。また、ほどよい抽象度で方針を定めることもポイントです。

課題2に対しては「定量的に成果を可視化するためのオペレーションを構築する」という方針で、定義や抽出条件を決めたり、テストを行ったり、関係者と合意する、などのアクションを記載しました。課題3に対しては「外部のパートナーの知見を借りる」という方針で、そのための情報収集やプロジェクトの計画を作成し承認を得て予算を確保するところまでをアクションとしました。

これらはあくまでも一例でしかありませんが、施策実行によって定量目標を達成するほか、組織の実行力を増強するために行うべきアクションは何かを考えるきっかけにしてください。

「現状」と「背景」を考慮して作成する

課題の設定や、アクションの方向性を検討する際には、「現状」と「背景」にある情報を考慮してください。**これらの情報を加味することで、より効果的で、かつ実情に沿った課題を設定することができ、ずれたアクションの方針を設定してしまうことを防げます。**例を挙げながら考えてみましょう。

先ほどの例で挙げた3つ目の課題「マーケティングに関する知見を持ったリソースを補う」ですが、例えば社内には外部の業務支援を受けるような文化がない場合には注意が必要です。この場合は、パートナー企業から支援を受けること自体のハードルがかなり高いことが予想されます。それであれば、社内にいる人材の育成に切り替えるのも選択肢の1つです。そうなると、アクションの方針が「外部のパートナーの知見を借りる」ではなく、「マーケティングスキルを身につけるための環境を整える」に変わり、それに応じて研修や資格取得を奨励する、学習用のサービスを導入する、などのアクションが候補に挙がってきます。もちろん、それでも「外部のパートナーの知見を借りるべきだ」と強い意思と覚悟を持って進めていくケースもありますが、難易度を踏まえたアクションの方針とアクションを検討しましょう。

「現状」だけでなく、「背景」もセットで理解し考慮することで、課題設定やアクションの方針が変わることを実感いただけたと思います。ただし、考慮しすぎると前提条件や制約を意識しすぎて本来は選択肢が豊富にあるにもかかわらず、その可能性を閉ざしてしまうことにもなるので、第三者の意見も踏まえながら検討するようにしてください。

03 メンバーのアサインを考える

「活動計画」を立てた後は、「組織体制」と「メンバー」「アサイン」を具体化します。マーケティング組織に必要な役割を理解したうえで、各メンバーが担う役割を明確にしていきましょう。立ち上げ期はどうしても1人で複数の役割を担うことになりますが、兼ねている役割を明記しつつ組織体制を構築しましょう。

重要なのは、不足している役割やスキル、リソースを意識して「組織体制」を構築し、「アサイン」を考えることです。何が足りないのかを明確にできなければ、人員の調達や配置は難しくなります。まずは組織体制を整理しましょう。

また、外部の企業や専門家から支援を受けている場合は、補ってもらっている役割やリソースも併記するようにしましょう。最終的に内製化するのか、そのまま支援を受け続けるのかについては、経営層にも合意を取っておくことをオススメします。

マーケティング組織に必要な役割

マーケティング組織に必要な9つの役割は次の通りです（図解15）。各メンバーがどの役割を担うのかを確認してください。

1：マネージャー

マーケティング組織の方向性を定め、活動計画を策定する責任者です。チームのマネジメントを行い、部門間の連携を促進して組織全体の目標達成を支援します。

2：マーケター

マーケティングプランの作成や、リードと予算の管理を行います。事業や顧客を深く理解することに努め、効果的なマーケティング戦略を展開します。

3：Webマーケター

Web上でのマーケティング活動に特化し、オンラインコンテンツの企画・制作や、Webサイトのトラフィック向上、オンラインによるリード生成、ソーシャルメディア戦略の推進などを担当します。

図解 15　マーケティング組織内の９つの役割

マネージャー
- ☑ 活動計画の策定
- ☑ マネジメント
- ☑ 部門間連携

マーケター
- ☑ マーケティングプラン作成
- ☑ マーケティングカレンダー作成
- ☑ リード、予算管理

Webマーケター
- ☑ マーケティングプラン作成
- ☑ コンテンツ企画・制作
- ☑ デジタルマーケティング推進

プランナー
- ☑ コンテンツ生成フレーム活用
- ☑ イベント運営
- ☑ マーケティングプラン策定支援

ディレクター
- ☑ オペレーション構築・実行
- ☑ 実行、制作の進行管理
- ☑ リソース管理

オペレーター
- ☑ オペレーション運用
- ☑ 施策実行、コンテンツ制作
- ☑ ツール活用

アナリスト
- ☑ データベース構築、管理
- ☑ データが関わるシステムの設計・運用

インサイドセールス
- ☑ コミュニケーションシナリオ設計、実行
- ☑ リード、ログ、商談管理
- ☑ コンテンツ企画支援

営業
- ☑ リード、ログ、商談管理
- ☑ フィードバック
- ☑ コンテンツ企画支援

4：プランナー

序章03節で紹介したコンテンツ生成フレームを活用し、第3章で解説するマーケティングプランの策定支援やイベントの企画・運営を行い、自社のメッセージを伝えるために斬新なコンテンツを企画・実行します。

5：ディレクター

オペレーションの構築から実行までを担当し、制作の進行管理を行います。メンバーが効率的に動けるように、タイムラインに沿った実行と進捗の管理をします。

6：オペレーター

日々のオペレーション運用を担い、施策の実行やコンテンツ制作を行います。マーケティングツールを活用して、タスクを確実に遂行できるよう支援します。

7：アナリスト

社内システムとデータが関わるシステムの設計・運用に貢献します。データベースの構築と管理を行い、データ分析によって戦略的な洞察と改善案を提供し、意思決定をサポートします。

8：インサイドセールス

コミュニケーションシナリオの設計と実行をし、リード、ログ、商談の管理を通じて顧客の購買プロセスの進行を支援します。マーケティングと営業の連携を強化し、顧客との関係性を深め取引へとつなげます。

9：営業

顧客との対話や、リード、ログ、商談の管理を担当し、顧客のニーズを収集して組織に還元します。顧客との強固な関係構築を目指し、顧客のニーズに合った商品・サービスを提案することで契約締結を目指します。

これらの役割は分業を推奨しているわけではありませんが、明確に整理することで業務の切り出しや役割分担の基準が整いやすくなります。とくにマーケターの役割は広範囲であり、他の部署に比べて業務が集中しやすいため、役割別に整理することが重要です。社内のメンバーに適任者がいない場合、その業務だけ外部に委託することも検討できます。

また、役割の明確化によって、メンバーのキャリアや成長の方向性、アサインを決める際の共通言語ができます。例えば、「オペレーター」として活躍するメンバーが将来「マーケター」を目指す際に、まずは「プランナー」としてコンテンツの企画に挑戦してみることを提案するなどです。役割を全員がきちんと理解することで、キャリアや成長の方向性を検討する際のコミュニケーションがスムーズになります。

メンバーを把握し配置を考える

人材をアサインする際には、組織を構成するメンバー1人ひとりに対して「スキル」「CAN」「WILL」の3つの観点で理解を深めます。

1つ目の「スキル」は、その人が得意とする分野や作業領域を過去の経験から把握します。Photoshop やMAツールなどの利用経験、コンテンツの企画、ライティングやデザインの制作、イベントの運営、代理店との折衝経験などが挙げられます。自己評価だけでなく、同僚や上司からのフィードバックも取り入れて客観的な評価を得ることが重要です。

2つ目の「CAN」は、次に挙げる4段階で評価した各メンバーのスキルレベルです。こちらも自己評価だけでなく、他者の客観的な評価も考慮します。

未経験：その分野やタスクに関する経験がないか、または浅く、基本的な知識や技能を身につける段階のレベル

経験：基本的な知識や技能は身についているが、実践経験が限定的なため、経験を積むことでスキルを向上できるレベル

専門化：特定の分野で深い知識と豊富な実践経験を持ち、他者を指導できるレベル

体系化：専門知識や経験を体系化し、組織に貢献できるレベル

３つ目の「ＷＩＬＬ」は、各メンバーのキャリアや自己成長に関する志向です。メンバーの仕事に対する情熱や意欲を引き出し、より大きな成果を出してもらうために重要な情報となります。「ＷＩＬＬ」を把握するためには、メンバーとの対話を通して個性や仕事へのモチベーション要因を把握する必要があります。ある人は自らの目標に向かって努力することを好み、ある人はチームのサポート役に喜びを見出すかもしれません。異なるタイプのメンバーが協力し合うことで組織全体の成果を最大化することができます。キャリアを現状の延長線上で考える人もいれば、将来像からの逆算で考える人もいるなど考え方はさまざまです。無理やりＷＩＬＬを引き出すような対話は避け、メンバーが自然に話せるような環境を整えることに注力してください。何をしているのが楽しいのか、好きなのか、あるいはその逆の話だけでも十分です。

ただし、メンバーのＷＩＬＬを尊重しつつも、それをかなえることが目的にならないように注意してください。あくまでも、組織の成果を最大化するために最適なアサインを行うことが目的です。

また、チームのバランスを損なわないように、メンバーの能力や志向だけでなく、チーム全体のニーズやプロジェクトの要件も考慮してアサインを行いましょう。

３つの方法を使い分けてアサインする

このように「スキル」「ＣＡＮ」「ＷＩＬＬ」を把握した後は、整理してきたマーケティング組織内の９つの役割や、活動計画で作成した施策にメンバーをアサインしていきます。アサイン方法はいくつかあり、人やプロジェクト内容によって使い分けます。

ポテンシャルアサイン（WILL重視）

メンバーの意欲や興味に注目し、情熱を持って取り組むことができる役割や、施策にアサインします。このアサイン方法は、メンバーのモチベーションを高め、積極性と自発性を促すことができます。ただし、意欲が高くてもスキルが不足している場合があるため、実行や成果につなげるサポート体制を整える必要があります。また、異なるスキルを持つメンバー同士の交流が生まれるので、新たな学習の機会や体験を提供できるのも特徴です。

堅実アサイン（CAN重視）

メンバーの経験や能力を考慮し、行動や成果への期待値が高い役割や施策へのアサインを行います。このアサイン方法は、リスクが少なく組織全体の効率や生産性向上に期待できますが、スキルが合致していても意欲が不足している場合はパフォーマンスやモチベーションの低下が懸念されます。ポテンシャルアサインと同様に、新たな学習の機会や成長のきっかけとなる場を提供し、メンバーの独創性やイノベーションを刺激することが重要です。

ベストアサイン

メンバーのスキルと意欲、興味の両方を考慮し、最も適した役割や施策にアサインします。この方法では、メンバーは自らの強みを生かしつつ、興味や情熱のある分野で働けるので、高いパフォーマンスと満足度が得られます。組織全体の効率化と生産性の向上が期待されますが、これを実現するにはメンバー1人ひとりのスキルと意欲を正確に把握し、適切な配置を行う必要があります。また、定期的なレビューを通じて配置転換を行い、個々のニーズや目標に柔軟に対応することも求められます。

プロセスマップ（14～15ページ）

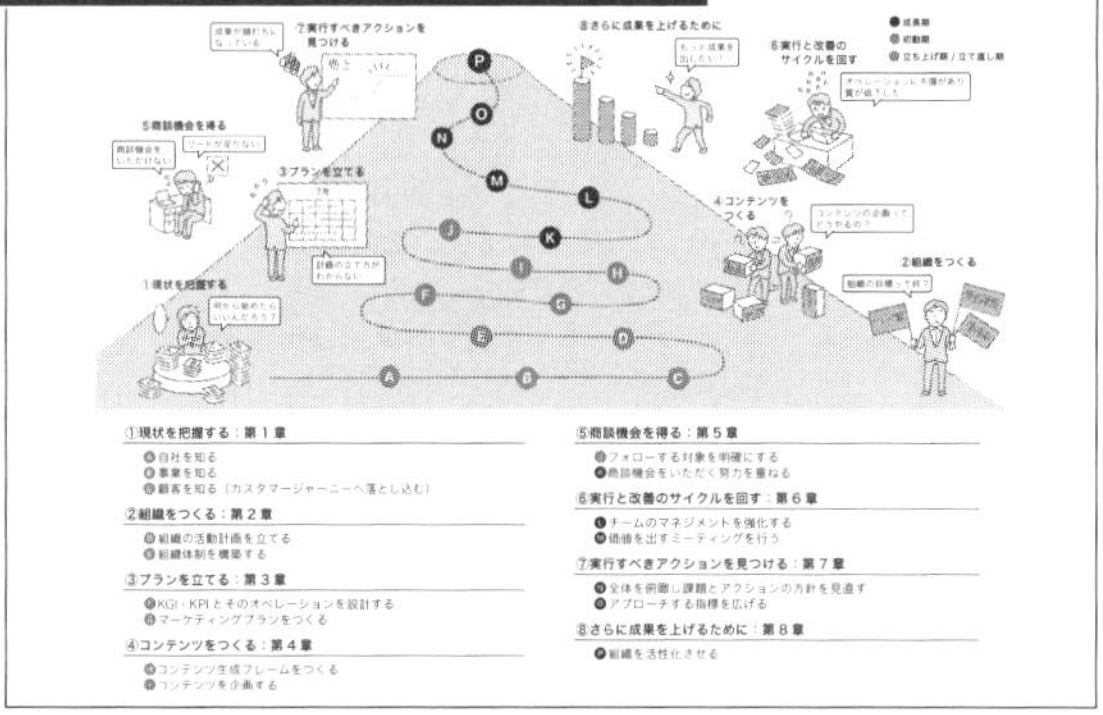

F KGI・KPI とそのオペレーションを設計する
G マーケティングプランをつくる

マーケティング組織や施策の目標をそれぞれの KGI・KPI に落とし込み、施策の成果を定量的に計測し、評価が可能なオペレーションを整えます。また、「アクションマップ」のオペレーションとコミュニケーションライン、ミーティングを意識しながら、机上の空論にならない KGI と KPI にしましょう。

キーポイントマップ（22～23ページ）

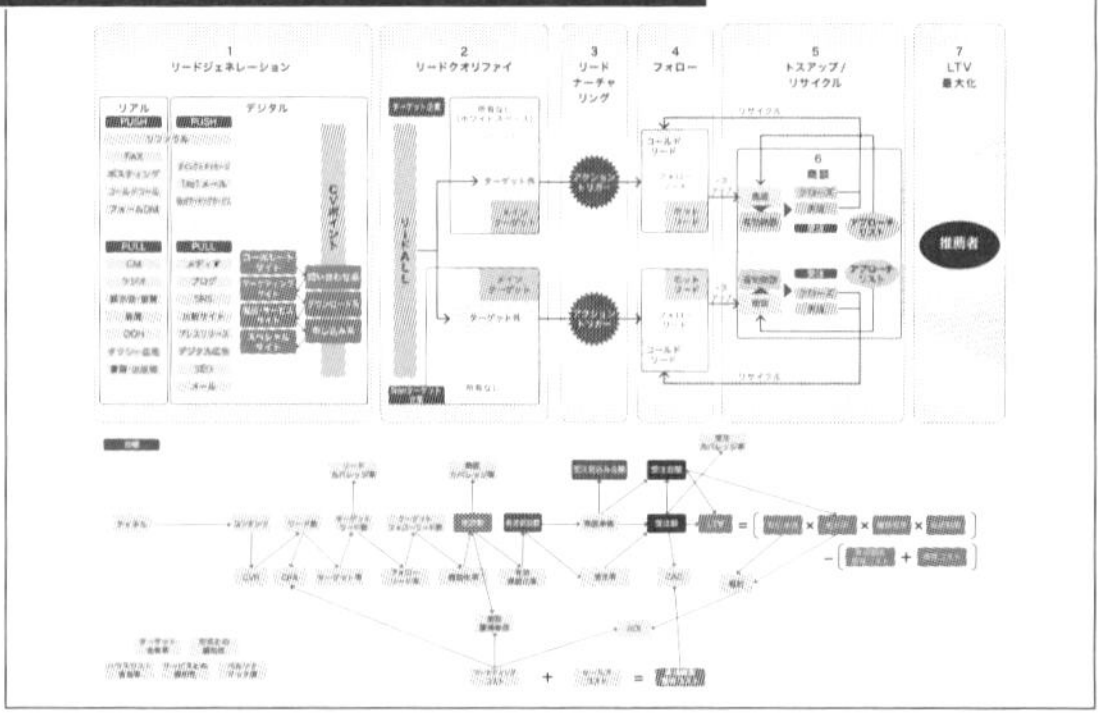

・マップの指標ごとに KGI と KPI を考える
・アプローチ手段をマーケティングプランに組み込む

それぞれの指標を自社に当てはめながら、定義と抽出条件を決めます。いきなりすべてを明確にしようとせず、まずは業務範囲内の指標の定義から決めていきましょう。KGI と KPI を設定後、リードジェネレーションからフォローまでを見据えて、ターゲットにアプローチする手段をプランニングします。

アクションマップ（34～35ページ）

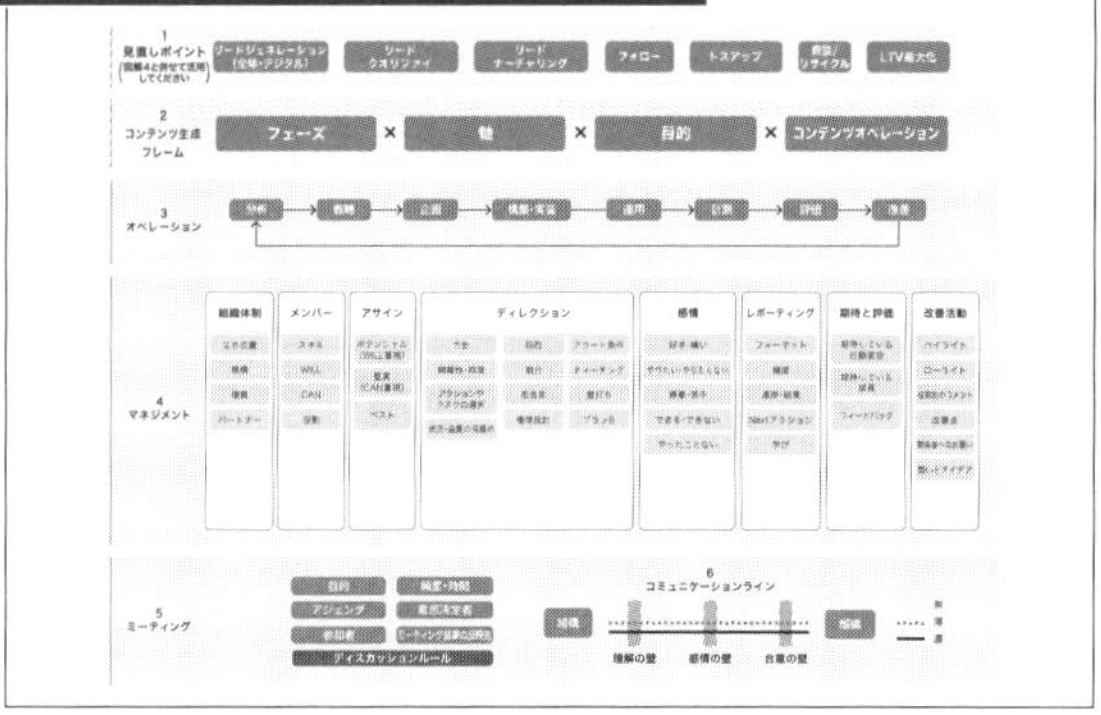

関係部門とマーケティングプランを調整する

マーケティングプランをつくるには、関係部門とのコミュニケーションや調整が必要です。プランニングの際は「見直しポイント」を見ることでその質を高め、関係者に対しては戦略的な「ミーティング」によって対話を重ねながら合意形成を図りましょう。立てた目標に対する結果や進捗をどのようにレポーティングできるかは、組織とその活動を認めてもらうためには重要です。

第3章

マーケティングプランの策定と宣言～③プランを立てる～

本章における3つのマップの使い方

マーケティングプランを策定するために、KGI・KPI の考え方を理解したうえで、指標の定義と抽出条件を明確にしましょう。成果を報告するオペレーションの設計も併せて検討します。企画中の施策をマーケティングカレンダーに落とし込んでいきます。プランは見直す前提で作成しましょう。

01 KGI・KPIを設計する

「マーケティングプラン」は**「マーケティング施策を企画・実行していくための戦略や戦術、目標とするKGIやKPI、予算の使い道や想定される成果がまとめられたもの」**です。活動計画でまとめた組織の活動に加えて、「何をゴールに」「何の施策を」「いつ実施して」「どれくらいの成果を見込んで」「いくらの予算で実行するのか」をアウトプットとしてまとめます。マーケティング組織は他部門との連携が不可欠ですが、これらの詳細を共有することで、連携や調整を円滑に行うことができます。

KGI・KPIの定義と抽出条件を決める

マーケティング組織が目指す定量目標のKGI・KPIは、事業貢献から逆算して考えることをオススメします。この場合の事業貢献とは、受注であり、売上であり、利益であると考えています。KGIとKPIの設計は難しく、悩む方も多いと思います。その場合は、「キーポイントマップ」の指標を確認し、指標の項目に沿ってまずは数字を当てはめてみてください。

マーケティング組織としてのKGI・KPIは、計測して定量的に報告することを考えて「指標の定義」と「抽出条件」を決める必要があります。「商談数」や「有効商談数」、「受注数」などの指標は、人によって解釈が異なる場合があるため、その指標の定義を明確にするのです。

例えば、マーケティング施策で獲得した「商談数」を「マーケティング施策で獲得したリードから商談機会を得て、日程の合意後、営業へ引き渡した商談の数」と定義したり、「有効商談数」を「引き渡されたリードとの商談において、営業が後の取引につながる商談であると判断した数」と定義したりする、などです。数字を扱う際は、誤った判断を避けるためにも、その数字がレポートで独り歩きしても正しく伝わるよう指標の定義を明確にするよう心がけましょう。

データを紐づけて施策の成果を可視化する

マーケティング施策の成果を数値で可視化するためには、まず、「マーケティング施策」「リード」「商談情報」「商品」「マーケティング・セールスコスト」のデータを紐づけることが必要です（図解16）。そしてこれらのデータを結びつけるためには、データベースと日々のオペレーションが重要になります。

マーケティング施策から生み出されたリードや商談情報、受注した商品、そのためにかかったコストなどを紐づけることで、マーケティング施策が事業にどのように貢献したかを分析できます。例えば、セミナーで新たなリードを獲得し、商談活動をして受注につながった場合、そのセミナーにかかったマーケティング

図解16 マーケティング施策の成果可視化に必要なもの（キャンペーン情報）

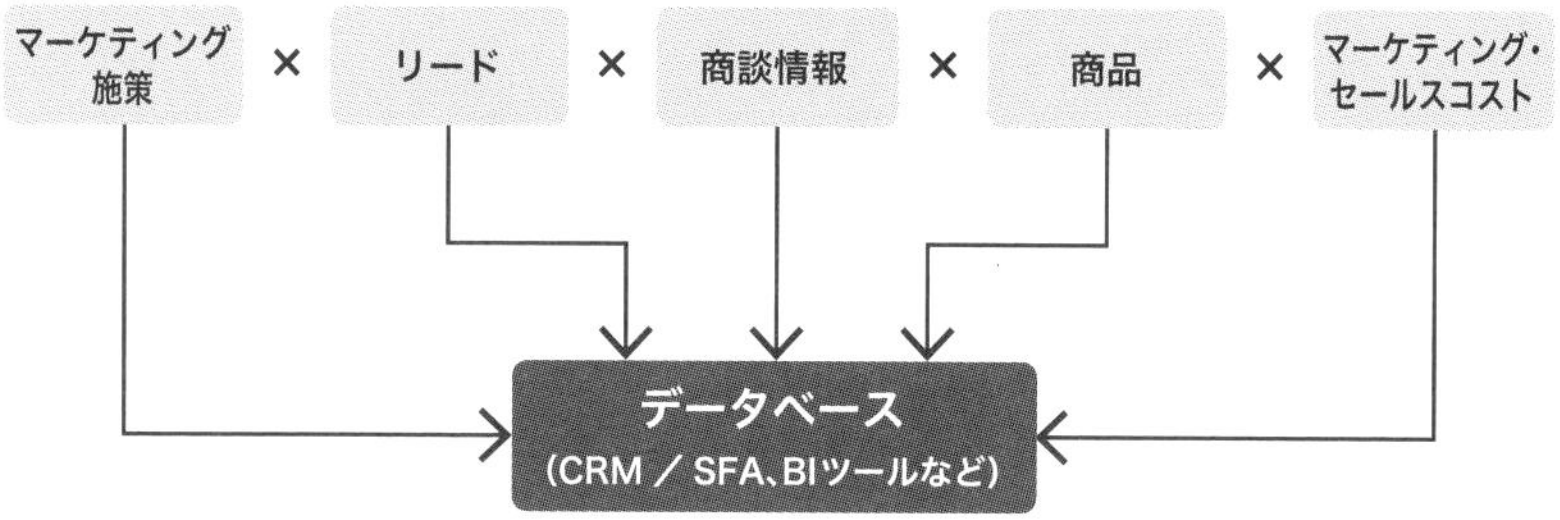

コストと商談活動のセールスコストを合算することで、その施策の効果を把握することができます。

これらのデータが結びついた状態を実現するためには、データベース上での抽出作業が必要です。90ページで行った指標の定義と考え方は同じですが、レポートを作成する際には抽出条件を明確に設定します。例えば、「リードの作成者が○○」「リード作成の日付が○○以降」といった条件を指定したり、「商談の作成者が○○」「商談のフェーズが○○以降」「商品オブジェクトに金額が入力されている」といった条件を指定したりします。抽出条件はどのデータベースから何の数字を抽出するのかわかるように指定しましょう。これによって、関係者全員がデータの意味や出所を正しく理解できるようになります。

成果を可視化できる環境を用意する

そもそもデータを紐づけるには、データベースの構築が必要です。多くの種類のツールがありますが、ここでは一般的なＣＲＭ（Customer Relationship Management：顧客管理システム）とＳＦＡ（Sales Force Automation：営業支援システム）について解説します。ＣＲＭは主に、顧客情報を管理し、プロモーションや顧客サポートの機能を持つツールで、ＳＦＡは主に、数値による可視化を行い、数値管理と営業活動を効率化する機能を持つツールです。特徴は図解17の通りです。

両者のツールの境界線はあいまいであり、マーケティング施策の成果を可視化することができれば、どちらを使っても構いません。**重要なのは、どのツールを使うかではなく、営業がＣＲＭやＳＦＡに商談情報を入力してくれなければ、成果を可視化できないという点です。**

営業がＣＲＭ／ＳＦＡに商談情報を入力することで、不透明だった商談状況を可視化・管理できるようになります。商談単位でのマネジメントや、受注の予測管理が可能になり、営業組織は論理的な営業活動を行うための土台を形成できます。ＣＲＭ／ＳＦＡは営業にとって価値のあるツールですが、営業に負荷がかかるため、現場の浸透・活用には課題が生じやすいです。

手作業では負荷が非常に大きいですが、エクセルやスプレッドシートなどのツールを使用すれば、図解16で示したデータを紐づけてマーケティング施策の成果を可視化することは可能です。ただし、現時点で何もツールを導入していない場合は、ツールを導入するのではなく、マーケティング施策の成果を可視化できる実績をつくることから始めましょう。その後に効率的かつ効果的な運用を進めるうえで必要であれば環境整備という観点でツールの導入を進めていくことをオススメします。

図解 17　CRM ／ SFA で実現できること

〈CRMに搭載されている機能〉

・顧客管理機能
・顧客行動の追跡／収集
・問い合わせ管理
・メールやアンケート機能
・マーケティング支援（キャンペーン管理）
→広義で捉えるほど他のツールと競合する部分も多く線引きが難しい

〈SFAに搭載されている機能例〉

・顧客管理機能
・商談管理機能
・行動管理機能（活動履歴・日報）
・予実管理機能
・レポート／ダッシュボード機能
→高額なツールほどCRMとの境界線はあいまいになり安価なツールは営業が利用するシーンに特化している傾向

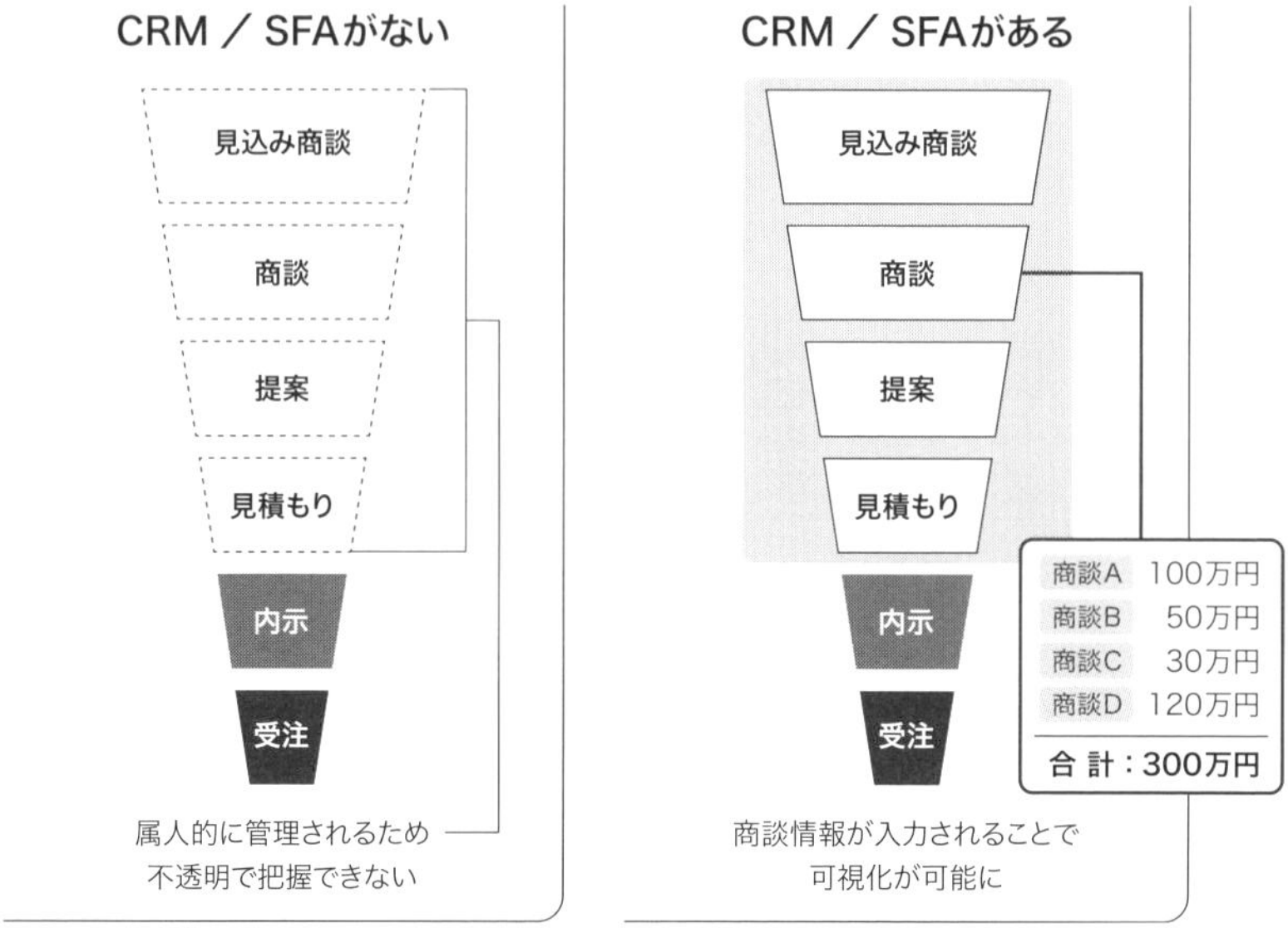

オペレーションをつくり、維持する

指標の定義が決まり、環境が整ったら、マーケティング施策の成果の可視化を実現するためのオペレーションを実施します。次の1～5の手順で施策の成果可視化を行っていきます。

1：マーケティング施策によって獲得したリードにマーケティング施策がきっかけでリードを獲得したことがわかる情報（キャンペーン情報）を紐づける
2：コミュニケーションログを紐づけし、商談機会を獲得したら営業へ引き渡す（トスアップ）
3：営業が商談ログを記録して商談の進捗を更新・管理する
4：図解16で示したデータがきちんと紐づけられているか、メンテナンスがされているかを確認する
5：ツールを使って抽出条件にもとづいて計測し、レポートにまとめる→1に戻る

オペレーションを回すうえで重要なポイントは、コミュニケーションログの蓄積と商談情報の入力・メンテナンスです。マーケティング施策の成果創出および可視化のためには、営業にCRM／SFAへの情報入力を促す必要があります。

営業の負担を考慮しつつ、マーケターが主体的にオペレーションを推進していきましょう。オペレーションを回す責任は常にマーケター側にあります。引き渡した商談の管理責任が営業側にあるからといって、メンテナンスがされていない課題を営業に一方的に押し付けてはいけません。もちろん、CRM／SFAに商談のログや案件の情報を入力し、パイプライン管理を行うことは営業にとってもメリットがあります。ただ、立ち上げ段階ではその価値を実感してもらうことは難しく、営業からするとどうしても受注から遠い仕事の1つになってしまいます。

具体的な活動として、マーケティングから渡した商談を週次で確認することが挙げられます。その際には、次の項目を確認しましょう。

- 商談のログの入力状況
- 商談ログからトスアップしたリードの質
- 商談が放置されていないか
  「次回アクションの設定
  「前回のアクション（商談・TEL・メール）から30日以上経過しているか
- 商談をクローズにするか、フォローリードに戻すかの判断

また、営業責任者との対話だけでなく、営業1人ひとりと話をする機会を積極的に設けてください。トップダウンで進めるのと同時に、現場の意見も取り入れることで、マーケティング活動の目的や意図に対する理解と協力を得られます。

組織の実行力に応じたＫＧＩの設定

マーケティング組織として、事業貢献を目指した目標をＫＧＩとして設定するべきとお伝えをしました。例えば「受注」は明確で組織の垣根を越えて協力しやすい目標ですが、**マーケティング組織の実行力が未熟なうちは「受注」をＫＧＩに掲げないほうがよいこともあります。**

組織の実行力が未熟な状態で受注をＫＧＩにすると、次のような問題が生じます。

- **施策の準備や実行から受注が生まれるまでタイムラグがあるので、成果の可視化が難しくなり改善サイクルを回しづらくなる**
- **「受注がない＝成果がない」という振り返りになってしまい、他の成果に目を向けにくくなる**
- **関係者や顧客に対して自社都合のプッシュするコミュニケーションが増え、組織のブランド力を損ねたりマーケティング組織が疲弊したりする可能性がある**

立ち上げ期はハンドリングが容易で即効性のある「商談数」から始めることをオススメします。その後、組織の実行力に応じて、少しずつ「受注」に近づけていきます。自らのやる気や自由を損なわないように、次のように時期に合わせてＫＧＩ・ＫＰＩを考え、自分たちの意思で決定しましょう。

立ち上げ期：商談数

マーケティング組織の最初の段階では、ＫＧＩとしてリード数ではなく商談数を目標に掲げましょう。理由は、商談数はマーケティング側で管理しやすく、成果を短期間で実感しやすいので、組織の初期の成果を示しやすいためです。この目標を宣言し、達成することで、関係者との信頼関係を築いていきましょう。

中期：有効商談数

次の段階では、有効商談数を目標に掲げます。マーケティング組織と営業組織の連携が不可欠なＫＧＩです。有効商談数の定義を明確にし、組織間で合意を形成し、共通のＫＧＩとして追いかけていきましょう。

後期：受注見込み金額

より受注に近い目標として、受注見込み金額を目標のＫＧＩとして掲げます。この段階では、受注見込み金額のうち一定割合の創出責任をマーケティング組織が担う、という考え方だと合意を得やすくなります。ただし、期待される受注予定日が近い商談ほど、期待値は下回りやすいことに注意が必要です。例えば、来月の目標とのギャップを埋めるための施策となると、各種リードタイムの長さからできることは非常に少なくなってしまいます。リードタイムについては第３章03節で解説しています。

理想：受注

最終的な目標としては受注を掲げます。受注目標を持つことで、営業と同じ視点で施策の企画や実行、成果の振り返りを行うことができます。「より受注につながる顧客を見つけるために何ができるか？」という思考ができるようになります。受注目標を達成し続けるには、組織の実行力を向上させ、短期・中長期的な成果を継続的に創出する必要があります。

参考例を紹介しましたが、何を理想とし、どのようなＫＧＩを掲げるかは、自分たちの組織がどうありたいのかから考えて意思を持つことが重要です。なんとなく他社と同じ目標を掲げることがないようにしてください。

02 マーケティング施策の成果範囲を検討する

マーケティング施策の成果をどのように捉えるかは重要なテーマですが、解釈がずれやすく、あいまいなままになっているケースも多く見られます。正解は存在しませんが、関係者間で認識を揃え、合意形成を図ることが重要です。そのためには、ROI（Return On Investment：投資収益率）やCAC（Customer Acquisition Cost：顧客獲得単価）、LTV（Life Time Value：顧客生涯価値）についての理解を深め、マーケティング施策の成果範囲を慎重に検討する必要があります。

ROIやCAC、LTVを理解するにあたって、まずはマーケティング予算の使い道から解説します。

予算の使い道は4つに分けて考える

マーケティング予算の使い道（販促費）は、大きく「販促・広告」「委託」「制作」「IT基盤（ツール）」の4つに分けて考えるとわかりやすいです。図解18の通りです。

マーケティング予算の使い道を決めることこそが、マーケティングプランを作成することだともいえます。

図解18　販促費の分類

販促・広告費用

- 自社イベント費用：企業が主催するイベントやセミナーの開催に関わる費用。
- 外部イベント、展示会などの出展費用：他社や業界団体が主催するイベントへの協賛や展示会への出展などにかかる費用。
- 広告、PRなどの販促費用：メディア広告、オンライン広告、PR活動などに関連する費用。

委託費用

- アウトソーシング：特定のマーケティング業務や営業支援、運営業務などを外部のパートナーに委託する費用。
- コンサルティング：マーケティング戦略、市場調査、業務改善などに関する専門的アドバイスを外部のコンサルタントから受けるための費用。

制作費用

- 販促物のデザイン、制作：ブローシャー、カタログ、ポスターなどの販促物の制作にかかる費用。
- Web制作：企業のWebサイトやランディングページの設計、開発、更新に関連する費用。

IT基盤（ツール）費用

- ツール利用費：CRM、SFA、MAツール、分析ツールなど、マーケティング活動を支援するITツールの導入や利用にかかる費用。
- システム運用費：ITインフラの維持管理、システムアップデート、セキュリティ対策などに必要な費用。

施策を検討するうえで注意したいのは、「マーケティング予算を使うことは、利益を削ることと同じである」という認識を持つことです。

例えば、仮に50万円の予算を使う場合、皆さんが携わっている事業でその50万円の利益を創出するのにどれくらいの売上が必要でしょうか？　その額は100万円かもしれませんし、300万円、あるいは500万円かもしれません。その50万円の予算を使わないという判断をすることは、同等の売上をつくったこととイコールである、といえるのです。

このような視点を持たないと、経営者や事業責任者との対話が難しくなるでしょう。上司からの「予算を使って施策を打ってほしいけど、できるだけ予算は使わないでほしい」と一見すると矛盾する指示にも頭を悩ませることはなくなります。

そのため、マーケターにはマーケティング予算を使う覚悟と説明責任を持つことが不可欠です。だからといって臆病になるのではなく、施策の可能性と価値を信じて、責任を持って提案していきましょう。

ＲＯＩについての考え方

続いて、ＲＯＩについても見ていきましょう。ＲＯＩとは、「Return On Investment」の略で、投じた費用に対して、どれだけの利益を上げられたかを示す重要な指標です。ＲＯＩ算出の公式は次の通りです（図解19）。

ＲＯＩ＝（利益－投資金額）÷投資金額×１００％

利益とは、収益から費用を差し引いたものであり、損益計算書における利益には「売上総利益（粗利）」「営業利益」「経常利益」「税引前当期純利益」「当期純利益」の5種類があります。本書では、「売上総利益（以降、粗利）」と、「営業利益」を取り上げながら、後述する「販売利益※」という概念を紹介し、マーケティング施策のＲＯＩ算出に必要な利益の定義を明確にしていきます。本書では、施策のシミュレーション等に使用する利益は「販売利益」として扱っていきます。

※販売利益……販売利益は、マーケティング施策から生み出した利益を算出するための造語。『売上最小化、利益最大化の法則』（ダイヤモンド社）より。

図解 19　ROI算出

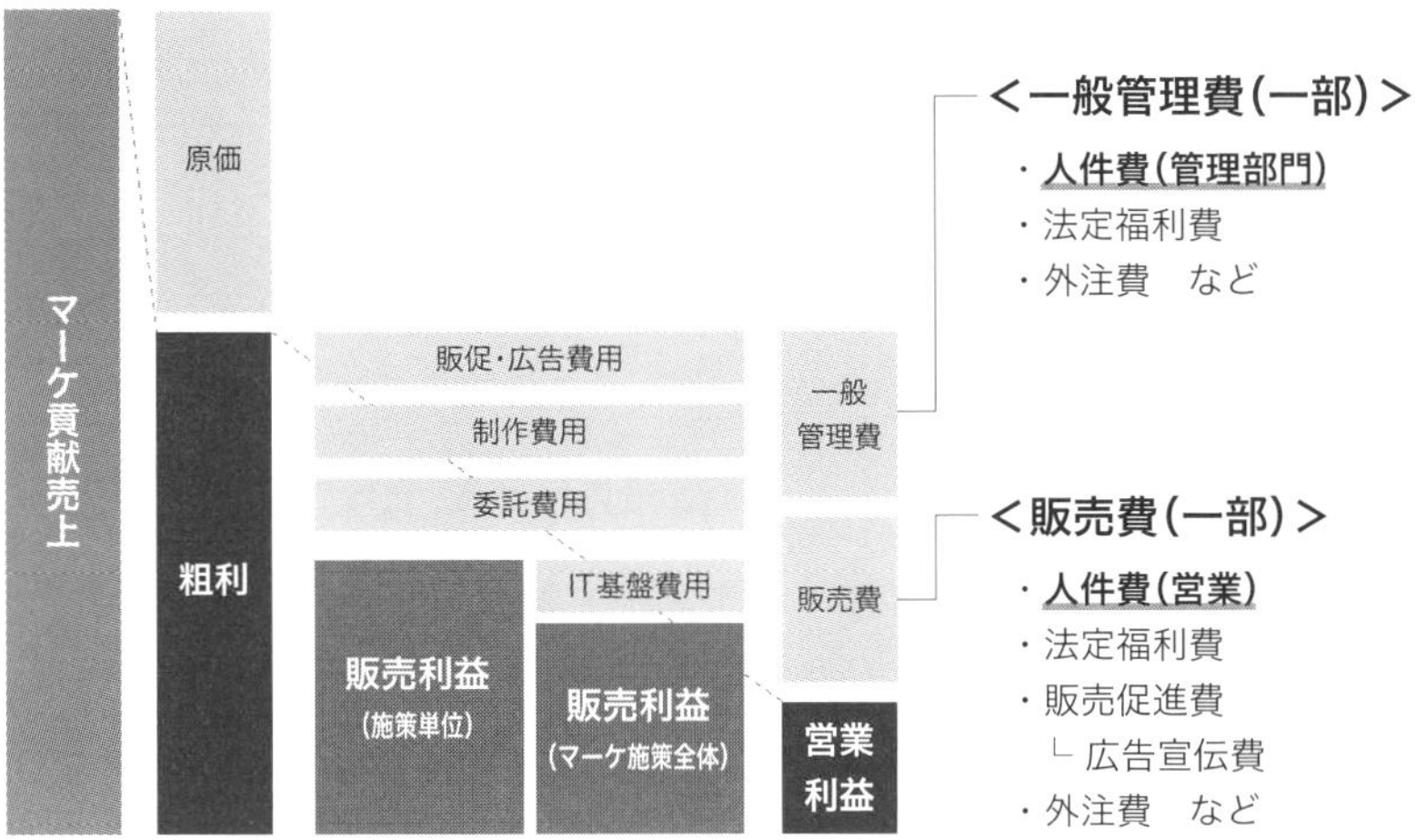

粗利

まずは「粗利」から見ていきましょう。粗利は、売上高から売上原価を差し引いて計算されます。売上原価は、商品やサービスを提供するために直接かかった費用です。粗利率は売上高に占める売上原価の割合で、粗利率を把握することで粗利を算出することが可能です。マーケターも会計知識を身につけることが望ましいですが、**まずは経営や営業、会計・財務部門と連携し、粗利や粗利率を確認しましょう。**

営業利益

次に、「営業利益」です。営業利益は、企業の主要なビジネス活動から生じる利益のことを指し、売上総利益から販売費及び一般管理費を差し引いた金額です。日々のビジネス運営にかかる費用（マーケティング予算、人件費、オフィス運営費など）が差し引かれて計算されますが、**重要なのはマーケティング施策のROIを営業利益で算出す**

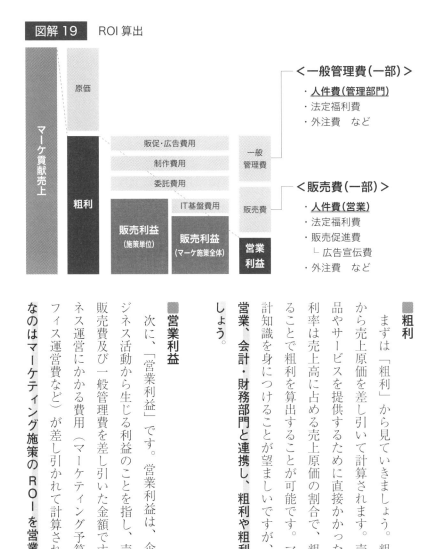

る場合、人件費を考慮しなければならないという点です。時間単価を決め、施策の実行にかかった工数を集計することで無理やり計算することもできますが、それは必ずしも適切ではありません。営業利益でＲＯＩを計算しようとすると、人件費などの考慮すべき費用としての項目が多く、施策の評価には使いづらくなってしまうからです。

そのため、粗利から使用したマーケティング予算だけを引いて算出した利益を「販売利益」とします。この販売利益を使ってＲＯＩを算出することをオススメします。

マーケティング施策ごとに評価する場合は、粗利から施策を実施することにかかった「販促・広告費用」「制作費用」「委託費用」を引くことで販売利益を算出し、施策単位でＲＯＩを計算します。マーケティング施策全体のＲＯＩを算出する場合には、さらに「ＩＴ基盤費用」を引くことで計算が可能です。

ＣＡＣとＬＴＶの関係

マーケティング組織が事業貢献に責任を持つのは非常に勇気が必要です。事業貢献に向き合うと、責任を果たすために実施しないといけないことが増えますし、報告する内容も重くなり、頻度も増えるでしょう。

それでもなぜ、マーケティング組織が勇気を持って事業貢献に取り組むべきか……それは、マーケティング組織はもちろん、１人のマーケターとしても事業貢献に向き合うことが、**マーケティング戦略や戦術の幅や奥行きを広げることにつながるから**です。

これは、ＣＡＣ（Customer Acquisition Cost：顧客獲得コスト）とＬＴＶ（Life Time Value：顧客生涯価値）の関係性を見れば理解しやすいと思います。

ＣＡＣ

ＣＡＣは、新規に顧客を獲得するためにかかったマーケティングコストとセールスコスト（営業の時間単価×時間）を合算して新規に獲得した顧客数で割ることで算出できます。例えば、50万円のマーケティングコストをかけて獲得したリードから１社の受注を獲得するのに、時間単価５０００円の営業が８時間対応して受注した場合は、そのＣＡＣは54万円となります。ＣＡＣを改善するためには、セールスコストにも意識を向けましょう。

ＬＴＶ

続いてＬＴＶです。ＬＴＶは取引全体の利益から、取引全体のコストを引いた値です。具体的には、顧客単価、粗利率、購買頻度、継続期間などから計算されます。例えば、図解20の試算例１のように顧客単価が１００万円で粗利率が30％、購買頻度が年間12回、継続期間が３年、年間の既存顧客維持コストとＣＡＣがどちらも１００万円の場合、ＬＴＶは６８０万円となります。

図解20　LTVの計算式と試算例

LTV ＝ 取引全体の利益 − 取引全体のコスト

・取引全体の利益 ＝ 顧客単価 × 粗利率 × 購買頻度 × 継続期間

・取引全体のコスト ＝ 新規顧客獲得コスト（CAC）＋ 既存顧客維持コスト × 継続期間

■試算例1

顧客単価：100万円、粗利率：30%、購買頻度：12回／年、継続期間：3年、既存顧客維持コスト：100万円／年、CAC：100万円の場合

→取引全体の利益 ＝ 100万円 × 30% × 12回 × 3年 ＝ 1080万円

→取引全体のコスト ＝ 100万円 ＋ 100万円 × 3年 ＝ 400万円

→ LTV ＝ 1080万円 − 400万円 ＝ 680万円

■試算例2

顧客単価：50万円、粗利率：30%、購買頻度：3回／年、継続期間：2年、既存顧客維持コスト：10万円／年、新規顧客獲得コスト（CAC）：100万円の場合

→ LTV ＝ 50万円 × 30% × 3回／年 × 2年 −（100万円 ＋ 10万円 × 2年）
＝ −30万円

CACの許容幅

さらに、CACの許容幅についても理解しておきましょう。LTVが高ければ高いほどCACの許容幅が広がり、CACにかけられる予算が増えます。反対に、LTVが低い場合は許容幅が狭く、CACに大きな予算を投下することはできなくなります。先ほどの例でいえば、LTVが680万円なので、CACに300万円をかけてもLTVは黒字です。

では、試算する数字を変えた試算例2を見てみましょう。

この例の数値だとLTVが赤字となってしまいます。CACが100万円かかってしまっているので、コストを圧縮するか、LTVを改善するためのア

図解21　CACとLTVの関係性

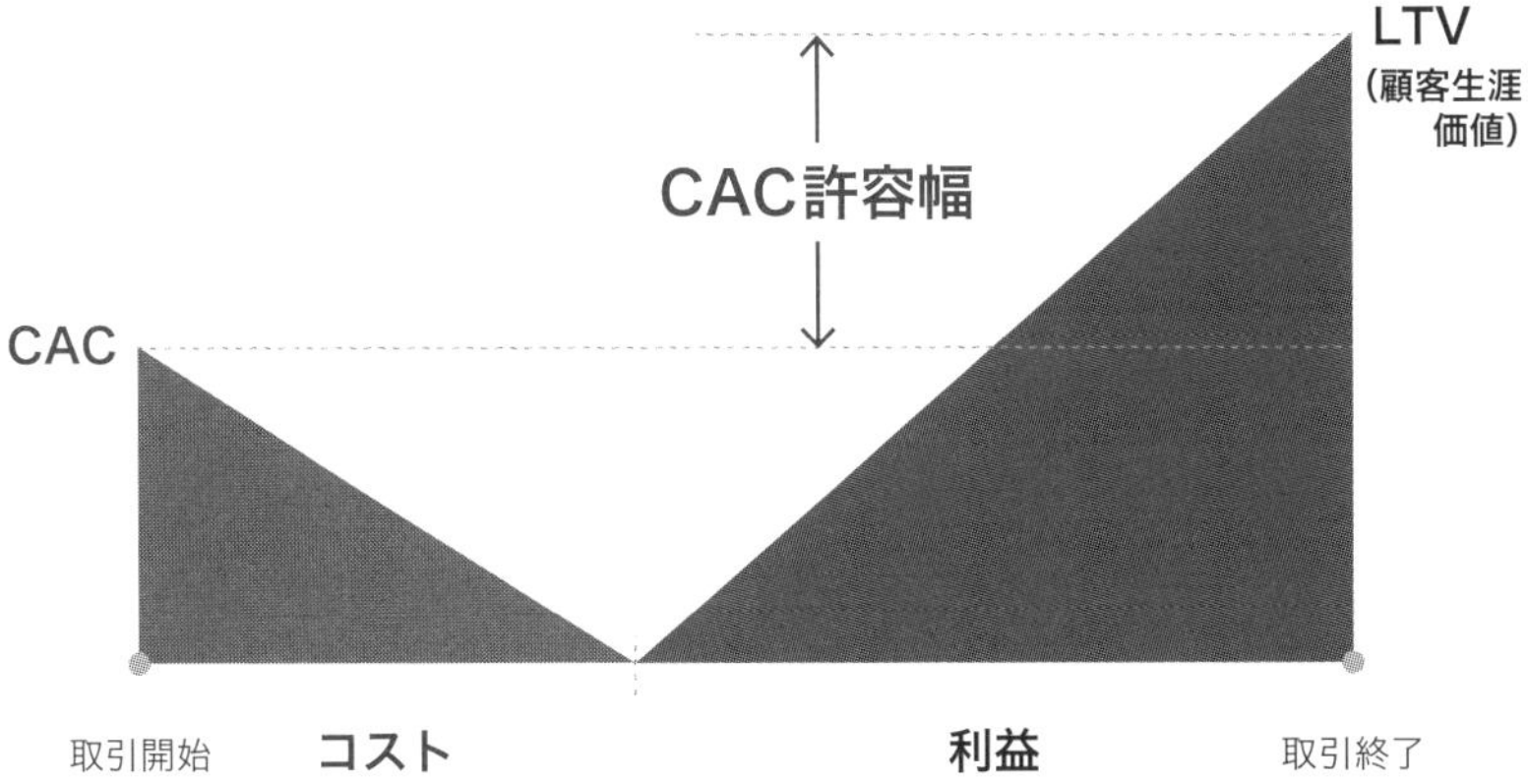

クションを実行していく必要があります。

2つの試算を通じて、LTVが高ければ高いほど、CACの許容幅が広がることのイメージをつかめたかと思います（図解21）。このようにCACとLTVの関係を理解することは、マーケティング組織が事業貢献のために利益創出に向き合ううえで重要です。どれだけ利益を創出できるかという計画を立てることは、戦略と戦術の幅を広げることにつながります。勇気を出して事業貢献に責任を持てる組織を目指してください。

LTVの改善アクション

LTVが赤字となってしまった場合は、CACを改善するか、「顧客単価」「粗利率」「購買頻度」「継続期間」「既存顧客維持コスト」に対して改善策を取っていかねばなりません（図解22）。

LTVを改善するためのアクションは、マーケティング組織だけで完結できないことばかりです。関係部門との連携が必

図解 22　「顧客単価」「粗利率」「購買頻度」「継続期間」「既存顧客維持コスト」の改善策

顧客単価

・価値に応じた値上げを実施する
・アップセル／クロスセル／セット販売商材の開発・展開を行う
・より重要な課題解決を提供する
・対象企業を大手に拡大する
・対象者をより経営者層にシフトする

粗利率

・ITツール導入や業務効率化を進める
・仕入れ先を見直す
・オフショアやニアショアを活用する
・アウトソーシングや他社との提携を検討する

購買頻度

・サービスや商材の仕様変更を行う
・利用促進のための施策を実施する
・マーケティング、インサイドセールス、営業で連携してアップセル／クロスセルを行う
・カスタマーサクセスの導入と活用を促進する

継続期間

・カスタマーサクセスの導入と活用を促進する
・サポートプログラムを充実させる
・ユーザーコミュニティを構築する
・アカウントセールスやアカウントセールスチームを編成する
・契約期間の柔軟化を検討する
・顧客ロイヤリティ調査を実施し改善策を講じる

既存顧客維持コスト

・自動化ツールを導入し、カスタマーサポートやアカウント管理を効率化する
・セルフサービスオプションを提供し、顧客が自分で問題を解決できる環境を整えることで対応負荷を減らす
・顧客データを分析し、サポートニーズを特定して対応を効率化する
・ロイヤリティプログラムを実施し、顧客満足度を向上させ、長期的なコストを削減する
・顧客教育プログラムを提供し、製品やサービスを効果的に活用できるようにしてサポートコストを削減する

図解23　マーケティング施策の成果範囲

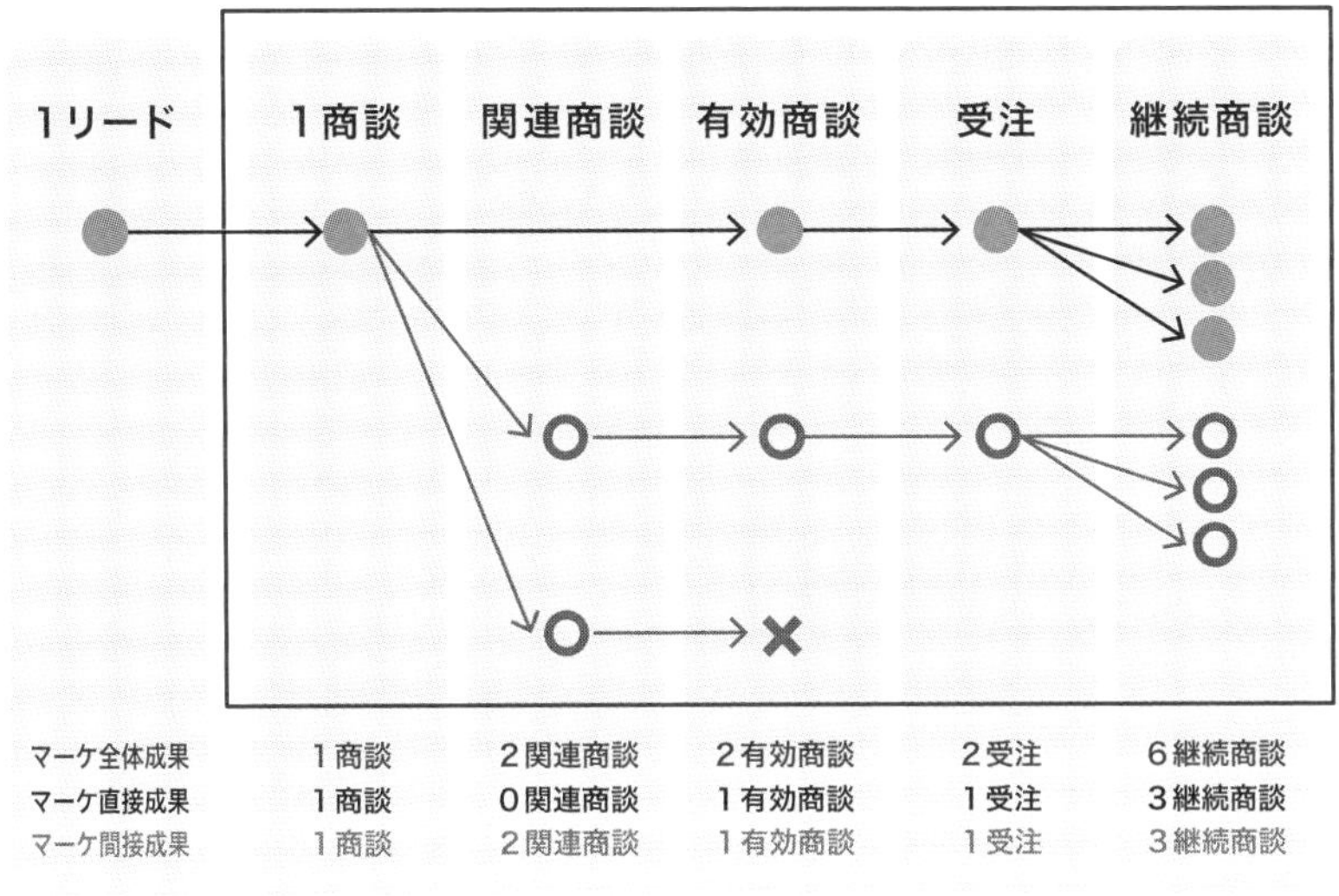

要で、最終的には顧客の信頼を築くことが重要になります。売り手都合で物事を進めずに、顧客中心のアプローチを心がけましょう。

マーケティング施策の成果範囲

ここまで整理してきたROIやCAC、LTVの関係性を踏まえながら、マーケティング施策の成果範囲について理解を深めましょう。マーケティング施策の成果範囲については、関係者と共通の理解を得ていることが大切です。図解23をもとに解説します。

前提として、単体の商品やサービスを扱っている場合は、1つのリードから生まれる商談で扱う商品は1つだと思います。一方で、複数の商品やサービスを扱っており、商品やサービスごとに商談のオブジェクトを分けて管理する場合は、1人のリードから1つのきっかけとなる商談が生まれ、その後、複数の関連商談が創出されます。

例えば、文房具を扱っているとします。鉛筆や消しゴム、分度器といった商品ごとに商談を分けて登録するとして、マーケティング施策によって創出したリードから「鉛筆」の商談機会を獲得したとします。鉛筆の商談を進めていく中で、消しゴムや分度器のニーズも確認された場合、それらも商談として登録する必要があります。つまり、この鉛筆の商談から消しゴムと分度器の関連商談も生まれたという状況です。しかし、これらの商談が受注になった場合、それはマーケティング施策の成果としてカウントすべきかどうか、またそれぞれの商談から生まれる継続商談もマーケティング施策の成果と見なすべきかどうか、という問題があります。

この問題は、「マーケ直接成果」「マーケ間接成果」と「マーケ全体成果」の3つの観点から考える必要があります。「マーケ直接成果」は、文字通りマーケティング施策がきっかけで生まれたリードから生じた商談です。「マーケ間接成果」は、主に営業によって生まれた関連商談の成果を指します。そして、「マーケ全体成果」はこれらを合算したものです。

私は「マーケ全体成果」を重視して施策の成果を見るべきだと考えています。なぜなら、これまで説明してきた通り、LTVによって新規顧客獲得コストの許容幅が変わるためです。例えば、初回の商談より後の取引はマーケティング施策の成果ではないとなると、マーケティング施策のROIを正確に算出できないと考えます。リードとの接点をつくれたのがマーケティング施策だったのであれば、その後の取引もマーケティングの貢献と考えてよいと思います。

ただし、直接成果と間接成果を分けて見たい、あるいは報告したいこともあると思います。その場合はマーケ直接成果とマーケ間接成果を切り分けてレポーティングできるようにしておいて、報告するようにしましょう。データを抽出するためには、マーケ直接成果とマーケ間接成果を切り分けるためのデータの記述が必要です（第6章03節参照）。

03 リードジェネレーション施策をプランニングする

リードを創出するための施策をプランニングしていきます。「キーポイントマップ」のリードジェネレーションの項目を見て、プッシュ（ＰＵＳＨ）とプル（ＰＵＬＬ）、リアルとデジタルの施策の違いを考慮しながら、施策を具体的にシミュレーションし、計画できる状態を目指します。

ターゲットに届くアプローチ手段を考える

まずは、狙ったターゲットの手元に届くアプローチ手段を考えプランニングしていきます。リードを創出するためには、良質なコンテンツが欠かせませんが、適切なアプローチ手段を選択することも重要です。意識すべきことは2点あります。**1点目は、リアルとデジタル両方の特徴を捉え、選択肢を複数持つことです。**たとえ同じターゲットにアプローチするとしても、デジタル施策だけでは届かない顧客や、リアル施策だけでは届かない顧客がいるためです。

2点目は、プッシュとプルの違いを考慮することです。

プルの施策は、ターゲットが網にかかるのを待っているような受動的なアプローチです。例えば、ＳＮＳや広告を通じたセミナーのプロモーションは、それぞれターゲティングされていたとしても、広く仕掛けてリードからの申し込みを待っているという意味では受動的なアプローチ手段といえます。

一方で、プッシュの施策はこちらから積極的にアプローチしていく手段です。例えば、ターゲットとなる１００社をリストアップし、コールドコールでセミナーへの登録や参加を促す施策は、こちらから対象を選択してアプローチしているという点でプッシュの施策といえます。他にも、ターゲット企業の知り合いの方にＤＭを送ったり、紹介をお願いしたりすることもプッシュの施策です。プッシュの施策は直接的に影響を与えるため、慎重に実行しないといけません。例えば、むやみにコールドコールをかけてしまうと、企業のブランドを損なう可能性が高まりますし、フォーム経由で何度も同じようなメッセージを送り続けることは本来の目的である良好な関係性を築くことから逆行してしまいます。

だからといって、「プッシュの施策は迷惑がかかるからやってはいけないことだ」と思わないでください。プッシュの施策が価値のある提案であれば、織り交ぜることで成果を生み出す可能性がありますし、プッシュの施策だけでも効果的かつ効率的に接点をつくることもあります。

ターゲットリードを獲得する確率を上げていくためには、デジタルとリアル、プッシュとプルの施策を幅広く企画し、選択肢を多く持つことが重要です。

アプローチ手段を考えるための5つの項目

「オススメのアプローチ手段は何ですか?」という質問をよく聞きます。当然、扱っている商品やサービス、ターゲットによって異なるため一概にオススメを挙げることはできませんが、皆さんも頭を悩ませていると思います。検討しているアプローチ手段を、次の5つの項目に対してそれぞれ「高い」「どちらでもない」「低い」の3段階で評価してみてください。アプローチ手段を考えやすくなります。

ターゲット合致度

「ターゲット合致度」は、そのアプローチ手段がターゲットに到達できる可能性を考える項目です。アプローチ手段を〝面〟として考えたときに、その面でターゲットに届けられるかを考えるとイメージしやすくなると思います。例えば、特定のテーマに特化した展示会は、そのテーマに興味を持つ層をターゲットにしている場合、ターゲット含有率は高いと考えられます。そのほかにも、例えば経理の方をターゲットにしている場合は、経理関連のメディアへの記事掲載はターゲット合致度は高くなります。

ターゲットリード含有度

「ターゲットリード含有度」は、選択したアプローチ手段に含まれるターゲットとなるリードの割合を考える項目です。大手企業の役員クラスのリードを獲得することが目的であれば、比較サイトへの掲載というアプローチ手段は、ターゲット含有度は低いと考えられます。反対に、情報収集中か検討段階にある担当者のリードを獲得したい場合は、比較サイトへの掲載がベストの選択肢といえそうです。

「ターゲット合致度」と「ターゲットリード含有度」の2つの観点で、そのアプローチ手段がターゲットとなるリードの獲得につながるのかを考えてみてください。

新規リード獲得度

「新規リード獲得度」は、そのアプローチ手段で新規リードを獲得できる可能性です。リードジェネレーション施策は、新規のターゲットリード獲得を目的に実施するので、例えば、ハウスリストに対してメールで集客する手段の「新規リード獲得度」は非常に低いです。ハウスリスト以外へのアプローチ手段を検討しないと、目的を果たすのは難しくなります。また、同じ手法を繰り返す場合、新規リード獲得度が徐々に下がっていくことも念頭に置きましょう。他社との共催セミナーも共催回数が増えるほど期待値が下がりますし、毎回同じメディアへの広告出稿はテーマを変えたとしても、新規リード獲得度の期待値は下がります。

リードジェネレーション施策としてのアプローチ手段を検討する際は、「新規リード獲得度」を意識してみてください。

コンテンツ・イベント形式との親和性

「コンテンツ・イベント形式との親和性」は、そのアプローチ手段が集客の形式とどれだけ適合しているかを考える項目です。ホワイトペーパーや音声、動画等のコンテンツの形式や、セミナーやウェビナー、大型のカンファレンスなどのイベントの形式との親和性を考えます。極端な例ですが、東京で開催するセミナーの告知を大阪の電車の中吊り広告で行っても効果は期待できません。一方、それが大型のカンファレンスイベントであれば、招待状を郵送するというアプローチ手段は親和性が高そうです。

商品・サービスとの親和性

「商品・サービスとの親和性」は、そのアプローチ手段が商品やサービスとどれだけ適合しているかを考える項目です。例えば、サービスの価値を説明する際には、短時間で興味・関心を引くCMでは伝わりづらく親和性が低いかもしれません。ニッチな商品やサービスに関しては、専門誌への掲載が効果的といえます。部数や発行頻度は少ないかもしれませんが、商品・サービスとの親和性は高いです。

アプローチ手段を検討する際は、これらの5つの項目を考えながら検討を進めてください。まずは「高い」「どちらでもない」「低い」でざっくりとマッピングしてみるだけでも、意思決定がずれることを避けられます。チーム内でディスカッションする場合も、各項目について意見するだけで議論の方向性が明確になります。

施策のシミュレーション

目標に対してマーケティング施策の成果や必要な施策量を見積もるにはシミュレーションが必要です。もちろん精度の高いシミュレーションを目指すべきですが、実績がない場合は仮の数値で試算する場合もあります。また、最終的には目標との整合を図り、宣言に近い形でシミュレーションを作成する場合もあるため、割り切りや思い切りも必要です。

シミュレーションの手順は大きく2ステップです。まず、成果目標から逆算して大まかに施策の中身や数を検討します。次に、想定される獲得リードから計算して、シミュレーションの精度を高めていきます。この順番で行えば、精度の高い試算が可能になります。試算に必要な数字は図解24の通りですが、**重要なのはマーケティング組織が独断で決めずに関係者と合意することです。**合意のない状態で試算をしてしまうと、振り返りの質が低下してしまうからです。例えばターゲットリード数が目標通りであっても、商談数が未達の場合、シミュレーションが甘かったのか、商談機会を獲得するための施策に課題があるのかがわからなくなってしまいます。シミュレーションを行う際は、結果だけでなく、必要な数字に関しても関係者と合意するようにしてください。

1：成果目標から逆算する

成果目標から必要な有効商談数や商談数などを逆算して、目標達成に必要な施策を積み上げていくシミュ

図解24　試算に必要な数字

- ターゲットリード率
- ターゲットフォローリード率
- 商談獲得率
- 有効商談率
- 受注単価（商談単価）
- 受注率
- 粗利率

レーション方法です。この方法はリードジェネレーション施策だけでなく、リードナーチャリングやフォローにより獲得する商談数なども含めたマーケティング施策全体の計画立案に役立ちます。例えば、1億円の受注見込み金額を計画したい場合を考えてみましょう。

まずは考える順番です。目標となる数字を決め、次の順で数字を分解していきます。

受注→受注見込み金額→有効商談数→商談数→ターゲットフォローリード数→ターゲットリード数→リード数（新規または再獲得）

受注見込み金額の創出が目標であれば、合意した「試算に必要な数字」をもとに分解していってください。例えば、1億円の受注見込み金額をつくる必要がある場合は、受注単価で割ることで必要な有効商談数を計算します。例えば、受注単価が1000万円であれば有効商談数は10件です。次に、有効商談化率をもとに、必要な商談数を計算します。例えば、有効商談化率が20％であれば、有効商談件数を10件つくるには商談数が50件必要ということです。このように、「試算に必要な数字」をもとに、指標ごとに目標達成に必要な数字を試算します。

指標ごとに数字を把握したら、次は施策ごとに目標の配分を決めていきます。イベント経由で5000万円、問い合わせ経由で3000万円、ホワイトペーパーや動画のコンテンツ経由で2000万円などです。イベント経由で5000万円の受注見込み金額をつくろうと思うと、5件の有効商談が必要で、商談数は25件になります。商談化率を20％で計算すると、125のターゲットフォローリードの獲得が必要です。1回のイベントで20名のターゲットフォローリードの獲得を見込むと、約6回の開催が必要といえます。

実際は試算通りにはいかないことも多いです。ただ、このシミュレーションを通じて、目標達成に必要な施策量の見当をつけることができます。目標を達成するために、隔月でセミナーを開催する必要があるのか、毎月開催する必要があるのかがわかれば、検討すべきことが変わってくるはずです。

2：想定される獲得リードから計算する

これは施策ごとに生み出せるリード数を見積もり、最終的な成果を試算する方法です。具体例として、ウェビナーとデジタル広告を組み合わせた施策の成果をシミュレーションしてみます（図解25）。ROIやCACなども含めて試算しましょう。

例えば、デジタル広告でウェビナーへの申し込みを獲得する場合、広告の表示回数を意味する「Impression」から順に計算していきます。この場合のCVはウェビナーへの申し込みを指し、CV数は獲得したリード数を指します。獲得した150のリードの内訳を見てみると、新規で生み出した「新規リー

図解25　ウェビナー×デジタル広告のシミュレーション

Impression	CTR	Clicks	CVR	CV	Cost	CPC	CPA
150,000	1%	1,500	10%	150	495,000	330	3,300

リードALL	新規リード	再獲得リード	ターゲット率	ターゲットリード	ターゲットフォローリード率	ターゲットフォローリード
150	120	30	80	120	60%	72

商談獲得率	商談数	有効商談化率	有効商談数	商談単価	受注見込み金額
11%	8	38%	3	5,000,000	15,000,000
受注率	**受注率**	**受注数**	**受注金額**	**粗利率**	**粗利**
33.3%	33.3%	1	5,000,000	30%	1,500,000

マーケティングコスト	ROI（販売利益）	セールスコスト	合計コスト	CAC
495,000	303	55,000	550,000	550,000

ド」と、すでにハウスリストで保有していたリードを再度獲得した「再獲得リード」に分けることができます。今回はデジタル広告の配信をしたので、新規リードが多い結果となりました。一方、再獲得リードが中心となる施策の場合は、リードジェネレーション施策ではなくリードナーチャリング施策として成果を評価する（第5章02節参照）ことになります。このように順に計算していくことで、ROIやCACまで計算することができます。

目標からの逆算によって大まかな計画を立て、想定される獲得リードを積み上げて施策の成果を計算する手順でプランニングを行っていきましょう。

リードタイムの考慮

「実施するマーケティング施策がどのタイミングの受注に貢献することを想定しているのか」を事前に話し合うことが大切です。マーケティング組織がプランニングを行うためには、リードタイムを正確に把握することが求められます。リードタイムは次の①～⑥の要素によって大きく影響されます（図解26）。

①施策実行までのリードタイム

施策ごとに実行までのリードタイムは大きく異なります。自社主催のウェビナーであれば、集客期間含めて2週間ほどで企画から実行まで行えるかもしれませんが、リアルな会場を押さえて実施するイベントであれば、会場の手配なども考えると短くても2か月以上は必要です。そもそも、展示会や枠が決まっている広告などはこちらの都合で決められるものではありません。

②フォロー開始までのリードタイム

創出したリードにフォローを開始するまでのリードタイムにも目を向けましょう。短くするためには、フォロー活動を行うリソースと強固なオペレーションが求められます。例えば、セミナー参加者へのフォローはCRM／SFAに登録後に行われますが、そのためにはアンケートフォームを締め切り、情報を入力して、担当者を決める……など、複数のオペレーションを経る必要があります。フォロー開始までに最低でも

第3章
マーケティングプランの策定と宣言
～③プランを立てる～

3営業日かかることが考えられます。短くするためには、必要に応じてオペレーションやルールを変えることも必要です。

③フォロー完了までのリードタイム

フォロー開始から完了までのリードタイムも計画に含めるべきです。例えば、展示会で名刺交換した200人に対してお礼メールを送った後、電話によるフォローを計画していたとします。1日に20人ずつフォローすると単純計算で10営業日かかることになります。フォローするリソースが限られている中で、施策量が増えるとフォローの渋滞が起きてしまう可能性があります。

④商談までのリードタイム

商談の機会が得られたとしても、双方のスケジュールによって商談日が先延ばしになることがあります。例えば、12月初旬に商談機会を得たとしても、年末年始はスケジュールが埋まっているため、実際の商談が1月下旬になることはよくあります。極端な例ですが、営業のリソースが不足していて商談の日程が常に1か月先まで埋まっているのであれば、どれだけフォローを急いでも、施策を実行した月に受注を獲得することはできません。

図解26　リードタイム（LT）の考慮

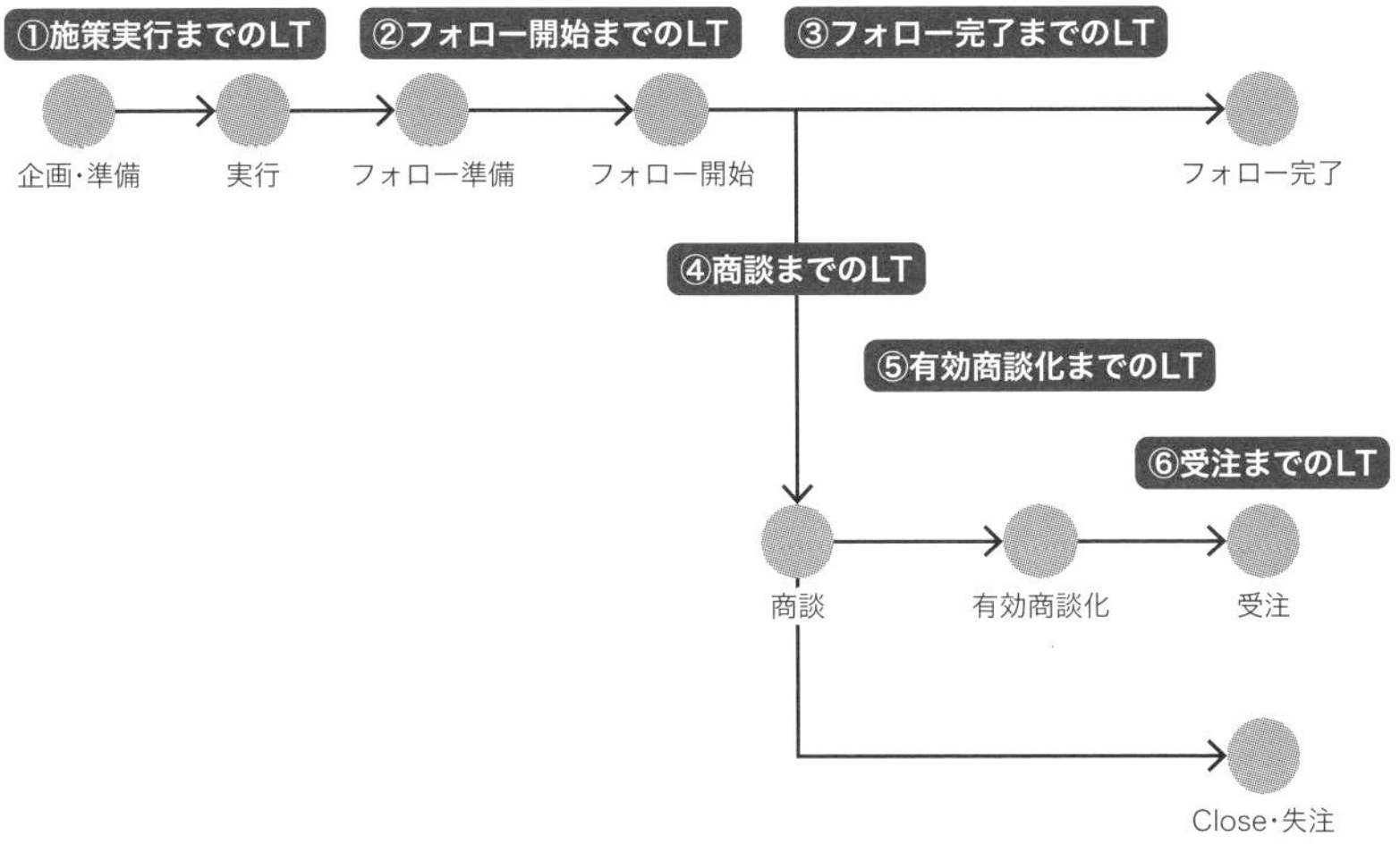

⑤有効商談化までのリードタイム

初回商談が成功しても、具体的な進展には時間がかかります（扱っている商品やサービスによるので、一概にはいえませんが）。顧客が商品やサービスに興味を持っていても、営業側が具体的な提案や金額を提示するまでにはリードタイムが存在します。提示するのに平均して2か月かかるとしたら、初回商談までのリードタイムを考えると、有効商談化までには最短でも3か月程度は見込むべきでしょう。

⑥受注までのリードタイム

有効商談化と同様に、実際に発注してもらうのにもリードタイムは存在します。有効商談化してから実際に注文書をもらうのに3か月かかるとすれば、初回商談から受注までには6か月程度かかります。そのため、「下半期がスタートしてから、下半期中に受注するような商談をつくる」という計画は基本的には難しいことがわかると思います。

これらの要素は、マーケティング組織の実行力や、事業の商習慣などにも影響を受けます。受注までのリードタイムを短くしようとしても物理的な限界があるため、目標や時期によっては施策の実行が期待通りに進まないこともあるので、注意しましょう。

マーケティング施策の結果を予測する際には、現実的な期待値を設定することが重要です。**関係者間で認識を揃えておくことで、マーケティング組織や施策に対する期待について適切な対話ができますし、リードタイムを短縮するために各組織が何をするのかというディスカッションを行うこともできます。**これらは重要な要素なので、プランニングの際は考慮するようにしてみてください。

マーケティングプランを確定させる

これまで整理してきた、「定量目標」「マーケティング予算」「施策ごとのシミュレーション」を踏まえながら、次の①〜④の工程でそれぞれ調整して最終的なプランを確定させましょう。

①目標を達成するために必要な成果と施策量をシミュレーションする
②施策それぞれの想定される成果をシミュレーションし、定量目標とすり合わせる
③預かっているマーケティング予算の中で実施可能か追加の予算は必要かを考慮する
④目標を修正すべきなのかを検討する　→①に戻る

目標達成に必要な施策量が現実的でない場合、マーケティング予算を使用して外部から実行力を調達するか、あるいは目標そのものを変更するか、試算に使った数字を変更するか、などを検討しましょう。

トップダウンでマーケティング予算が決まるパターンや、ざっくりとした上限のみ決まっているパターンなど、マーケティング予算の確保する方法は企業によって異なります。しかし、関連部門とすり合わせながら計画を立てる①～④のプロセスに変わりはありません。目標からの逆算や想定される成果の積み上げを行いながら現実的なプランを固めていってください。

マーケティングカレンダーを作成する

マーケティングプランが確定したら、次はマーケティングカレンダーを作成しましょう（図解27）。**マーケティングカレンダーは、マーケティング活動を管理し、各施策の進行をサポートする重要なツールです。**チーム内はもちろん、他部署の関係者にも共有することが大切です。

マーケティングカレンダーには、施策のスケジュールや準備期間、新商品・サービスの発表や発売日、コンテンツやプレスリリースの公開タイミングなどを記載します。さらに、年末年始やお盆休みなどの長期休暇、業界の主要イベントや展示会の日程、規制緩和や法律の改正など、業界に影響を与える重要なイベント情報も含めるとよいでしょう。これにより、マーケティング施策を検討する際にどこで強弱をつけるべきか

	月	1月					2月				3月				4月				5月					6月			
	週番号	1	2	3	4	5	6	7	8	9	10	11	12	13	14	15	16	17	18	19	20	21	22	23	24	25	26
	週初	31日	7日	14日	21日	28日	4日	11日	18日	25日	3日	10日	17日	24日	31日	7日	14日	21日	28日	5日	12日	19日	26日	2日	9日	16日	23日
	週末	6日	13日	20日	27日	3日	10日	17日	24日	2日	9日	16日	23日	30日	6日	13日	20日	27日	4日	11日	18日	25日	1日	8日	15日	22日	29日
	イベント	年末年始																GW	GW								

細かなところまで記載すると、メンテナンスコストが上昇する。目的に応じて粒度にも注意してアクションやタスクのスケジュールを書く

図解 27　マーケティングカレンダーの例

できるだけシンプルな運用を心がける。列は自由に追加してもよいが、メンテナンスの負荷が上がらないように気をつける

施策カテゴリ	施策	担当者	実施日	備考

施策カテゴリ：展示会やセミナー、コンテンツ関連など、大まかな施策カテゴリで区切る

施策：決定前の施策もすべて書くほうが望ましい。検討しているものも含めてすべての施策がここに書かれている状態をつくると、施策やリソースの調整が行いやすくなる

担当者：その施策の担当者をバイネームで書くようにする。特定の人物の名前ばかりにならないようにする

実施日：実施日が確定していない場合は「（仮）」などと明記する

備考：企画書や関連しているファイルの格納先のリンクなどの導線をつけると便利

の参考になります。

カレンダーは月ごとに作成し、活動の規模や性質に応じてさらに詳細に分けることも検討してください。週番号をもとに52週に分割することも有効です。**マーケティング組織全体で情報を共有し、定期的に更新することで、計画の進行状況を正確に把握し、必要に応じて調整を行うことができます。**オンラインツールを利用して、チームメンバー全員がアクセスし編集できるようにすると、情報の共有と協力がよりスムーズに行えます。マーケティングカレンダーを効果的に活用することで、目標に向かって効率的に連携が取れるようになり、マーケティング組織全体の実行力を高めることができます。

第2部

組織の初動期

プロセスマップ（14～15ページ）

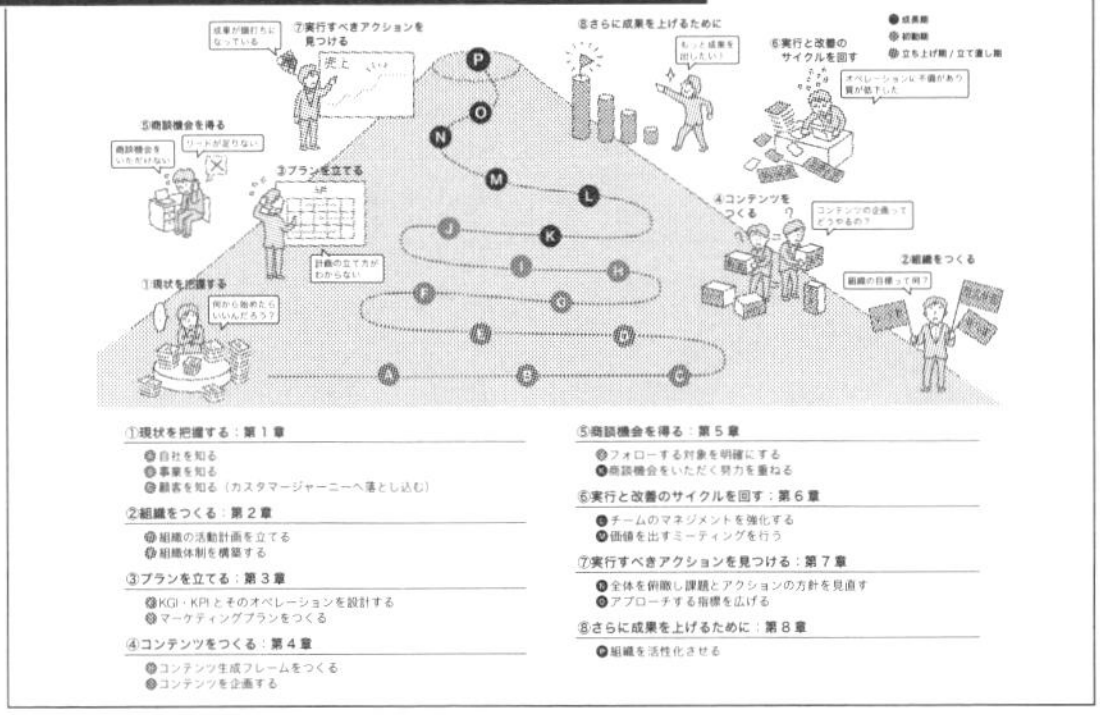

H コンテンツ生成フレームをつくる
I コンテンツを企画する

コンテンツ生成フレームをつくらずにコンテンツを企画することは可能ですが、それでは目的と内容がマッチしないコンテンツを生み出す可能性が高まります。顧客目線に立ったコンテンツを企画し、狙ったターゲットにしっかりと届けるための準備を行います。

キーポイントマップ（22～23ページ）

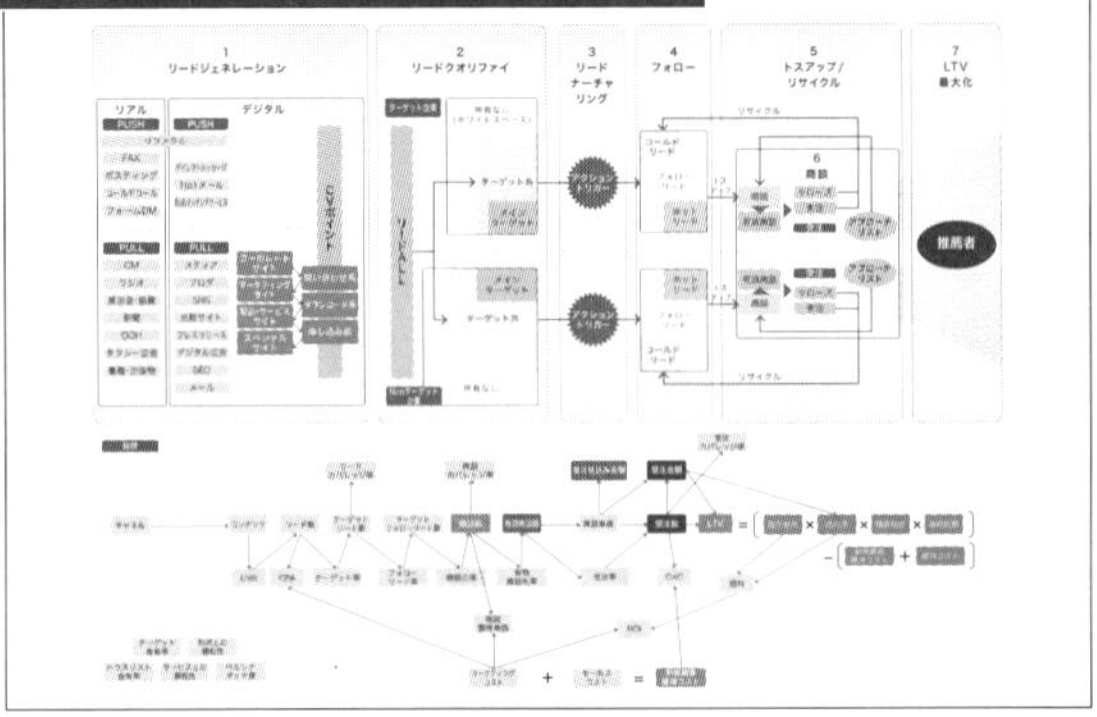

①コンテンツが影響を与える指標を確認
②コミュニケーションシナリオの設計

コンテンツの企画内容は目的によって大きく変わります。全体の流れの中でコンテンツがどのように活用され、どの指標に影響を与えるかを確認し、目的達成に貢献できるかを考えましょう。コンテンツの活用のためのシナリオや、それに不足しているコンテンツの検討には「キーポイントマップ」を参照することが効果的です。

アクションマップ（34～35ページ）

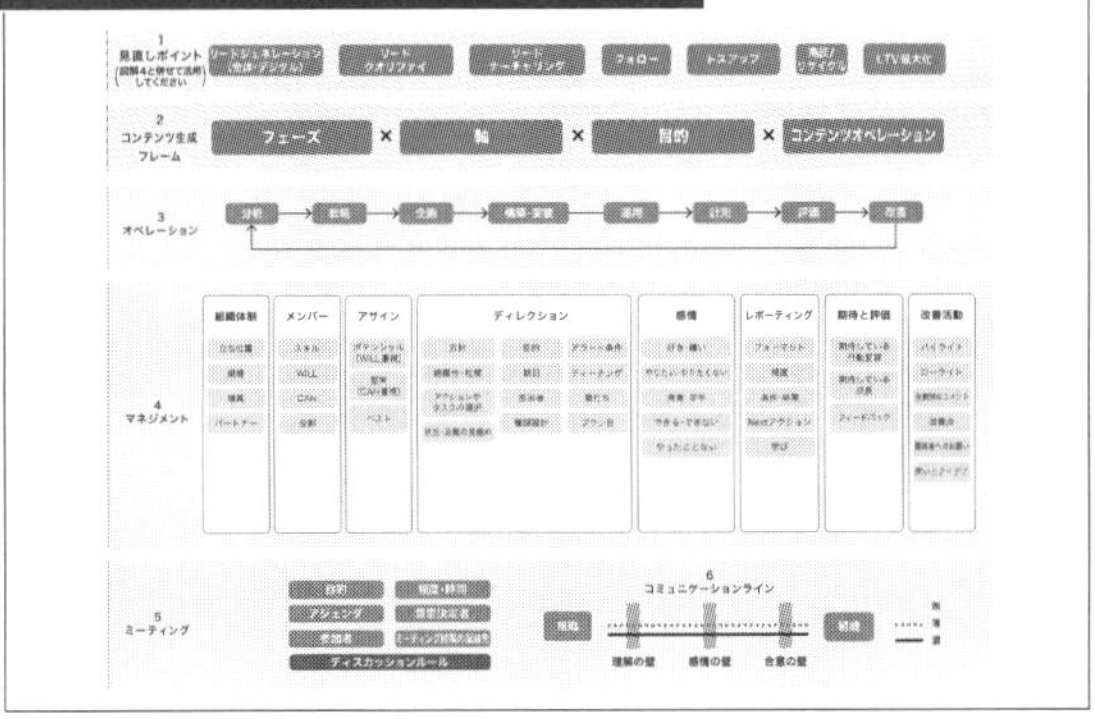

①コンテンツ生成フレームをつくり、活用するための「マネジメント」
②コンテンツ生成フレームの見直し

「コンテンツ生成フレーム」の作成と活用にあたっては関係者の巻き込みも重要です。関係者をうまくマネジメントしながら取り組んでください。フレームは一度作成したら完了ではなく、企画の成果を定期的に評価し、必要に応じて見直しながら組織の実行力を高めていきましょう。

第4章

コンテンツ戦略を立てる～④コンテンツをつくる～

本章における3つのマップの使い方

BtoB マーケティングにおけるコンテンツは、顧客との接点や信頼関係を築き、顧客の行動変容を促す重要な役割を担います。「キーポイントマップ」の流れと指標を意識した効果的なコンテンツをつくるために「コンテンツ生成フレーム」を活用したコンテンツの企画方法を解説します。

01 BtoBマーケティングにおけるコンテンツの重要性

BtoBマーケティングにおけるコンテンツは、リードの創出や商談機会の獲得はもちろん、顧客が検討する際に社内での上申資料となったり、市場で認知されることでポジションを形成したり、はたまた採用活動にも貢献しうるものです。マーケティング施策を実行するということは、どんな形式であれ「コンテンツ」を生み出し、顧客に届けることからスタートするといっても過言ではないと考えています。

コンテンツが持つ役割

コンテンツの役割に焦点を当てて、その理解を深めていきましょう。事業や目的によって、その役割は異なりますが、顧客との接点をつくりだしたり、企業へのポジティブな印象を生んだり、商品やサービスの選定に役立つ情報を提供することで問い合わせにつながったりもします。例えば、無形商材を扱っている場合、事例やノウハウの解説記事などのコンテンツが、提供するサービスへの信頼感を高め、顧客が支払う価値の裏付けとなります。**コンテンツは、自社の専門性や権威を示す強力なツールとして機能し、顧客の購入に対**

する不安を払拭する役割を果たすのです。

さらに、コンテンツは顧客が商品やサービスを実際に活用するためのサポート役としても機能します。

ＦＡＱやベストプラクティスの共有、チュートリアルの提供など、顧客に有益な情報を提供することで、既存顧客との関係を強化し、利用を検討している顧客に対しても期待感を高めることができます。このようなコンテンツの継続的な提供は、企業と顧客との長期的で友好的な関係性を構築し、強力なブランド認知へとつながります。

コンテンツが与える影響は広範囲であるため、作成の際はさまざまな切り口で見て、受け取る側に違和感を与えないよう注意が必要です。例えば、リード獲得を重視しコンテンツの〝量〟を増やしすぎると、コンテンツへのプライドやポリシーを感じさせないような粗製なコンテンツが生まれる恐れがあります。最初から完ぺきなコンテンツをつくることは難しいですが、受け取る方のことを想って、１つひとつに心を込めてつくることだけは心がけてほしいです。コンテンツへ投資する企業が増えてきているからこそ、その想いがコンテンツの差別化につながります。顧客は自分たちが思っている以上に冷静に見ていると考えましょう。顧客を失望させるようなコンテンツでは、企業にとっても大きな損失です。

コンテンツとアプローチ手段は別

よく見られる誤解の１つに、「良いコンテンツをつくれば自然とみんなが見てくれる」という考えがあります。コンテンツ自体がいくら優れていても、適切なアプローチ手段と組み合わせなければ、ターゲットの目には触れることは限りなく少ないでしょう。

マーケティング施策を考える際には、「コンテンツ」と「アプローチ手段」の2つの要素に分けて考えます。コンテンツを届けるアプローチ手段にも同じくらいの注意を払い、両者をバランスよく組み合わせることが不可欠です。アプローチ手段を検討する際は、第3章 03節をご覧ください。

コンテンツは相手目線で質を高める

コンテンツ作成において重要なポイントは、「相手の目線で評価する」ことです。よくある間違いに、自分の好みや興味でコンテンツを評価してしまうことが挙げられます。しかし、本質的には、コンテンツは受け手のために提供されるべきです。そのため、自らの感性にもとづき情熱を込めて制作しつつ、受け手がコンテンツをどのように受け取るかを常に考えることが欠かせません。

私の経験上、人は企画・制作する際に自らの感性にもとづいて考えるのが得意なタイプと、受け手となるペルソナを想像して考えることが得意なタイプにはっきりと分かれます。前者は情熱的で自分が伝えたいことから企画を練るタイプです。一方、後者は客観的な事実をもとに組み立てるように企画を練っていきます。どちらの進め方も重要ですし偏りすぎないようにすべきですが、得意・不得意がコンテンツのクオリティに色濃く反映されるのを見てきました。自分がどちらのタイプなのかを見極めて、コンテンツを企画・制作する際の進め方を考えてください。

02 コンテンツ生成フレームをつくる

何もない状態からコンテンツを企画する際、何を基準に考えるべきかわかりにくいことがあります。そこで本書で提唱する「コンテンツ生成フレーム」を作成し、この流れに沿ってコンテンツを企画しましょう（図解28）。このフレームワークを使うことで、企画の難易度を下げ、目的から外れた企画になることを避けることができます。

1：フェーズ

コンテンツ生成フレームにおける「フェーズ」は、顧客との関係性を表します。顧客が望む購買プロセスです。次のフェーズはあくまでも参考例として見て、第1章03節で作成したペルソナとカスタマージャーニーをもとに実際のフェーズを作成するようにしてください。

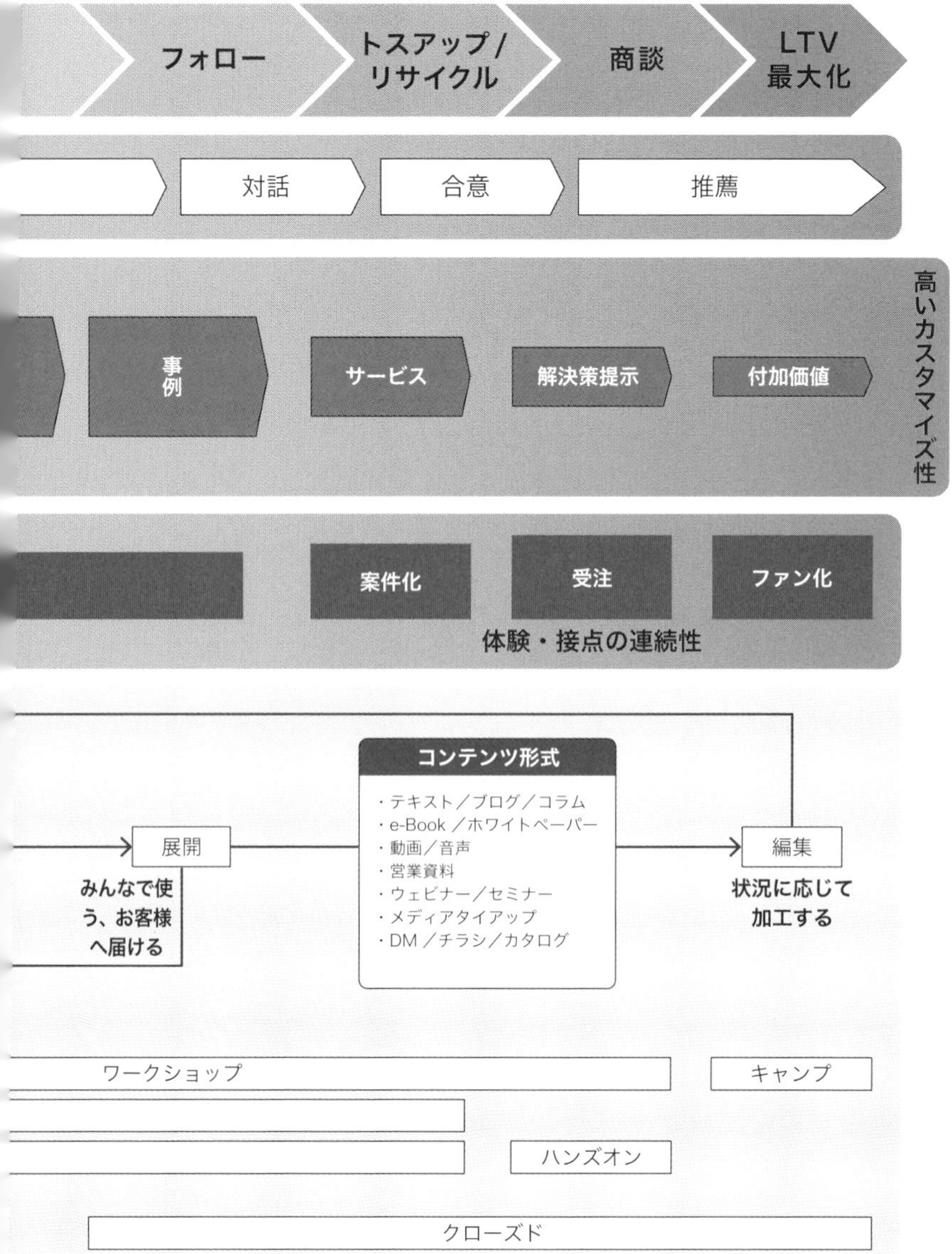
フォロー
トスアップ/リサイクル
商談
LTV最大化
対話
合意
推薦
高いカスタマイズ性
事例
サービス
解決策提示
付加価値
案件化
受注
ファン化
体験・接点の連続性
展開
みんなで使う、お客様へ届ける
コンテンツ形式
・テキスト／ブログ／コラム
・e-Book ／ホワイトペーパー
・動画／音声
・営業資料
・ウェビナー／セミナー
・メディアタイアップ
・DM ／チラシ／カタログ
編集
状況に応じて加工する
ワークショップ
キャンプ
ハンズオン
クローズド

図解 28　コンテンツ生成フレーム

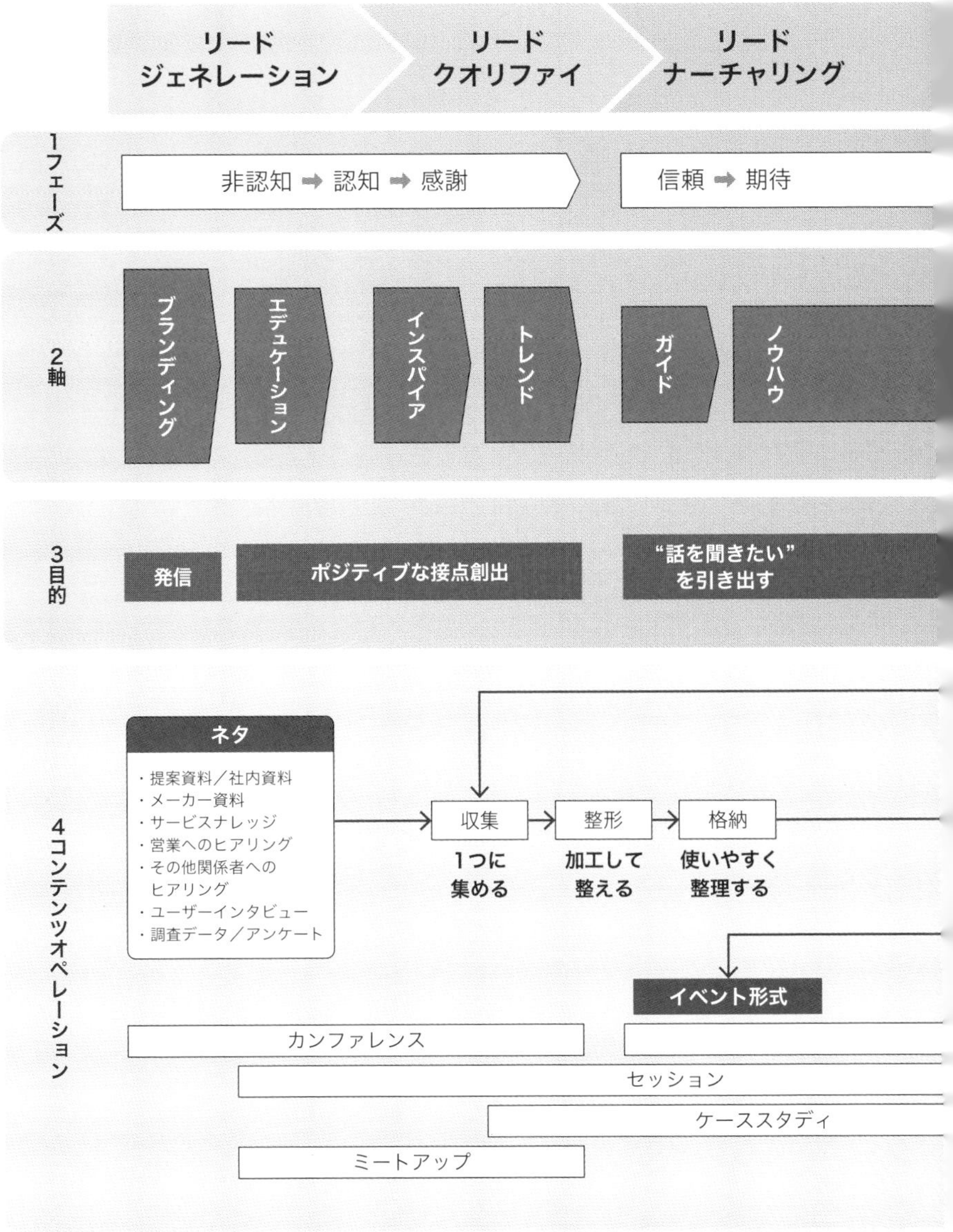

非認知：顧客がまだ自社や自社の商品・サービスについて知らないフェーズ。
認知：顧客が自社や商品・サービスについて知り始めるフェーズ。
感謝：顧客が商品・サービス、あるいはコンテンツに対して価値を感じ、ポジティブな印象や役に立ったという感想を抱くフェーズ。
信頼：顧客が自社や商品・サービスに対して信頼感を感じ、自社について話してもよいと感じるフェーズ。
期待：顧客が抱えている課題解決や目標達成のために、具体的な話を聞きたいと思うフェーズ。
対話：顧客との直接的な対話を通じて、疑問やニーズにこたえ、取引の内容を具体化するフェーズ。
合意：顧客が自社が提供する価値に対して合意するフェーズ。
推薦：自社を顧客が他の方に自主的に推薦するフェーズ。

2：軸

コンテンツ生成フレームにおけるコンテンツの「軸」は、顧客のフェーズに適したコンテンツを企画するための指針です。

ブランディング：自社のパーパスやミッション、ビジョン、バリュー、解決したい社会課題や実現したい未来などの発信を行い、自社や商品・サービスの市場競争力を強化する軸です。

エデュケーション：自社の事業や関連テーマに必ずしも直結しないが、ステークホルダーに惜しみない「学び」を提供する軸です。

インスパイア：自社の事業に関連するテーマや分野において、ステークホルダーに創造的な「ひらめき」につながる機会を届ける軸です。

トレンド：業界の最新動向や先進的な取り組み事例を共有し、「健全な危機感」を与える軸です。

ガイド：基礎知識の習得や課題解決につながる「ヒント」を提供する軸です。

ノウハウ：課題の抽出や解決につながる実践的なテクニックや方法論・思考法、体系化されたナレッジやフレームワークなどを提示する軸です。

事例：課題の抽出や解決方法のイメージ共有・具体化してもらうために、ケーススタディを提供する軸です。

サービス：自社が提供している価値を言語化し、顧客に自社の商品・サービスを正確に伝える軸です。

解決策提示：顧客が取り組むべきアクションと、自社の支援内容を提案して合意をもらう軸です。

付加価値：良質で特別な顧客体験を提供することで満足度を高め、交流や推薦行動を促す軸です。

軸が左から右へ移るにつれて、対象となるターゲットの分母が減っていくことも覚えておいてください。

例えば「エデュケーション」が軸となるコンテンツと、「サービス」が軸となるコンテンツでは、同じイベント形式で同じ集客方法を取ったとしても、エデュケーションを軸としたコンテンツのほうがリアクションが返ってくる数は多くなります。フェーズが対話や合意に近づくにつれて、顧客にカスタマイズした提案が求められるようになるため、マーケティング組織が企画するコンテンツと、営業やインサイドセールスが準備すべきコンテンツは何かを考え議論する際にも役立ちます。

3：目的

コンテンツ生成フレームにおける「目的」では、コンテンツを通じて果たすべき目的を明確にします。これは、コンテンツの方向性を決定し、特定の結果を達成するために必要です。

発信：自社の取り組みや解決しようとしている社会課題、大切にしている企業理念、商品やサービスに関する情報などのメッセージを広く伝えることを目的とします。

ポジティブな接点創出：コンテンツを通じて価値のある体験を提供することで、顧客とのポジティブな関係を築くための接点をつくり続け、好意的で肯定的な感情を抱いてもらうことが目的です。

〝話を聞きたい〟を引き出す：顧客の興味や関心を刺激することで、さらなる情報を求める動機づけを行い、積極的な対話や問い合わせを促すことが目的です。

案件化：商品やサービスの具体的な利点や顧客事例を提示することで、顧客の理想や課題の解決に必要なことを明らかにすることが目的です。

受注：顧客が意思決定を行うための判断材料を提供し、取引につなげることが目的です。

ファン化：顧客とのつながりや関係性を強化することで、熱狂的なサポーターや推薦者を増やし、ブランド価値を拡大することが目的です。

4：コンテンツオペレーション

コンテンツ生成フレームにおける「コンテンツオペレーション」は、コンテンツの効率的な制作と活用、管理を目指したフローを表しています。収集、整形、格納、展開、編集というプロセスで構成されます。

収集（1つに集める）：さまざまなソースからコンテンツの「ネタ」を集める工程です。顧客への提案資料やユーザーインタビュー・アンケート結果、社内で作成した資料などが収集対象となります。コンテンツを収集する際は著作権や情報の正確性に注意しましょう。外部の資料はもちろん、社内の資料であっても無断で利用することのないように注意してください。

整形（加工して整える）：収集したコンテンツのネタを目的やターゲットオーディエンスに合わせて加工し、整形する工程です。CI（コーポレートアイデンティティ）や制作のガイドライン、ロゴのレギュレーション、言葉の取り扱いなどにも注意し、一貫性を保つことが重要です。また、ターゲットに合ったメッセージやビジュアルを選定することも忘れないでください。

格納（使いやすく整理する）：加工したコンテンツを、管理・アクセスしやすい方法で整理し格納する工程です。わかりやすいカテゴライズやラベリングを行い、検索性を高めるようにします。

展開（みんなで使う、お客様へ届ける）：格納されたコンテンツを関係者に展開することで共有する工程です。展開時には、想定利用シーンやお客様への案内方法などもセットで展開できるとよいでしょう。重要なのは、関係者から協力も得るために、フィードバックや要望を受けることです。

編集（状況に応じて加工する）：展開したコンテンツを顧客からの反応や要望、状況の変化に応じて編集する工程です。これには、新たなメッセージやデータの追加、コンテンツの再構成、ビジュアルの更新などが含まれます。受け手のニーズに合わせて内容を調整し、常に関連性と有用性を保つように努めましょう。重要なのは編集後に「収集」の工程に戻りコンテンツを適切な場所に集めることです。これにより、コンテンツオペレーションが一巡し、個人のデスクトップに滞留することなく管理できます。

このようなコンテンツオペレーション全体の工程を統括して管理する人がいれば、コンテンツが効率的に活用されるだけでなく、コンテンツのクオリティや一貫性が担保され、顧客に誤った情報やメッセージが届くことを防げます。

また、生産性という観点でも効果があります。似たようなコンテンツを他の人が作成していたということや、時間をかけてつくったコンテンツと類似するものが以前作成されていたということはよくあります。これらの事象からコンテンツオペレーションのどこに課題があるのかを考えてみると、解決の糸口をつかめると思います。**全社でコンテンツに対する関心を高め、協力してコンテンツを扱うことができれば、顧客との接点創出や関係性の構築だけでなく、生産性向上にも寄与できるのです。**

コンテンツのプロセスを実行するときに重要なポイントである「ネタ」「コンテンツ形式」「イベント形式」についてもそれぞれ解説します。

ネタ

コンテンツの原材料となるネタがなければ、独自性の高い質の良いコンテンツを生み出すことは難しいでしょう。社内にあるネタを収集し、運用に乗せて効果的に活用することで、多様なコンテンツを生み出していきます。

提案資料／社内資料

提案資料や社内資料には、自社の商品やサービスに関する深い知識や戦略、成果の事例などが記載されているはずです。これらの資料には、コンテンツの基礎となる情報が豊富に含まれているため、必ずチェックしましょう。

メーカー資料

もし他社が提供する商品やサービスを販売する立場であるなら、メーカーが提供する資料もコンテンツのネタとなります。商品の詳細や利点、使用方法などの具体的な情報を把握し、コンテンツ制作に生かします。また、勉強会を開いてもらうことにより、顧客目線に立ちながら商品やサービスへの理解を深めることも有効です。疑問点とその回答は、コンテンツの企画にも役立ちます。

サービスナレッジ

自社が提供する商品やサービスに関する知識や情報、体系化されたノウハウやケーススタディなどがネタになります。自社の独自性を打ち出しやすい反面、公開範囲については議論が必要です。ノウハウの扱いについては、属人的に判断しないようにしましょう。高度な専門性が求められるほど、コンテンツの制作者が限られてしまうため、他者の協力が必要なこともあります。

営業へのヒアリング

営業にヒアリングを行うことでコンテンツの企画・制作につながるネタを収集します。コンテンツオペレーションが機能している場合は不要ですが、顧客の要望や疑問、案件の内容や市場の動向は貴重な情報源です。営業とのコミュニケーションは、お互いの関係性構築や共通認識づくりにも有効なので、コンテンツの収集目的以外にも積極的に対話を行うようにしましょう。

その他関係者へのヒアリング

商品やサービスの技術的な側面に関する専門知識を持つ技術者や、顧客に伴走して支援しているCS、商品・サービスを開発しているエンジニアや、デザイナーなど関係者へのヒアリング結果もネタにつながります。コンテンツの企画や制作のためという目的を伝えたうえで、コミュニケーションを取ることで協力内容が明確になり、効果的な情報収集が可能になります。

ユーザーインタビュー

実際のユーザーから直接フィードバックをもらい、商品やサービスの体験談や選定の理由、当時の状況などを聞くことでコンテンツの企画や制作に役立てます。ただし、担当営業などとコミュニケーションを取り、勝手に進めないようにしましょう。顧客との関係性や、案件の状況によっては相談が難しい場合もあるためです。

調査データ／アンケート

市場調査やアンケートデータなどは、専門家を対象としたコンテンツの企画・制作には必要不可欠な情報源です。調査結果に独自の考察を加え、定期的に「〇〇白書」のように提供することができれば、顧客との接点創出だけでなく、関係性構築にも大いに貢献できます。

コンテンツ形式

コンテンツ生成フレームにおける「コンテンツの形式」は、コンテンツの効果と影響を最大化するために最適な形式を考える際に利用します。また、アプローチ手段やコンテンツの掲載場所の影響も考え、親和性の高い形式を選びます。とくにＳＮＳや外部のプラットフォームを利用する場合は、注意しましょう。

テキスト／ブログ／コラム

情報提供や意見表明に適し、企業の考え方や専門性を示しやすい形式です。制作のハードルが低く、さまざまなトピックを手軽に扱える一方で、作成したコンテンツが放置されやすい面もあります。定期的なコンテンツの見直しを行うようにしてください。

e-Book／ホワイトペーパー

ｅ‐Ｂｏｏｋは幅広い知識を提供するための教育的なコンテンツを読みやすく届ける形式で、多くの場合は入門レベルの情報を含みます。一方で、ホワイトペーパーは専門家向けに特定の問題やトピックに対する深い洞察を提供する形式で、ビジネスや技術の専門レベルの情報を含みます。ただ、両者の違いはあいまいに扱われることも多く、「ホワイトペーパー」として扱われていることが多いように感じます。いずれにしても、顧客に有益な情報を提供しやすく汎用性が高いため、主要な形式となります。

動画／音声

視覚的・聴覚的に情報を伝えることで、より直感的な理解を促進する形式です。テキストでは説明が複雑になる商品やサービスもわかりやすく紹介できることが特長です。また、人が登場することで、エンゲージメントを高めやすい形式です。

営業資料

商品・サービスの説明や価値提案のために必要な情報を提供することで購買プロセスの進行をサポートする形式です。また、想定される質問を資料内であらかじめ説明したり、認識のズレを未然に防ぐ役割も担います。ダウンロード可能な資料であれば、商談機会につなげるために、問い合わせ先の連絡先や日程調整用のＵＲＬのリンクを掲載することも有効です。

ウェビナー／セミナー

対面またはオンラインでの学習や議論、交流の機会を提供する形式です。コンテンツに触れてもらえる時間が長いことが特長です。対面での開催であれば、その前後でのコミュニケーションにも期待ができ、参加者との深い関係性の構築にも貢献します。開催しやすい形式ですが、形式に対する単純な〝飽き〟にも注意をしなければなりません。「なぜセミナーなのか？」と議論し、目的を確認することをオススメします。

メディアタイアップ

既存のメディアと連携し、その企画力・制作力や信頼性、ターゲットへのリーチ力を活用して作成する形式です。基本的に費用が発生しますが、企画からライティング、発信までを一括で委託することも可能です。

DM／チラシ／カタログ

紙で、顧客に商品やサービスの詳細な情報を提供する形式です。手に取れるため、特殊な仕掛けを行うことで効果を高めることができるのも特長です。例えばDMに書籍を封入してサービス紹介を行ったり、直筆風のメッセージで制作したり、チラシを順番に開くことでストーリーを語るような演出にしてみたりと、受け手が手に取った後を想像して、どういった体験なら目的を果たせるのかを考えて工夫することが重要です。

イベント形式

コンテンツ生成フレームにおける「イベント形式」は、コンテンツ形式と目的は同様で、コンテンツの効果と影響を最大化するために最適な形式を考える際に利用します。適切なイベント形式を選ぶことで、顧客に良質な体験を提供し、より高い効果を得ることができます。

カンファレンス：ブランディング〜トレンド

カンファレンスは、多数の聴衆を対象に、企業のビジョンや業界の動向を共有するのに最適な形式です。一般的には、複数のスピーカーによる多様なセッションが提供され、専門的な知識やトレンド、実践的なノウハウなどの有益な情報が期待されます。参加者の期待と異なる体験にならないよう、内容には注意が必要です。

ミートアップ：エデュケーション〜トレンド

ミートアップは、一般的にカジュアルな雰囲気で開催され、参加者同士の議論やネットワーキングを促進するのに最適な形式です。特定のテーマに関心を持つ小規模なグループでの開催が適しており、グループディスカッションやブレインストーミングなどを取り入れることも有効です。

セッション：エデュケーション〜サービス

セッションは、特定のテーマや商品・サービスに関する教育的な内容を提供するのに最適な形式です。参加者に具体的な知識の提供や、サービスの詳細な説明を行うことで、理解の促進に貢献します。

ワークショップ：ガイド～解決策提示

ワークショップは、実践的な学習とスキル向上に最適な形式です。参加者が積極的に関われて具体的な実践方法を学べる場を提供することで、スキルと実践的な問題解決能力の向上を期待されます。商談機会の前段階としてワークショップの機会を提供することで、潜在的な課題を明らかにすることもできます。

ケーススタディ：トレンド～サービス

ケーススタディは、商品やサービスの利用に伴う成功事例や失敗事例などを通じて、顧客に教訓や応用可能な戦略や戦術を提示し、深い理解と課題解決へのヒントを提供するのに最適な形式です。よくある事例として設定した仮のケースを扱い、どのように解決するかのプロセスを疑似体験してもらうことでありたい姿の提示や解決の重要性を訴えかけることも可能です。

クローズド：事例～付加価値

クローズドは、限られた対象者に特定の事例や付加価値の高い学びや機会を提供するのに最適な形式です。参加者のコアなニーズに深く対応し、カスタマイズされた情報を提供することで、強いエンゲージメントを生み出すことが可能です。

ハンズオン：解決策提示

ハンズオンは、具体的なスキルの習得や商品やサービスのトライアルを通じて、参加者に効果を実感してもらうのに最適な形式です。参加者が直接手を動かし、問題解決や効果を実感するプロセスを経験するため、理論から実践への橋渡しとなります。また、細かな疑問や不安にも対応することで、価値提供に向けた合意形成を図ることが可能です。

キャンプ：付加価値

キャンプは、特定のテーマや体験に深く没頭し、高い付加価値を共創する集中型のイベント形式です。特定の分野における深い学習や、新しいアイデアの探求に適しており、参加者に独自の体験と洞察を提供するのに最適な形式です。自社のファンをつくることを目指します。

以上がコンテンツ生成フレームのそれぞれの構成要素の解説です。次節からは、このフレームワークを活用してコンテンツを企画する方法を解説します。

03 コンテンツを企画する

本節では、コンテンツ生成フレームを活用した企画方法と、その注意事項についても解説します。

コンテンツの目的と軸を明確にする

コンテンツの目的と軸は、気をつけていてもブレてしまうものですし、そもそも目的を果たすための適切な軸、形式を選ぶことは非常に難しいことです。ましてや、他社が行っている「クスッと笑ってしまうようなおもしろいコラム」「スマートなテーマを扱ったカンファレンスイベント」などを、ただマネしようとするだけでは自社の特長や目的が伝わりません。**だからこそ、企画中のコンテンツがどの位置づけにあるのかを指差し確認することが重要なのです。**

それでは、いくつかケースを用いてコンテンツ生成フレームを活用しながら企画を考えてみましょう。まずは、目的を「リードを創出するため＝ポジティブな接点創出」と設定したとします。軸は「エデュケーション」か「インスパイア」か「トレンド」である必要があります。ここで「商品やサービスを知ってもらいたいから」という理由で「サービス」を軸に選び、形式も「セッション」のイベント形式を選んだ場合、「自社の商品やサービスを訴求するセミナー」で、リードを創出しようとしていることになってしまいます。**このように整理してみると、目的と軸がブレていることが一目瞭然です。**「リードを創出する」ことが目的であれば、軸を変更することが求められます。イベント形式は「セッション」でも問題はないですが、軸を合わせなければなりません。

例えば「トレンド」を軸にするなら、外部からスピーカーを招いて企画を成立させる必要があるかもしれません。また、今回のコンテンツによって関係者から直接的な商談機会の獲得を期待されるかもしれませんが、「トレンド」を軸にすると、「対話」のフェーズまでに距離があるため、その間を埋めるためのコンテンツやフォローが必要となります。**このように、商談機会の獲得へとつなげていくコミュニケーションシナリオの検討が必要であることがわかります。**

では、別のケースを考えてみましょう。目的を「商談機会獲得＝〝話を聞きたい〟を引き出す」と設定したとします。軸は「ガイド」か「ノウハウ」か「事例」である必要があります。ここでは、顧客からの反応がよいからという理由で「インスパイア」を軸とした「コラム」の形式を選んだとします。すると、「事業に関連するテーマや分野ではあるが、自社の商品やサービスとの直接的なつながりが薄い」記事で、商談機会を獲得しようとしていることになってしまいます。顧客からの反応がよいので「ポジティブな接点創出」には貢献しそうですが、自社の商品やサービスを伝える工夫がなければ、商談機会につながる可能性は低いでしょう。極端な例ですが、「いつもおもしろいコンテンツを紹介してくれるけど、何屋さんなのかわかっ

図解29 見出しは相手が明確に持って帰れること

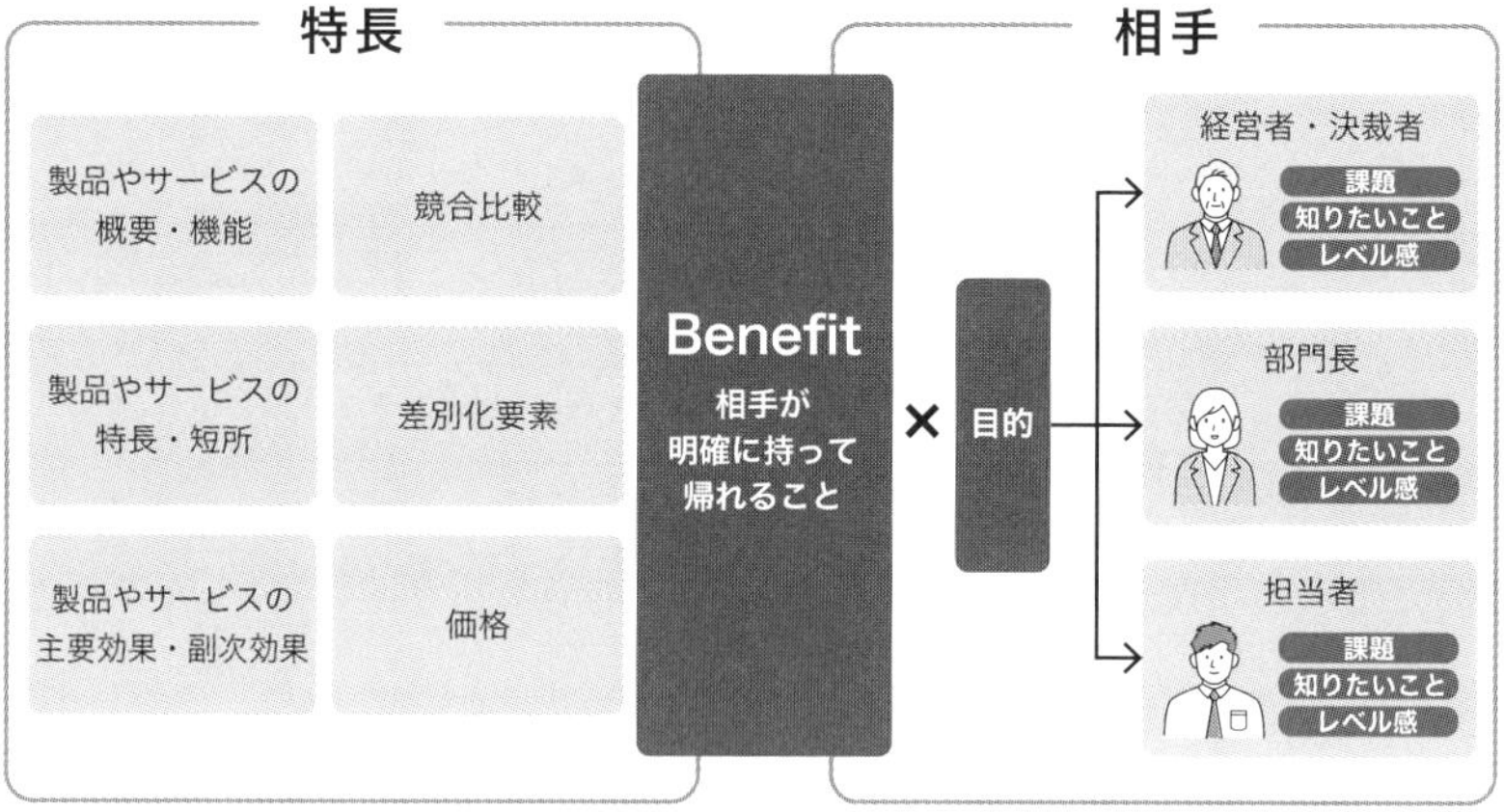

※レベル感とは、リテラシーや課題解決における熱量や危機感など

てない」という事象が発生している可能性があるということです。

自社の商品やサービスを紹介するコンテンツの届け方と頻度は、知識を身につけ経験を積むほど頭を悩ませるテーマだと思います。というのも、顧客が求めているのはあくまでも自分たちの課題を解決してくれる情報であり、決して自社の商品やサービスについて知りたいわけではないからです。だからこそ、マーケターとして努力すべきことは、それをイコールにすることであり、知ってもらうための工夫や積極性を失わず、かといってそれが強くなりすぎないようにバランスを取ることだと考えます。

コンテンツの見出しはベネフィット × 目的で表現する

コンテンツは手に取って見てもらわなければ目的は果たせません。その役目を担うのが、コンテンツの見出しです。見出しはシンプルでありながら、「一目で興味を引くこと」が求められます。受け手の注意を引き、中身や続きが気になる状態に誘導します。**見出しを考える際に重要なことは「相手が明確に持ち帰れる情報を伝えること」です（図解29）。**常に相手の視点で考え、自分がいいたいことよりも、相手に伝えるべき内容を意識します。自社の商品やサービスの「特長」を踏まえながら、「相手」を想定し、自分たちの「目的（相手にどうなってほしいのか）」から、考えるとよいでしょう。コピーライティングのスキルも重要ですが、どう伝えるかよりも「何を伝えるか」を見つけるほうがはるかに難しいです。その際は、自分で書いたものが客観的になっているか見直すために物理的に時間を置くか、しかるべき人に見てもらうことが必要です。1人で必要以上に悩まないように気をつけてください。

フレームワークを使った安易な企画は危険

ここまでフレームワークを使ったコンテンツの企画方法について解説してきましたが、フレームワークに頼った安易な企画は危険です。**コンテンツを企画するうえで最も大切なのは「届けたい、伝えたい」という目的から考えることです。**もちろん、フレームワークに情報を流し込むように企画を考えることは、効率的ですし、コンテンツを企画することに慣れていないうちは積極的に活用すべきです。

ただし、顧客の心をつかみ態度変容を促せるようなコンテンツには、企画者の「届けたい、伝えたい」という情熱が欠かせません。普段、自分の感性にもとづいてコンテンツを企画・制作している方は、そうした熱量をコンテンツに宿すことが得意な方が多いです。とくに、イベント形式のコンテンツは、そうした熱量がコンテンツのクオリティや成果に大きな影響を与え、顧客の体験にも差が出やすいです。

世の中に良質なコンテンツがあふれている中で、ＡＩを活用することで、より簡単に高品質なコンテンツが作成できるようになってきています。なので、単にフレームワークに情報を流し込むようにしてつくったコンテンツは役に立つことはできても顧客の心をつかむような体験を提供することは難しくなるでしょう。顧客の目が鋭く、肥えているからこそ、情報の充実だけでなく、企画者の情熱が宿ったコンテンツが差別化の要素となります。

企画は適度に飽きられるかが大事

もう1つ、コンテンツを企画するうえで1つ大切なことは、「適度に飽きて、完全に飽きないようにする」です。どうしても同じようなテーマのコンテンツをたくさん企画するので、企画者は「飽き」との戦いが常にあります。完全に飽きてしまうと熱量が下がってしまうので、仕掛けが必要です。

小さなプラスαのチャレンジを設定するところから企画を始めてみてください。このチャレンジは、組織の実行力を高める「制限」となるような要素が望ましいです。例えば、セミナーであれば「いつもウェビナーだったけれど、リアルで開催してみよう」とか、「ワークショップを取り入れて体験を提供してみよう」とか、ｅ－Ｂｏｏｋやホワイトペーパーであれば「１００枚のスライドを用意しよう」や「Ｗｏｒｄファイルでダウンロードしてもらえる企画にしてみよう」などです。

このように一見すると無意味な「制限」を設けることで、企画の幅を広げ、創意工夫の余地を生み出し、組織の経験値として蓄積されます。経験値が蓄積されていくと、積極的に大きなチャレンジができる組織になります。

例えば、初めてリアルでイベントを開催する場合、会場や搬入搬出の手配、コーヒーやケータリングの手配などを経験することができます。次回、大型のカンファレンスを企画する際にこれらの経験が役立つでしょう。

このように経験を積み重ねることで、個人や組織として成長し、大きな企画にも自信を持って取り組めるようになるのです。最初から大きなことは絶対にできません。企画時点から小さなプラスaを無意識にでも盛り込みながら企画を練るようにしてみてください。

プロセスマップ（14～15ページ）

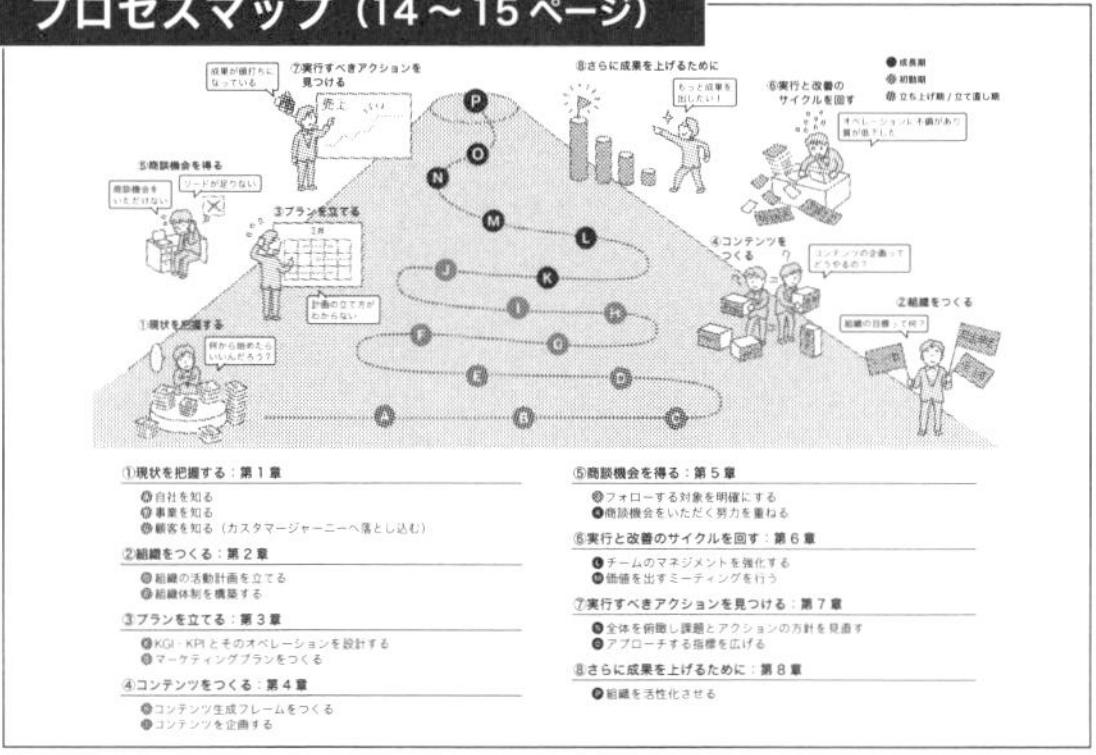

Ｊ フォローする対象を明確にする
Ｋ 商談機会をいただく努力を重ねる

すべてのお客様に対して、もれなく熱心にフォロー活動を行うことは難しいです。成果を生み出すには「フォローする対象を明確にする」ことでリソースを適切に配分し、そのお客様に対して「商談機会をいただく努力を重ねる」ことに尽きます。関係者も増えるため、オペレーションやコミュニケーションにも目を向けましょう。

キーポイントマップ（22～23ページ）

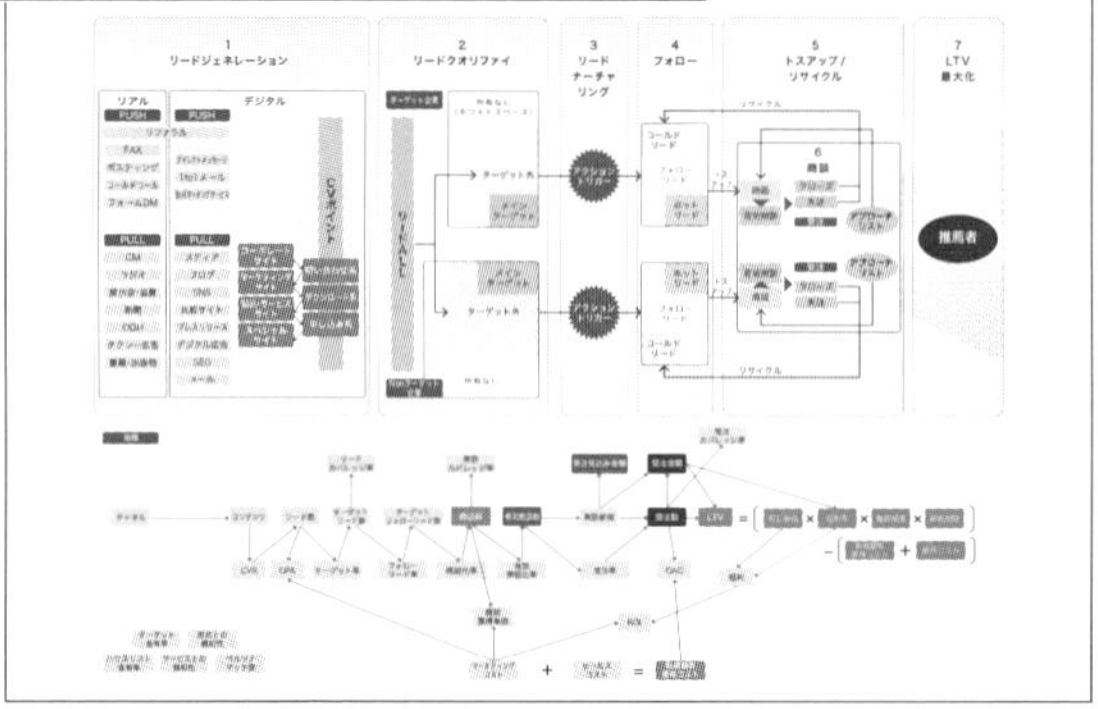

「リードジェネレーション」から「商談」のボトルネックを改善する

「リードジェネレーション」から「商談」までの流れがうまく機能し、循環しているのかを常に確認するようにしてください。滞留が起こりそう、あるいは発生しているポイントがまさにボトルネックとなります。１つの指標を改善するだけでは大きな改善が見込めないからこそ、全体の流れとどの指標を改善するかの見極めが重要です。

アクションマップ（34～35ページ）

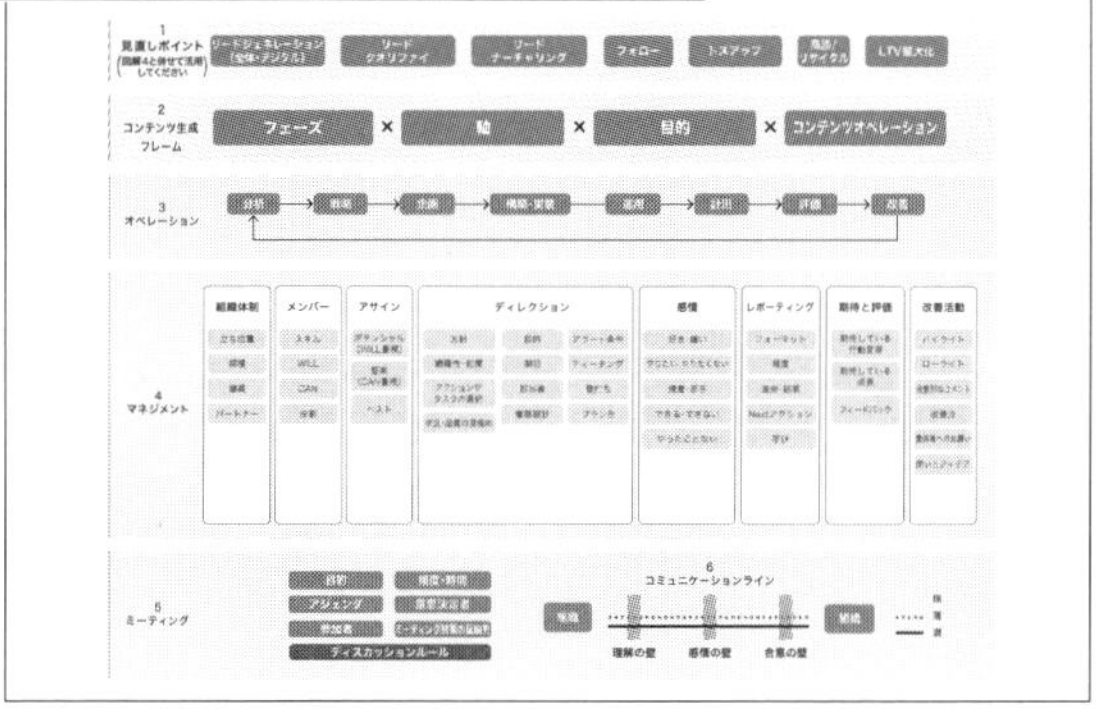

・施策振り返りを行う
・組織のオペレーションとコミュニケーションを確認する

各部署が有機的に連携し、コンテンツが有効活用されなければ商談機会を得ることはできません。「コンテンツ生成フレーム」を活用して企画したコンテンツは目的を果たせているのかの振り返りを行いましょう。また、部署をまたぐ「オペレーション」の構築やその浸透度にも目を配りながら、組織の「コミュニケーション」が分断されていないかの確認も重要です。

第5章

リードへのアプローチ　～⑤商談機会を得る～

本章における
3つのマップの
使い方

　リードを獲得できても、よほど素晴らしい商品やサービスを提供していない限り、こちらから仕掛けていかないと商談機会につながらないのが現実です。獲得したリードに対して適切なフォロー活動を行い、商談機会を得るためのアプローチができる状態を目指します。

01 リードクオリファイを行うための3STEP

リードが足りない、という悩みは尽きません。お会いするマーケターの皆さんが口を揃えていう背景には、「目標を達成するためには新規リードを創出し続けなければいけない」という漠然とした認識があるからでしょう。いくら貯めても足りない貯金と同じで、ただ漠然と貯めているだけではその悩みが解消されることはありません。まずはリードが足りないという状況を整理するところから始めましょう。

図解30をご覧ください。左の図はターゲットが不透明なので、そもそも「リードが足りない」とはいえない状態です。分母が明確ではないのに数だけを見ても過不足はわからないはずです。ここで右の図を見ると、ターゲットとなる顧客が明確だからこそ、その割合を見て過不足がわかりやすくなっています。**リードの過不足は、求めている成果に対する量の話だけでなく、ターゲットとしている顧客に対して、現在保有しているハウスリスト内にあるリードの割合の2軸で見て初めてわかるのです。**

次からは、リードの考え方について整理しながら、最終的にハウスリストと突合し、ターゲットリードの保有状況を明らかにする3つのステップを解説します。

図解30　リードが足りない、という状態

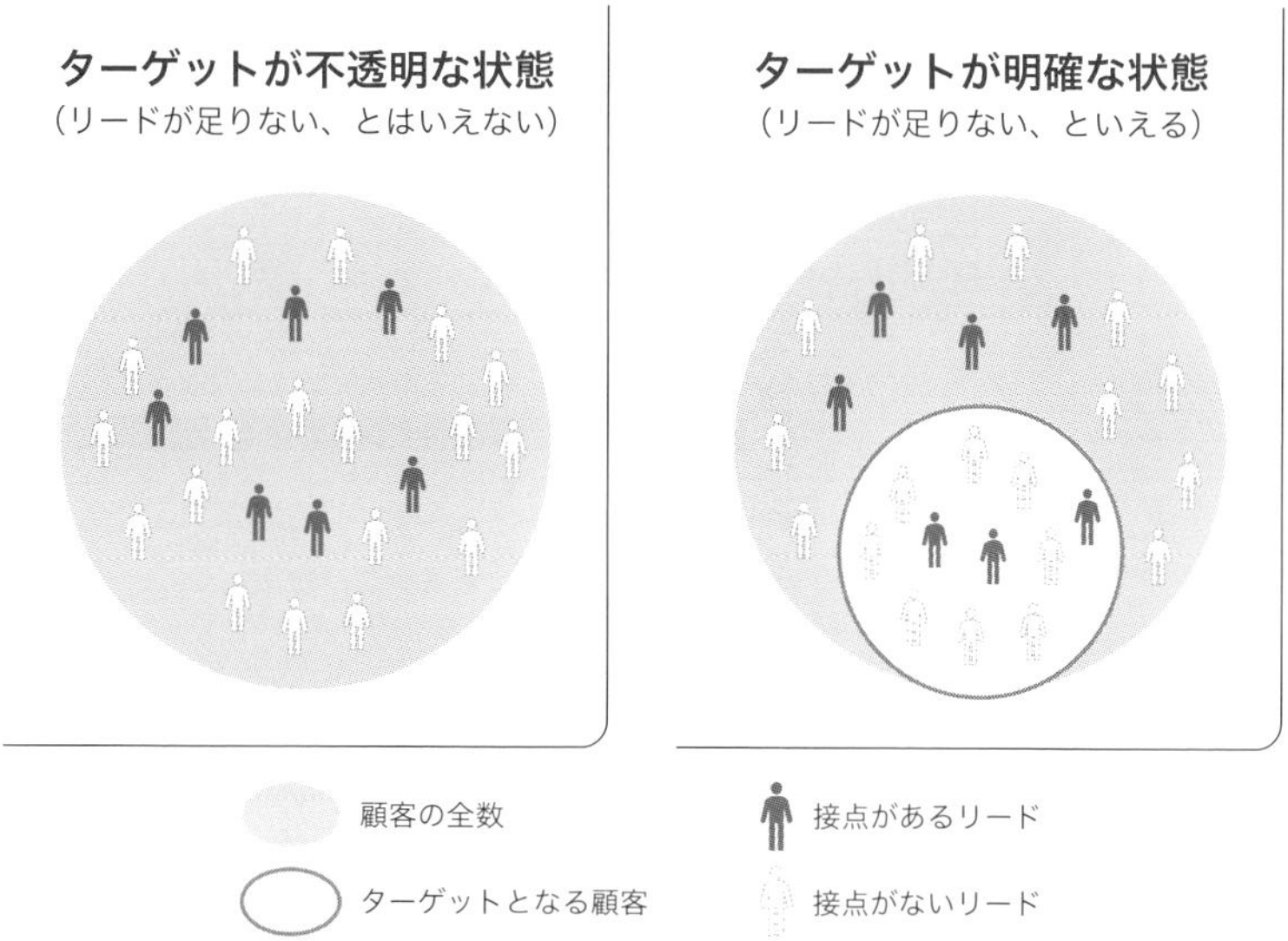

STEP 1 ターゲット企業の条件を決める

ターゲット企業の条件を決めるためには、次の４つの工程で進めていきます。

①実績からの要素抽出

受注や有効商談となったものからターゲットとなる企業の条件を抽出します。売上高や従業員数、業界、事業内容、商談化や受注に至った背景などの情報を広く集めます。

②分析→③仮説、③仮説→②分析

次に、抽出した要素を並べて分析します。分析して出てきた要素をもとに仮説を立てて、さらに分析を行います。売上高や従業員レンジ、業種分類、設立時期や上場区分など、また後述するＡＢＭツールを活用したシナリオでの分析なども有効です。仮説を立てる場合は、組織ペルソナを踏まえながらそ

図解 31　スピーダ 顧客企業分析（旧FORCAS）の画面

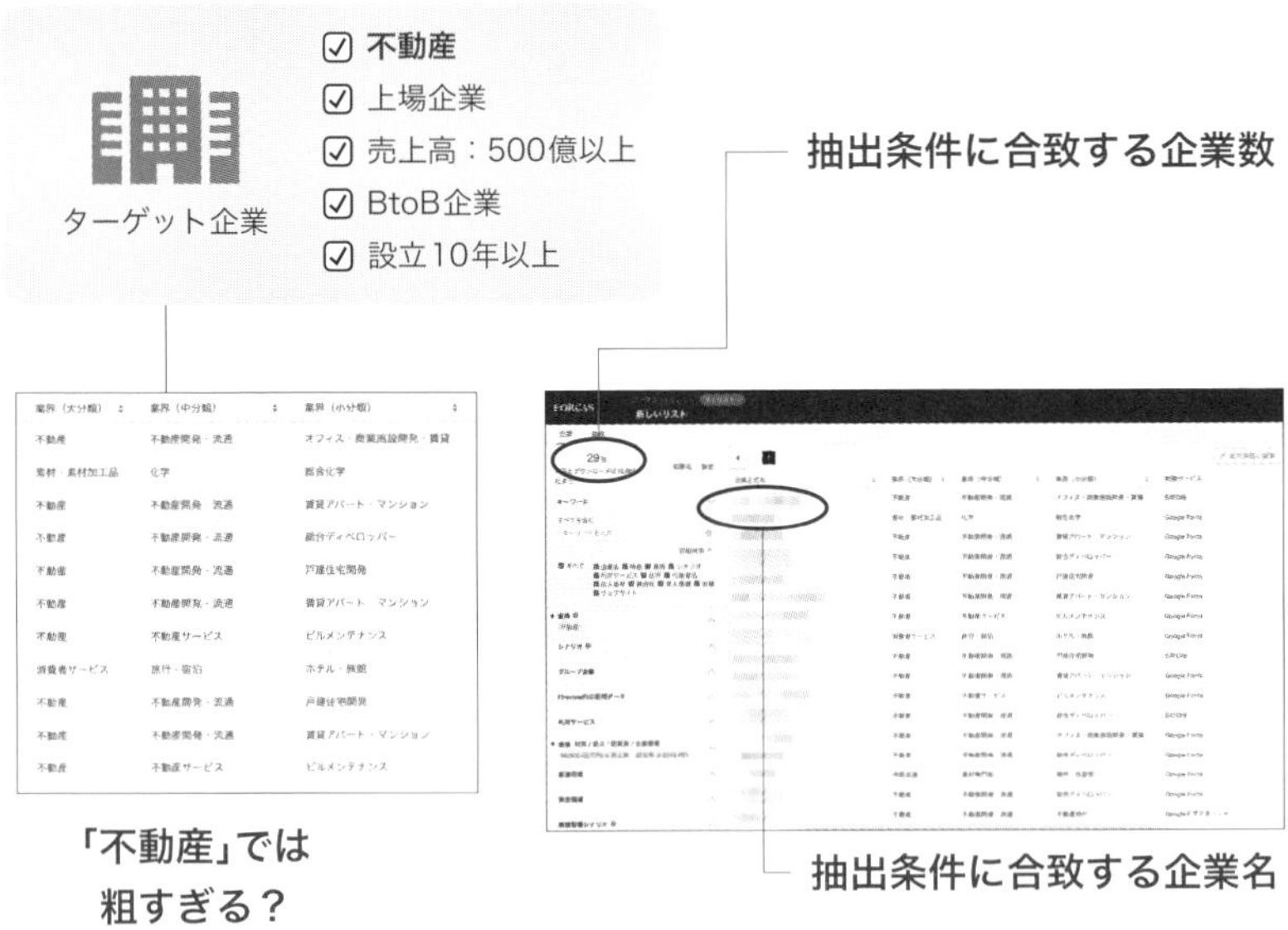

画像出所：株式会社ユーザベース提供。
2024年6月執筆時点の画面。

の背後にあるプロジェクトや組織のミッション、検討のきっかけを言語化していきましょう。また、「スター企業」として具体的な企業名を挙げることも、とても効果的です。むしろここで、スター企業が思い浮かばない場合は、解像度が低い可能性が高いです。

④抽出条件と選定

次に、ターゲット企業の抽出条件の明確化と選定に入ります。ここで重要なのは「具体的な社数と企業名」まで落とし込むことです。ただ、「具体的な社数と企業名」までピックアップするには、何がしかのデータベースを活用し、そこのデータベースから抽出する必要があります。

私がユーザーとして利用していたツールを紹介します。ユーザベース社から提供されているABM・営業DXツールの「スピーダ 顧客企業分析（旧FORCAS）」※です。図解31のように、設定した条件に合致する企業が何社あって、具体的にどの企業なのかを知ることができます。

例えば、不動産という大きな業界分類の中に「不動産開発・流通」「不動産サービス」という中分類があります。小分類であればさらに細かくなります。そのため、「不動産業界」というターゲティングは粗すぎる可能性があります。そして、「スピーダ 顧客企業分析（旧FORCAS）」であれば、抽出条件に合致する企業数とその企業名を一覧で確認することができます。自分たちがターゲットとする企業は実際に何社存在するのか、具体的にどの企業なのか。ここまで具体的に進めることができれば、STEP1の「ターゲット企業の条件を決める」はクリアです。条件だけを決めて、その分母と社名がわからない状態では、ターゲット企業を決めたとはいえません。

STEP 2 メインターゲットリードの条件を決める

続いて、メインターゲットリードの条件を決めます。重要なのは「メインターゲットの条件」と「フォロー対象としての条件」は別ものとして考えることです。混同しやすいですが、別々に考えて把握できるように設計しましょう。

メインターゲットリードであるかどうかの条件はシンプルです。企業の条件を除いた、リードそのものの情報にもとづいて判断できる情報です。例えば、部署の区分や役職の区分、決裁権の有無などです。明確に

※「スピーダ 顧客企業分析」のWebサイト https://jp.ub-speeda.com

図解32　ターゲットのグラデーション

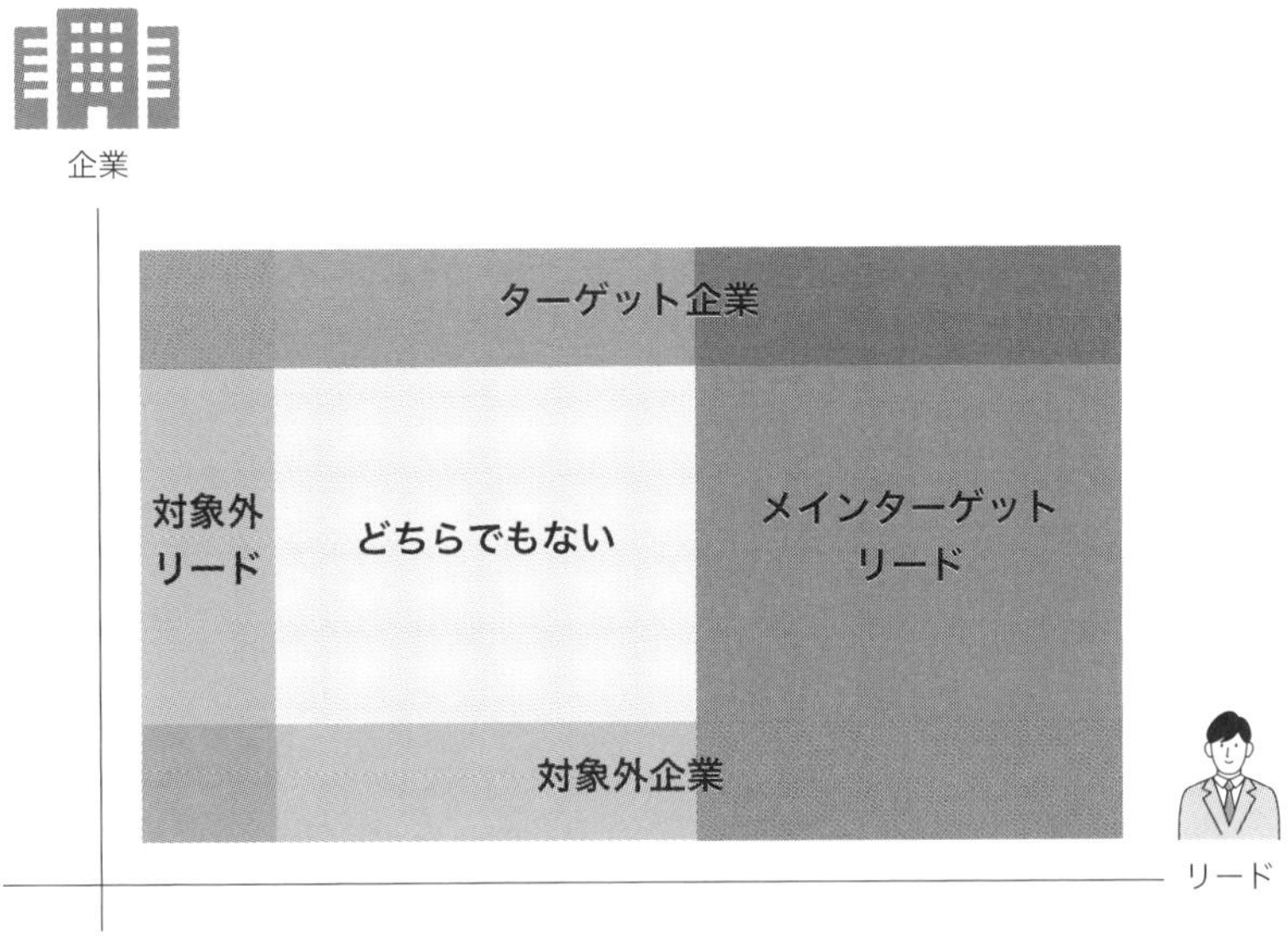

扱えるものを条件にしてください。

多くの場合、ターゲットの話をすると「ターゲットか対象外か」の2つに厳密に分類できると考えられていますが、私はそうではないと思っています。ターゲットを決める際は「メインターゲットか対象外か」だけではなく、図解32のようにグラデーションがかかるということをイメージするとよいと思います。

縦軸は企業に対するターゲット条件とのマッチ度合い、横軸はリードとのマッチ度合いを表します。ターゲット企業であってもメインターゲットではないリードが存在する一方で、メインターゲットリードであってもターゲット企業ではないこともあります。図解32の「どちらでもない」に属するリードがボリュームゾーンになることも多々あります。また、マーケティング戦略や営業戦略によっては、条件を緩めてターゲットとする幅を広げながらも、対象外とする条件を明確にするパターンや、条件を厳しくすることでターゲット企業のメインターゲットリードのみをフォローの対象にする、ということもありえます。両方のアプローチとも「どちらでもない」というリードが存在しないようにすることを目指す戦略です。自社のアプローチを考慮し、現状と理想を考えてみてください。

STEP 3 ハウスリストと突合する

ターゲット企業とメインターゲットリードの条件が決まったら、ハウスリストとの突合を進めていきます。図解33のように、ターゲット企業、ターゲット外企業（Ｎｏｎターゲット企業）のそれぞれにおけるリード、メインターゲットリード数とその社数を明らかにしましょう。カバレッジ率は、ターゲットとする企業に対して、実際にリードを保有している企業の割合を示します。

ハウスリストと突合して、現在の保有状況を明らかにするためには、企業単位や顧客単位で取引情報や接点情報、活動情報、商談の内容などが蓄積・閲覧・更新できるデータベース（ＣＲＭ／ＳＦＡ）の準備と名寄せ（異なるデータソースから収集された顧客情報を一致させるプロセス）が必要不可欠になります（図解34）。

これまでの３ＳＴＥＰを踏むと、ターゲットとする企業を分母にし、そこから自分たちが保有しているリードの社数が何社あるか、そこにあるリードの中に、メインターゲットであるリードが何人いるかがわか

図解 33　ハウスリストとの突合

項目	リードALL	メイン ターゲット リード	リード保有 カバレッジ率	メイン ターゲット リード保有 カバレッジ率
ターゲット企業 （800社）	1,520	350	40% （320/800社）	30% （240/800社）
Nonターゲット 企業	5,000	800	-	-

図解 34　名寄せとは？

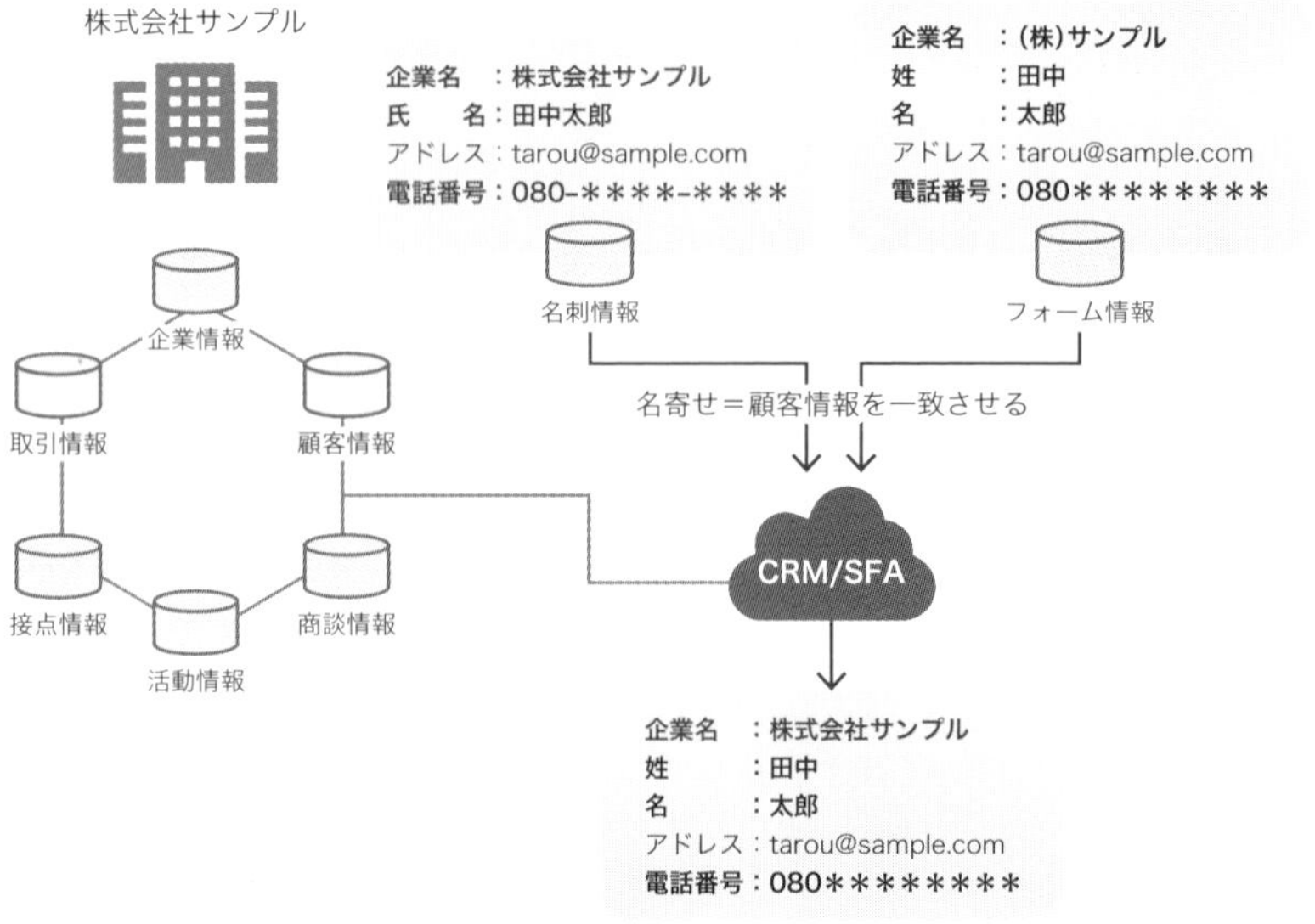

るようになります。こうした数字を踏まえながら見てみると、「自分たちはリードが足りないのか」、「リードはあるけど、商談が足りていないのか」がわかるようになります。こうした数字の把握なく、ただ漠然と「リードが足りない」と嘆いたり、「マーケティング組織はリードを創出するのがミッションだ！」と頑なになったりして、リード創出に取り組んでしまわないよう、客観的かつ冷静に見るようにしましょう。

02 リードナーチャリングからフォローへとつなげる

ハウスリストの状態を確認した後、メインターゲットリードに対してコンテンツを通じたアプローチを行い、フォロー対象として引き上げる「リードナーチャリング」の施策を実行していきます（図解35）。ただし、リードナーチャリングが何をもって実施されたかを明確にするのは難しいです。言葉の意味に惑わされず、その目的から理解することが大切です。

リードナーチャリングとは何か？

リードナーチャリングの目的は以下の3つです。

1：コンテンツを通じてフェーズを前進させること。
2：コンテンツを通じて「感動貯金」をし、自社の商品・サービスに対する「理解度レベル」を高めることで未来のフォローリードとなる顧客の母集団形成を行うこと。

図解 35　リードナーチャリングとは

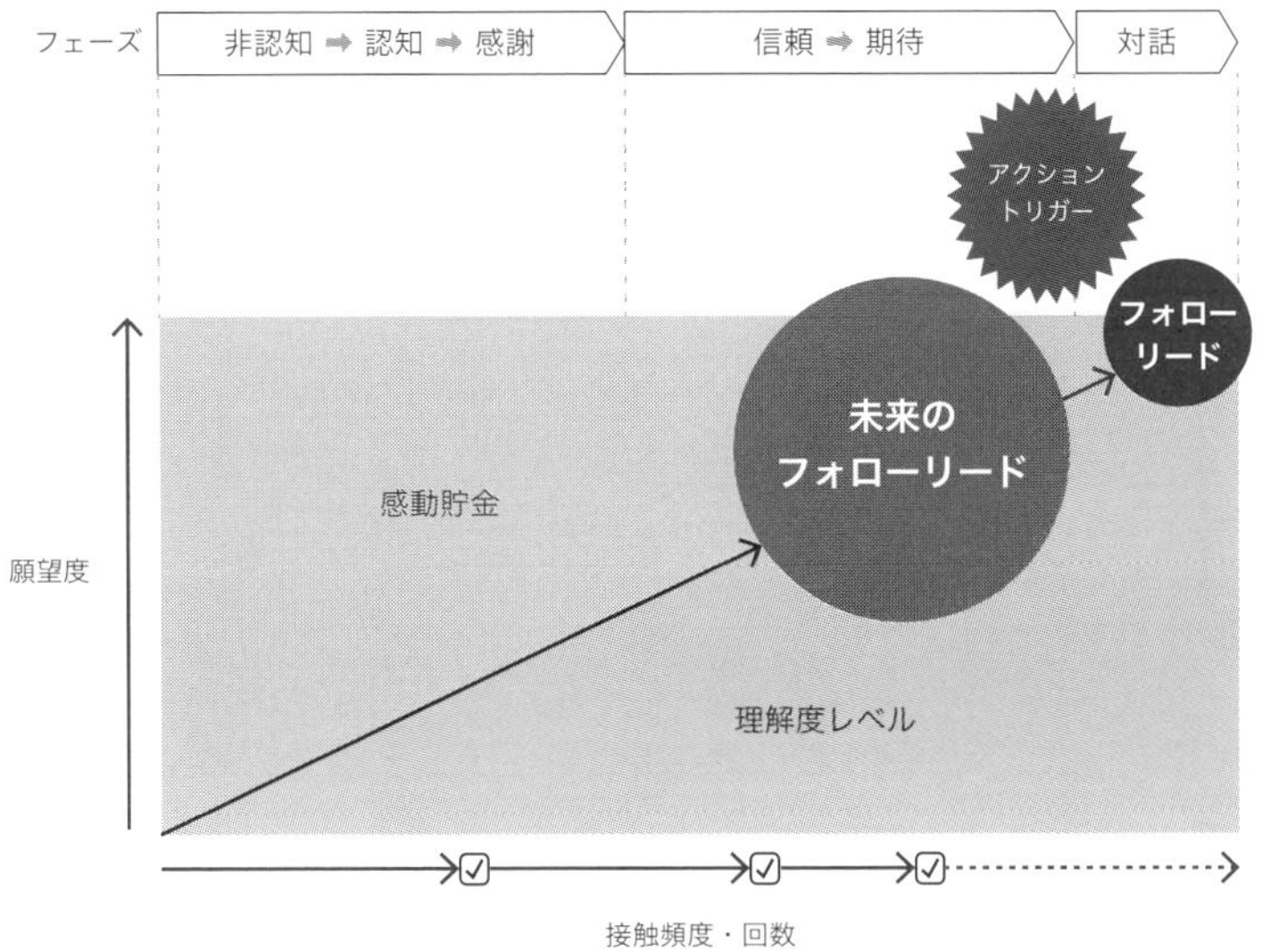

3：顧客の「アクショントリガー」を検知しフォロー
対象に引き上げること。

アクショントリガーとは「顧客が行動を起こした瞬間」のことを指します。アクショントリガーを捉えることでフォロー対象へと引き上げ、顧客に合わせた対応を行います。取り組みや施策を単体で見れば、どれか1つの目的で実行することもありますが、リードナーチャリング全体で見ると1～3すべての目的を果たしていることが求められます。

では、リードジェネレーションのためのコンテンツでリードナーチャリングはできるのでしょうか？コンテンツを提供することで接触頻度や接触回数を増やすことにはつながりますし、感動貯金を貯められるコンテンツであればポジティブな印象を持ってもらうことはできます。ですが、**商品やサービスの理解度レベルを高めるためのコンテンツとアプロー**

チがセットでなければ、リードナーチャリング施策としては成果が見込めないといえるでしょう。リードナーチャリングを実行していくためには、役に立つ、楽しんでもらうためのコンテンツだけでは不十分で、勇気と自信を持って自社の商品やサービスを知ってもらうための施策を実行するのが「リードナーチャリング」である、と理解しましょう。

フェーズを前に進めるためには、体験と接点の連続性を提供できる状態を目指しましょう。コンテンツ生成フレームを確認し、提供しているコンテンツが特定の軸に集中しすぎていたり、あるいは特定の軸が抜けていたりしないかを確認してみてください。また、理解度レベルを高めることに必死で、商品やサービスの告知ばかりを行っていないかも確認が必要です。大切なのはそのバランスです。

ただ、ここで注意すべきなのは「段階的にフェーズを進めてもらうことを強要しない」ということです。例えば、ステップメールでそれぞれの軸ごとのコンテンツを順番に送ることはイコールではありません。あくまでもリードに対して、コンテンツの軸や形式の選択肢を複数提示できる状態を目指し、それを提供することにより、顧客と自社の双方が望むフェーズ進行を実現することです。リードナーチャリングは、こうした一連の取り組みをつなげていくことであると理解できれば、横文字に惑わされることもなくなるはずです。

アクショントリガーを検知する

次に、顧客の「アクショントリガー」を検知するためのＣＶ（Conversion：コンバージョン）ポイント

図解36 CVポイントの種類

問い合わせ系

・問い合わせ
・資料請求
・デモ依頼
・サンプル依頼、貸し出し依頼
・見積もり依頼

など

ダウンロード系

・サービス資料
・ホワイトペーパー、e-book
・比較表
・事例集

など

申し込み系

・メルマガ登録
・セミナー／ウェビナー／イベント申し込み
・会員登録
・体験会
・簡易診断

など

について見ていきましょう。CVポイントは大きく分けて3種類あります。「問い合わせ系CV」「ダウンロード系CV」「申し込み系CV」です。それぞれ、図解36で示した通りです。CVポイントを整備することはリードジェネレーション施策の実行だけでなく、リードナーチャリングにおいても非常に重要です。**まずは自社のWebサイトを確認し、それぞれのCVポイントがどれくらいあるかを確認するようにしましょう。**

なお、CVポイントは「ページ」「フォーム」「サンクスページ」「サンクスメール」「コンテンツ」で1セットです。コンテンツのクオリティにこだわるだけではなく、コンテンツを訴求する「ページ」、CVした後の「サンクスページ」と「サンクスメール」も重要です。関連する他のコンテンツを案内できているかをすぐにでも確認しましょう。余談ですが、マーケティング組織に新しい方が配属されたら、画面共有しながら30分～1時間ほど、サイトをチェックしてもらうことをオススメし

図解37　フォームの見直しポイント

- 必須と任意の使い分け
- 入力制限の明記（半角のみ、など）
- 参考例の明記（080-＊＊＊＊-＊＊＊＊、など）
- エラー表記の有無、わかりやすさ
- 入力補助（郵便番号入力で住所に変換可能、など）
- ボタン、項目の名称（例えば電話番号や携帯電話番号ではなく「つながりやすい連絡先」という名称にするなど）
- ステップ表示（入力→確認→完了、など）

ます。その方は、迷ったり、違和感を覚えたりするところを顧客に近い存在でフィードバックができるからです。どうしても自分たちだけだと気がつきにくいこともありますので、ぜひ試してみてください。

また、「フォーム」はCVRに大きな影響を与えます。回答しやすくするため、フォームの項目数を少なくしましょう。ただし、企業やリードを評価するために必要な項目は削ってはいけません。同時に、不要な項目がないかも確認しましょう。例えば、住所や郵便番号を何にも使っていないのであれば、フォームの項目から削除します。施策や取り組みに必要な項目は残しつつ、目的に応じて追加していきます。フォームの見直しポイントは図解37の通りです。

CVポイントごとに適切なフォームを準備するようにしましょう。例えば、ホワイトペーパーのダウンロードページで決裁権について聞くことや、問い合わせフォームで予算を聞くことは、顧客にとってネガティブに映るかもしれません。一方で、見積もり依頼の場合は別です。予算を聞いておいたほうが、適切な対応や提案を行うことができます。このように、CVポイントの種類や想定される顧客の目的に合わせてフォームの項目を変更することは双方にとって有益です。

MAツールの活用

ここまでコンテンツやCVポイントについて解説をしてきましたが、MA（マーケティングオートメーション）ツールを活用することで「アクショントリガー」の検知幅を広げることも可能です。MAツールとは、次の1～4を実現することができるツールを指します。

1：リードのデータとステータスを一元的に管理・把握できる。
2：リード別に特定のアクションや頻度を計測できる。
3：検知したリードの行動やそこから想定される状況に合わせて最適と思われるアクションを（一部自動で）実行できる。
4：ページ作成やフォーム設置、メール配信などを通して顧客にアプローチができる。

サービスによって機能の有無や得意なことが異なりますが、代表的なMAツールの6つの機能について図解38をご覧ください。

MAツールを活用することで、各リードの行動を検知し、事前に設計したアクションを実行することが

図解38 MAツールの代表的な6つの機能

リード管理

名刺データやオンライン上のフォームなどにより登録された**リード情報を管理可能。**CRMや名刺管理ツールなどとも連携が可能なツールが多い

メール作成・送信

HTMLメールやテキストメールを送る機能。A/Bテスト機能を使った検証を行うことも可能。**メール本文のURLクリックなどによりブラウザとリードを紐づける**

リード分析

リード単位でサイト閲覧やコンテンツのDLなど**デジタル行動を把握することが可能。**リードの行動に対して点数をつけ態度変容を察知するスコアリング機能がある

ページ・フォーム作成

ページやフォームの作成が可能。ページのドメインはMAツール独自のものになる。**フォームの項目やレイアウトもカスタム可能なためCVR改善にも着手しやすい**

リード抽出

リード情報にもとづき、**特定の条件に合致するリードを抽出しリスト化する機能。**シナリオ機能と組み合わせ、メール送信や担当者への通知などのアクションが可能に

シナリオ設計／実行

MAツールが得意とする「自動化」の役割を担う。リストへの追加や除外、メール送信、営業への通知、CRMなどへの外部ツールとの連携などが主。**ツール差が出やすい**

可能になります。MAツールはリード管理の機能も備えているため、行動情報のログを蓄積することで、接触頻度や回数をスコア化することもできます。ただし、行動の結果による累積スコアも重要ですが、行動変容の瞬間をキャッチすることのほうが大切です。

次に示すキラーコンテンツとの接触は、顧客の行動変容の瞬間をキャッチするのに適しています。その検知した情報をもとに担当者に通知を送ったり、リードに対して自動でメールを送信したりすることも可能です。

■キラーコンテンツ例
・比較表　・導入フローや契約手続き　・参考費用　・見積もりシミュレーション
・操作などのデモ動画　・事例（予算や効果などが数字で記載されている）
・お客様インタビュー　・導入実績　・保守サービスなどの具体的な内容

これらのキラーコンテンツが、自社のWebサイトに掲載されていること、そしてリードのブラウザ（Google chromeやSafari、Firefoxなど）とCookie（閲覧したWebサイトのサーバーから発行される小さなテキストファイルのこと。Cookieによって、ユーザーの情報が一時的にブラウザに保存される）が紐づいていることが条件ですが、リードの来訪とキラーコンテンツの接触を検知することができれば、フォローを行うにあたって極めて有益な情報となります。

03 フォローを通じて商談機会獲得を目指す

前述の通り、メインターゲットリードの条件とフォロー対象の条件は分けて考えるべきです。ここからは、商談機会を獲得するための「フォローリード」に対する理解を深め、フォロー対象となるリードをどのように選ぶかを考えていきます。

その前の注意点として、**フォローするリードに優先順位をつける必要が出てくるのは、フォローを行うリソースに対してフォロー対象となるリードがあふれている状態が続くときです。**もし、フォローするリソースが豊富にありフォロー対象となるリードが不足している場合は、すべてのフォロー対象に対して丁寧にフォローを行います。

では、フォローするリードに優先順位をつける必要が出てきたとき、どのように考えればよいのでしょうか？　**まずはメインターゲットリードを「企業軸」と「リード軸」の2軸で評価します。**その際、企業軸のほうが優先度は高くなります。なぜなら、ターゲット企業ではないターゲットリードよりも、ターゲット企業でターゲットリードではないほうが実際に商談化し受注につながる可能性が高いからです。対話した方から紹介をもらえることになった場合、ターゲット企業のリードを獲得できることになるので、まずはターゲ

図解39　フォローの優先順位

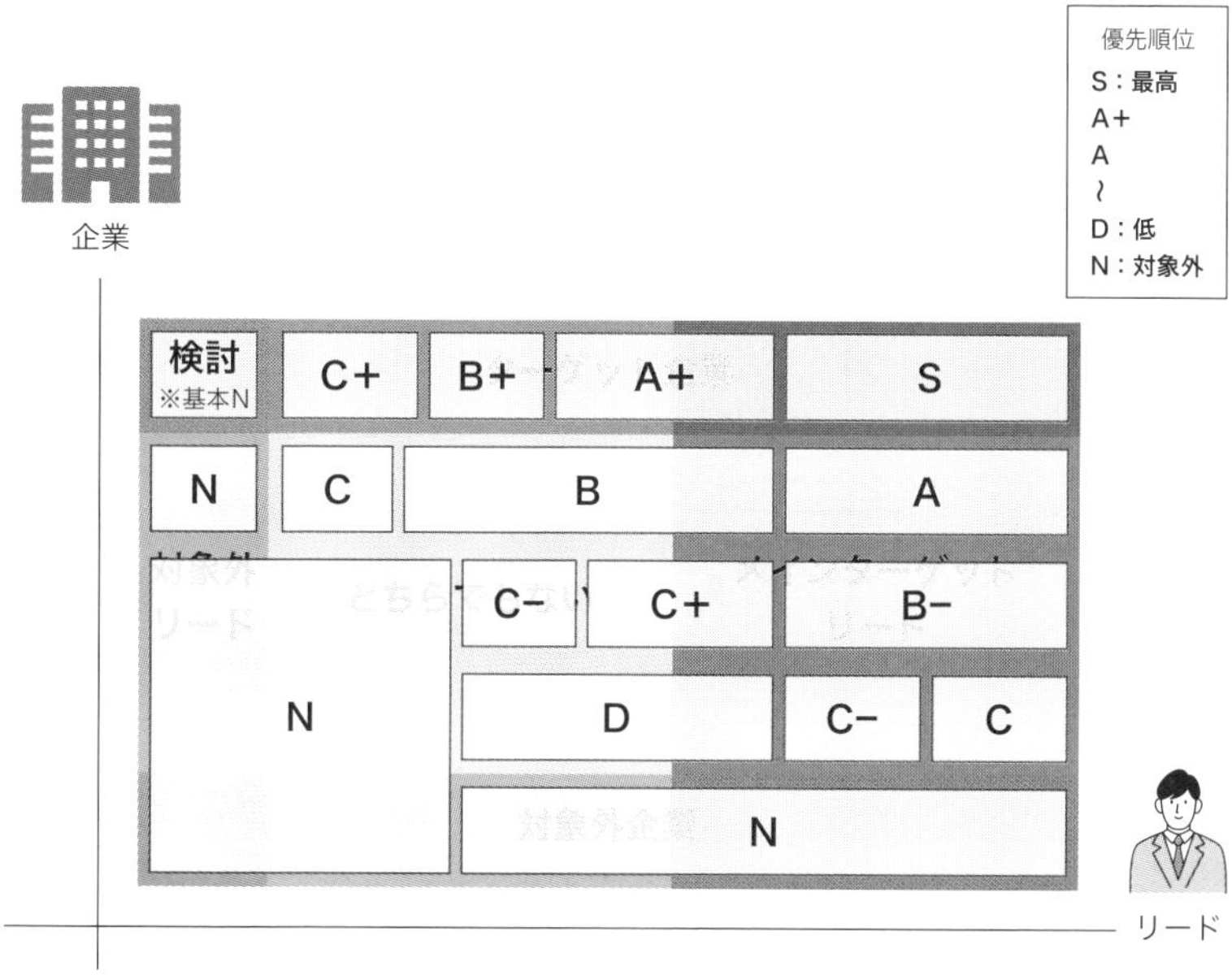

ット企業であるリードを優先的にフォローするようにしましょう。フォローにおける優先順位の考え方は図解39の通りです。図解32も併せてご覧ください。優先順位のつけ方を具体的に見ていきましょう。どの要素で優先順位をつけるかの考え方は事業内容によって異なりますが、例として「B+」「B」「B−」の違いを挙げます。リードの軸は「所属部署」と「役職」で判断することとします。

「B+」はターゲット企業だが、所属部署か役職がメインターゲットとは異なるリードです。その方とのコミュニケーションを通じて、部門を超えるかトップアプローチのために駆け上がる必要があります。続いて「B」はターゲット企業ではないがターゲット企業の条件の多くと合致しており、所属部署も役職もメインターゲットに近いリードです。ターゲットとしている部門の担当者クラスのリードが考えられます。「B－」は、ターゲット企業ではないがターゲット企業の条件の一部と合致しており、所属部署も役職もメインターゲットのリードです。企業規模はターゲットと異なるが、決裁権を持った責任者クラスのリードが考えられます。優先順位は解説した通りですが、実際のフォロー条件については次項にて解説します。

フォローの条件は基準と意思で決める

ここまでターゲット企業と、メインターゲットリードの条件を決め、それらにもとづいて優先順位を明確にしました。実際にフォローするかどうかの判断には、「リードの評価」と「フォローの優先順位」に加え、リードの「フェーズ」ごとにフォローするかどうかを決めていきます。この場合のフェーズは、コンテンツ生成フレームで定義したフェーズを使い、リードがどのフェーズに位置しているかは、コンテンツへの接触などの行動の検知、アンケートなどのデータをもとに、仮説や推定によって判断します。図解40をご覧ください。

図解40で示した例のように、例えば、「認知」フェーズのリードについては、ターゲット企業かつターゲットリード（この場合であればS）であればフォローする、といった考え方です。「期待」フェーズであるリードについては、リードの評価も低くフォローの優先順位も低いリードではありますが、商談機会につながる可能性が高いリードなので積極的にフォローする、という考え方です。

ポイントはフェーズごとに分け、優先順位をもとにフォロー対象とするか否かを判断することです。「認知」フェーズのリードは商談機会に至るまでに時間がかかることが想定されますが、ターゲット企業でありメインターゲットでもあるリードなので、丁寧なフォローを行うことで時間はかかっても受注につながる可能性の高い商談機会につなげられるでしょう。

一方で、「期待」フェーズまで引き上がるのを待つのも手ですが、せっかく狙い通りのリードが目の前にいるのに、待つだけでは望むような成果は出せません。だからといって執拗に電話をかけるのではなく、まずは1対1でコンテンツを案内したり、サービスを紹介したりすれば、商談機会へとつなげられるかもしれません。

リソースは有限だからこそ、どのリードに対してフォローを行うのかを慎重に考える必要があります。

リードの質とは何か?

リードの「質」についてはさまざまな議論がありますが、「質のよいリード」とは、何でしょうか? 私は、「質のよいリード」とは、顧客と自社のそれぞれが望む購買プロセスと商談プロセスに到達できるリードである、と考えています。私が考える双方が望むプロセスを図解41にフェーズごとに示しましたので、参考にしてください。一方的に「『期待』フェーズのリード＝質が高い」という考え方や、その瞬間「だけ」を切り取ってリードを判断することは、顧客の行動変容を考慮できていません。あえていうなら、優先度Sのリードはどのようなフェーズであれ、自社のターゲット評価では「質がよい」はずなのです。後は丁寧にコ

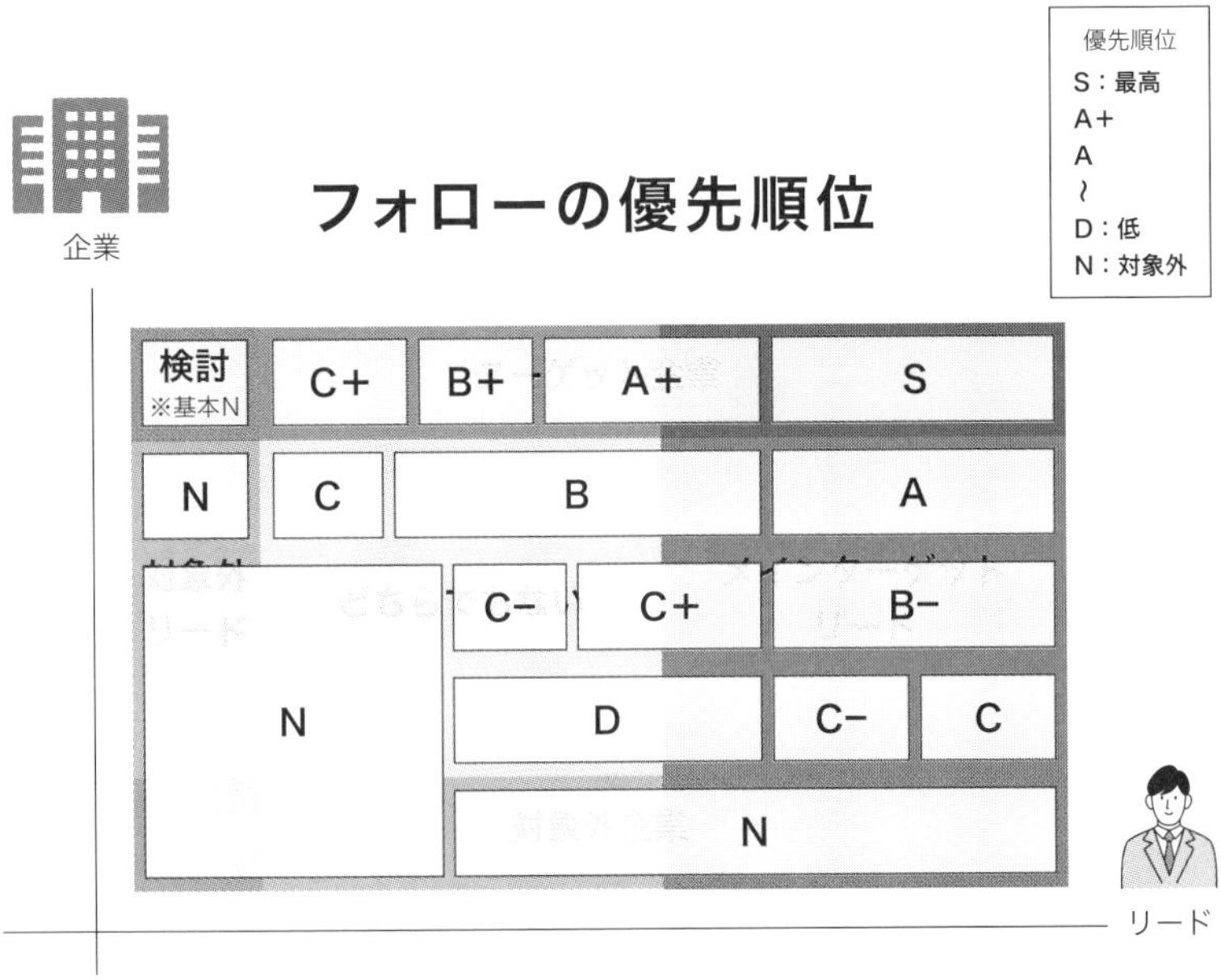
フォローの優先順位
優先順位
S：最高
A+
A
~
D：低
N：対象外
企業
検討
※基本N
C+
B+
A+
S
N
C
B
A
C−
C+
B−
N
D
C−
C
N
リード

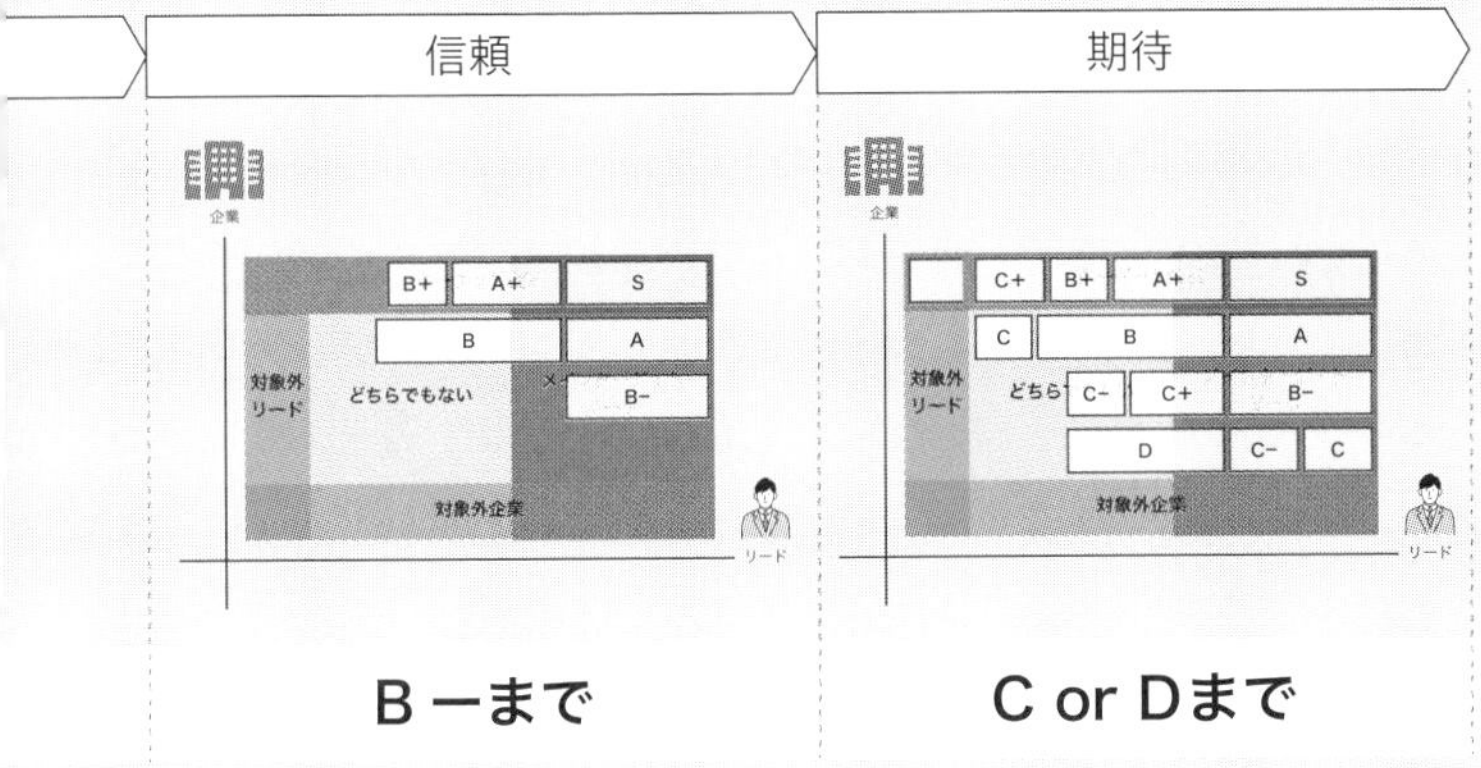
信頼
期待
企業
B+
A+
S
B
A
対象外
リード
どちらでもない
B−
対象外企業
リード
B ーまで
企業
C+
B+
A+
S
C
B
A
対象外
リード
C−
C+
B−
D
C−
C
対象外企業
リード
C or Dまで

図解 40　フォローの条件

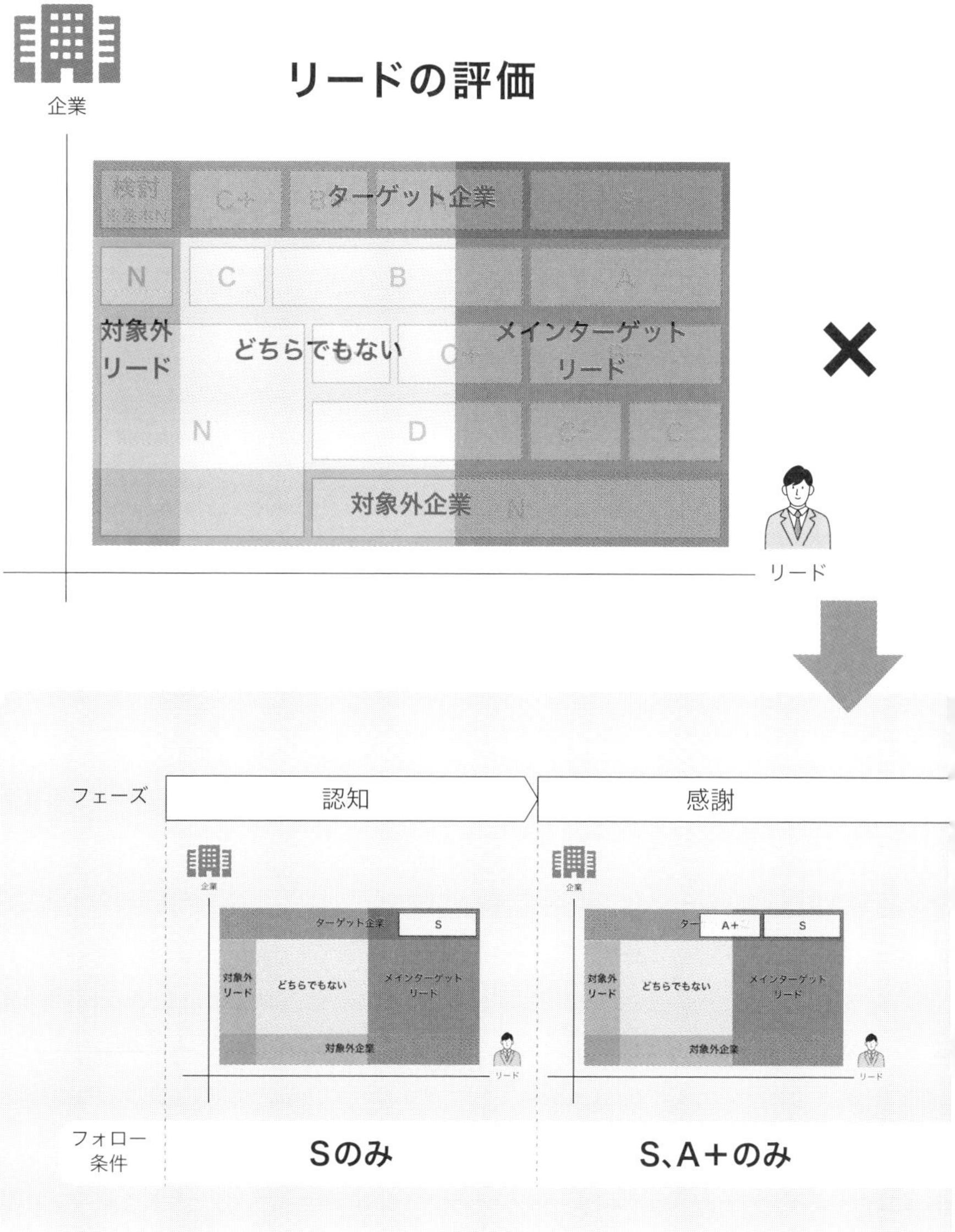

図解41　双方が望むプロセス

フェーズ	認知	感謝	信頼	期待
プロセス				
対面商談	×	×	△	○
オンライン商談	×	△	○	◎
電話	△	△	○	◎
メール	○	○	○	○
コンテンツ案内	◎	◎	○	△
資料送付	△	○	○	△
提案	×	×	△	○

ミュニケーションを重ねることで商談機会や受注へとつなげていくだけです。

電話での積極的なアプローチは顧客によくない体験を与えてしまう可能性が高いですが、自分たちが自信を持って価値を提供できると思えるのであれば、積極的に電話をかけることは正しい営業活動だと思います。しかし、メールだけのコミュニケーションに偏らないように注意が必要です。資料をダウンロードしたらすぐに商談を希望される方もいれば、電話で少し話を聞きたい方もいます。大切なのは、顧客が望む購買プロセスに寄り添い、複数の選択肢を提示できることだと思います。

また、求められるリードの質は、事業のフェーズや営業の状況によっても変わることも念頭に置いておきましょう。事業を立ち上げたばかりで、商談の経験を積みたい場合は積極的にリードを獲得する必要があるかもしれません。その場合は、「認知」のフェーズでもプッシュのフォローが有効になることは起こり得ます。

04 トスアップとリサイクルの条件を決めて循環をつくる

商談機会を獲得した後は、トスアップと、リサイクルという取り組みが必要です。トスアップは、商談機会の詳細を、事前のヒアリング内容や接点の情報などのそれまでの顧客のコミュニケーションログと一緒に営業へ引き渡す取り組みを指します。リサイクルは、失注やクローズとなった商談のリードをそれまでのコミュニケーションログとともに、フォロー対象の担当者に引き渡す取り組みを指します。

トスアップとリサイクルの設計とそれを実現するオペレーションを構築することで、獲得したリードやコミュニケーションのログが資産としてストックされます。マーケティングやインサイドセールスがつくったリードや商談機会をしっかりと受注につなげ、かつできるだけ無駄にしないオペレーションをつくり、回すことは、リードを創出することと同じくらい重要です。この取り組みは、マーケティング組織がメインで担当する範囲ではないかもしれませんが、責任を持ってオペレーションの構築と運用をすることが求められます。

トスアップの条件を決める

トスアップの条件を決めるための5つのアプローチを紹介します。これらの条件はインサイドセールスと営業で決定され、必要に応じて見直しを行うものです。また、マーケティング施策にも生かせる要素でもあるので、条件の決定や運用にはマーケティング組織も積極的に関与する必要があります。

1：受注した企業の分析

受注に至った企業の特性を分析し、その結果をトスアップの条件設定に生かします。売上高や従業員数などの定量的なデータだけでなく、自社のサービスや商品に関連する業界特性や市場ニーズ、ヒアリングを通じて得た顧客の課題や期待など、幅広い指標を考慮します。この段階では、受注の背景にある要因を多角的に理解し、適切な条件を導き出すことを目指します。

2：受注した商談の分析

受注につながった商談の背後にある動機や決定の理由を分析します。顧客が検討を始めた背景や導入を決めた具体的な要因など、定性的な情報の収集と分析が不可欠です。この情報をもとに、顧客が自社の商品やサービスに価値を感じるポイントを把握し、トスアップの条件に反映させることで、より質の高い商談機会を創出することを目指します。

3：分析結果のすり合わせ

企業情報と商談情報の分析結果から導き出された条件を、営業との実感や肌感覚と照らし合わせるプロセスです。営業の経験と直感にもとづく知見を取り入れ、設定した条件が実際の受注シナリオとマッチするかを検証します。確認作業を通じて、受注への影響度を精度高く判断し、最適な条件を導きましょう。

4：設定した条件での供給量の確認

営業と合意した最終的に設定された条件にもとづき、十分な量の商談機会を提供できるかを確認・検証します。供給量が不足する場合は、条件の見直しや緩和を検討し、営業活動を支援するための十分な商談機会を確保します。このステップでは、質と量のバランスを見極めることが重要です。

5：除外条件の設定

トスアップの条件を明確にしたことにより発生する「取りこぼし」を減らすために、除外条件を検討し、設定するようにします。具体的な条件例としては、料金比較表をダウンロードしているなどの行動履歴や、役員との面談を取り付けた、などが挙げられます。除外条件を設定し、構築したオペレーションに担当者の判断の余地が入るようにすることで、より質の高い商談機会が営業にもたらされることを目指します。

とくに「4：設定した条件での供給量の確認」と「5：除外条件の設定」が重要です。営業との信頼関係やインサイドセールスの力量にも関わってくる部分です。最初からしっかりとした商談はトスアップできないので、質を重視するためにもまずは量を提供し、フィードバックの機会を増やす中で質を上げていくことが大事です。ですので、「一度決めたら変えられない！」というものではなく、状況に応じて柔軟に変更していく運用が望ましいです。

失注・クローズにしたリードや商談の循環をつくる

失注やクローズに至った商談やリードを再活用し、次の商談機会につなげるためのオペレーションを実行することは、マーケティング施策の成果を最大化し、事業を成長させるためには不可欠です。失注・クローズの理由を詳細に分析し、それぞれに適した具体的なアクションプランを立てることが重要です。図解42に失注・クローズの理由とアクション例をいくつか示します。自社の状況に当てはまるものがあるかどうかを確認し、現在のオペレーションの改善に取り組んでみてください。

これらはあくまでも一例でしかありません。重要なのは、失注やクローズとなった商談に目を向けて次の機会につなげていく意思を全員で持つことです。せっかく獲得したリードや商談の機会を一過性のものにするのではなく、循環をつくろうとする意思が中長期的な成果につながります。

また、これらの取り組みはシステム上のオペレーションにも関連しています。失注やクローズに処理した

図解42　失注・クローズ理由

1）有効商談化の芽なし

お客様が抱える課題と自社のサービスや商品に乖離がある

〈アクション〉

有効商談化の芽がないと判断されたリードや商談については、リサイクルの対象からは除外する。ただし、将来的にはニーズが合致する可能性もあるため、一定期間ごとに状況の見直しを行い、市場の動向や自社サービスの変化を踏まえたうえで、再度アプローチの機会を模索する

2）他社に決定

他社のサービスや商品に決まった、あるいはコンペに負けた、など

〈アクション〉

失注の詳細な理由を分析し、その情報をもとにマーケティング戦略やターゲティングの改善、商品・サービス開発の参考にする。失注したリードについては、失注理由が払しょくされていない限り受注につながる可能性は限りなく低いため、失注理由を明確に記録として残すことが必須

3）決断の保留や見送り

選定時期が未定となったり、導入そのものを見送った、など

〈アクション〉

商談内容やお客様の検討状況に関する精度の高い情報が必要。その情報をもとに、次回アクションのタイミングや再フォロー時の内容を決める。定期的なフォローアップを通じて、お客様のニーズや課題の変化に対応し、最適なタイミングで再度提案できる機会を逃さないことはもちろん、お客様のほうから声をかけてもらう関係性構築が重要

図解43　コミュニケーションログの項目例

■担当者について

1）どの部署の誰と面談したのか

2）どこまでが自身の担当業務か

3）担当業務・リテラシー

4）担当者のキャリア（プロパー、中途、社歴、変遷など）

5）担当者の雰囲気や性格、その他特徴（具体的な話か、抽象度が高いかなど）

■内容について

6）コールや面談の内容と流れ

7）ISRから事前に渡した情報との齟齬・差異

8）ポジティブ・ネガティブな反応箇所

■セールスから見た評価

9）企業軸として追うべき企業かどうかの判断

10）担当者軸として追うべき担当者かどうかの判断

11）キーマンとなりそうな人

■ Nextアクション

12）次のアクション

13）失注の場合はそのように判断した原因や理由

リードや商談を、再びマーケティングやインサイドセールスが保有し、継続的にフォローを行っているかをしっかりと確認しましょう。システム上での適切な確認やリードや商談情報の適切な管理が必要です。属人的な運用や思いついたときにリードや商談情報を扱う方法では、仕組み化されているとはいえません。

コミュニケーションログを残す

電話の内容や商談時のやり取りは、コミュニケーションログとして保存されれば、企業にとって貴重な資産となります。例えば長い時間をかけて商談機会を得たとき、これまでのコミュニケーションログにもとづいて提案活動を行うことができれば、受注に向かって大きな前進となるのは間違いありません。そのためには、適切なルールにもとづいてコミュニケーションログを残す必要があります。

図解43のコミュニケーションログの項目例を参考に、最初は必要最低限の情報から始め、段階的にログの充実を図っていきましょう。

プロセスマップ（14～15ページ）

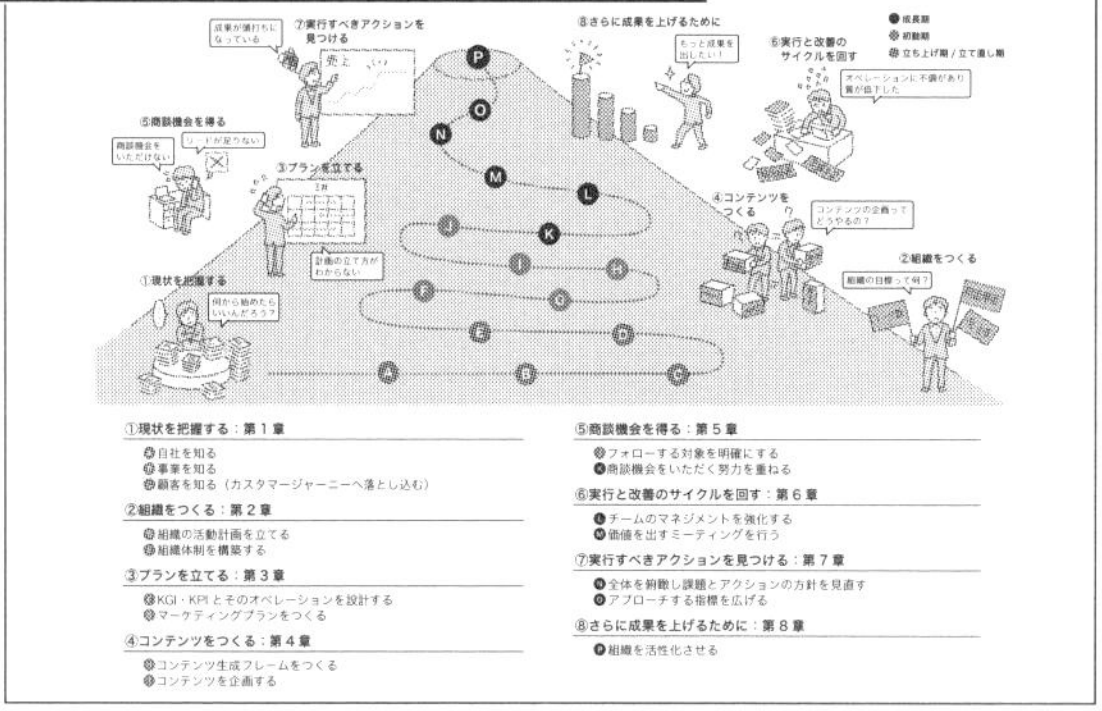

L チームのマネジメントを強化する
M 価値を出すミーティングを行う

アクションを実行するのは感情を持った人です。スタートとゴールが決まっていたとしても、その間を埋める「マネジメント」や、仕事を前に進める「ミーティング」がしっかりしていなければ完遂には至りません。組織として成果を継続的に生み出すための実行力の増強を行います。

キーポイントマップ（22～23ページ）

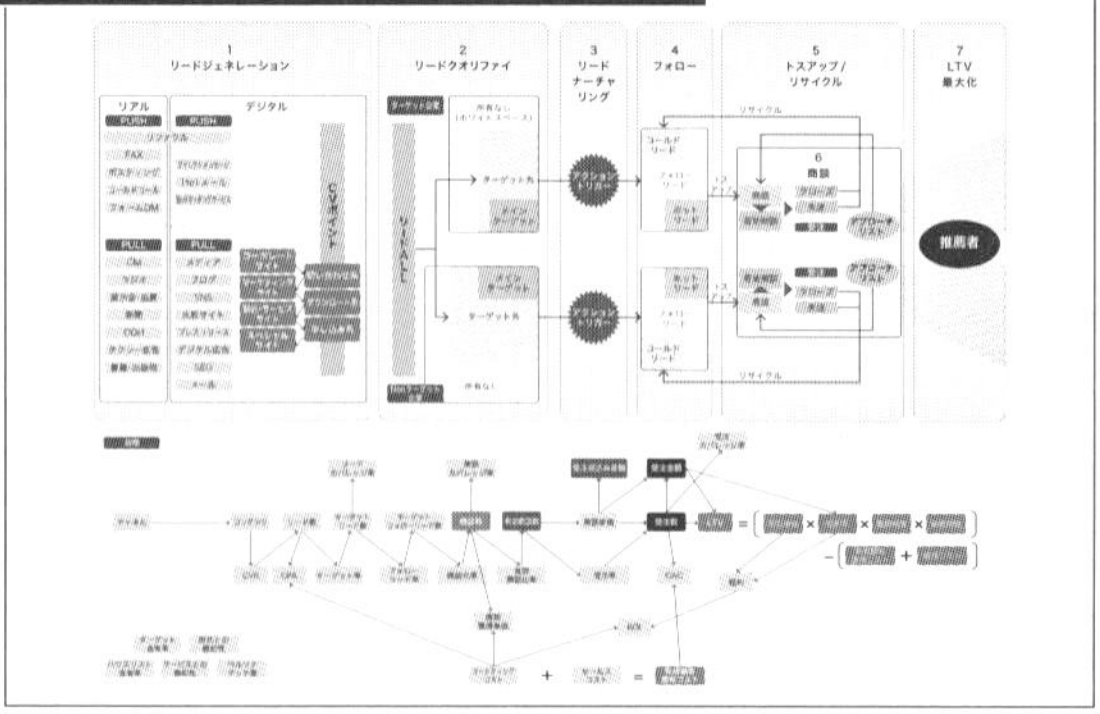

①理想と現実のギャップを認識し、不可とのバランスを考慮する
②メンバー間で各人の行動の指差し確認を行う

「全体最適」となるような実行と改善のサイクルを回すにあたっては、誰が何のために何をするのかを指差し確認し、全員で全体像を共有することが不可欠です。目的と手段が逆転しそうになったら全体の流れを再確認するようにしましょう。

アクションマップ（34～35ページ）

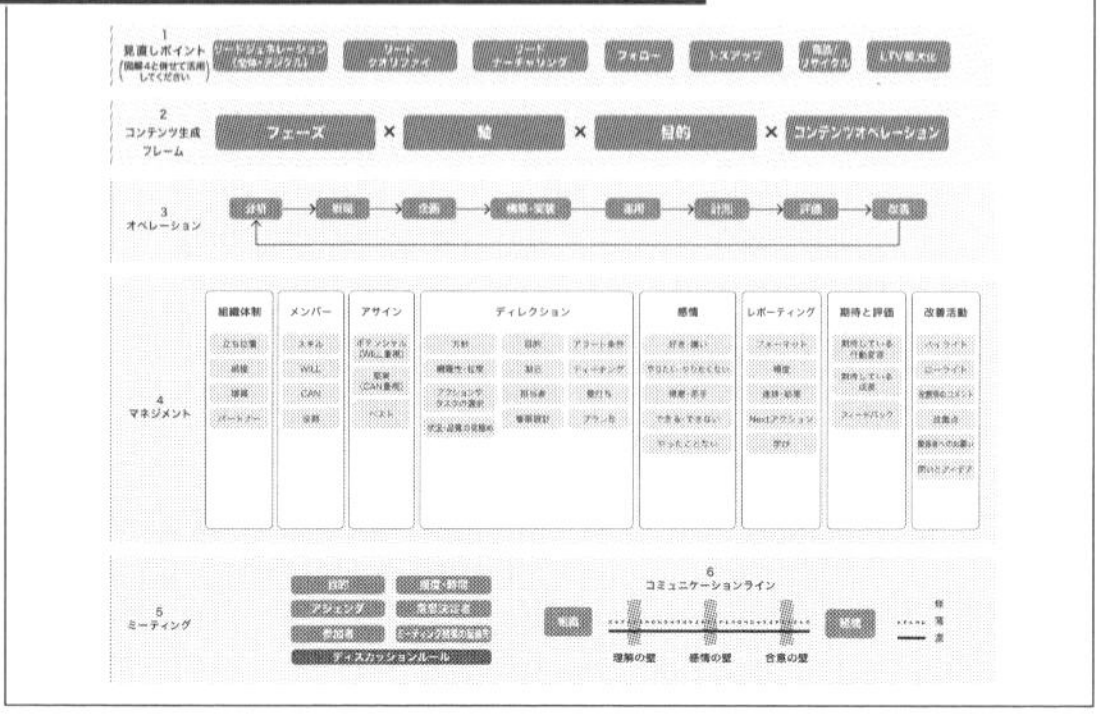

「マネジメント」「ミーティング」のポイントを確認する

「マネジメント」と「ミーティング」は、どのようなアクションを実行するにしても非常に重要な要素です。マーケティング組織に期待される成果に比例して、どれだけ力強い組織の土台を形成できているかが問われるようになります。それぞれのポイントを確認して、立案した戦略や活動計画が実行される状態をつくりましょう。

第6章

実行力を高めるマネジメント～⑥実行と改善のサイクルを回す～

本章における3つのマップの使い方

マーケティング組織の活動や戦略の計画を立てても、それを実行できなければ意味がありません。アクションの実現可能性を高めるための方法について理解を深め、実行と改善のサイクルを回します。

01 アクションを前へ進めるディレクション

アクションやタスクを進めるためには、明確で適切なディレクションを行う必要があります。これにより、目標達成の確率が高まり、リソースを効率的に活用でき、組織内のコミュニケーションが向上し、柔軟かつ迅速な対応が実現できます。マーケティングプランで考えたことを絵に描いた餅にしないために、アクションマップに記載されたディレクションの12のポイントを解説します。実行する施策が適切に指示されているか、必要な環境が整っているかを確認してください。

方針

取り組みの基本的な進行方法や考え方を、「方針」として定めます。これには、目的達成に向けた具体的な進め方や、優先順位の考え方、チームが取るべきアプローチの概要が含まれます。方針は、全員が同じように理解できるようにテキスト化することが重要です。方針を明確にすることで、確認の手間と頻度を減らせますし、現場のアイデアがアクションに反映される余地が生まれるので、アクションの精度とスピードを上げることができます。

網羅性・粒度

アクションやタスクの「網羅性・粒度」を意識することによって、施策の遂行に必要なことを検討します。後述する「選択」と併せて、施策を遂行するためのディレクションにおける最適な意思決定ができているかを整理・確認できます（図解44）。また、網羅性や粒度を担当者とすり合わせることによって、担当者の「選択」の意思決定を支援できたり、必要な知識を提供したり、より深い検討やよりよい意思決定をしてもらうためのコーチングを行うことができます。

担当者

「担当者」は、特定のアクションやタスクを実行する責任を持つ個人です。担当者を明確にすることで、責任の所在をはっきりさせ、実行に導きます。組織が実行の責任者であるケースもあると思いますが、その場合でもメインの担当者は誰なのかをはっきりとさせましょう。また、この担当者が関係者への説明や報告の責任と義務を負うことで、主体的に取り組んでもらえます。手厚いフォローを通じて、担当者自身が責任を果たし、ビジネスパーソンとしても成長できるようにサポートしていきましょう。

選択

「選択」は言葉の通り、最も効果的なアクションやタスクを選定するプロセスです。これには、各アクションやタスクのコスト、期待される影響、実行可能性、およびリスクを評価し、最適な選択を行うことが期待

図解44　アクションの網羅性・粒度・選択

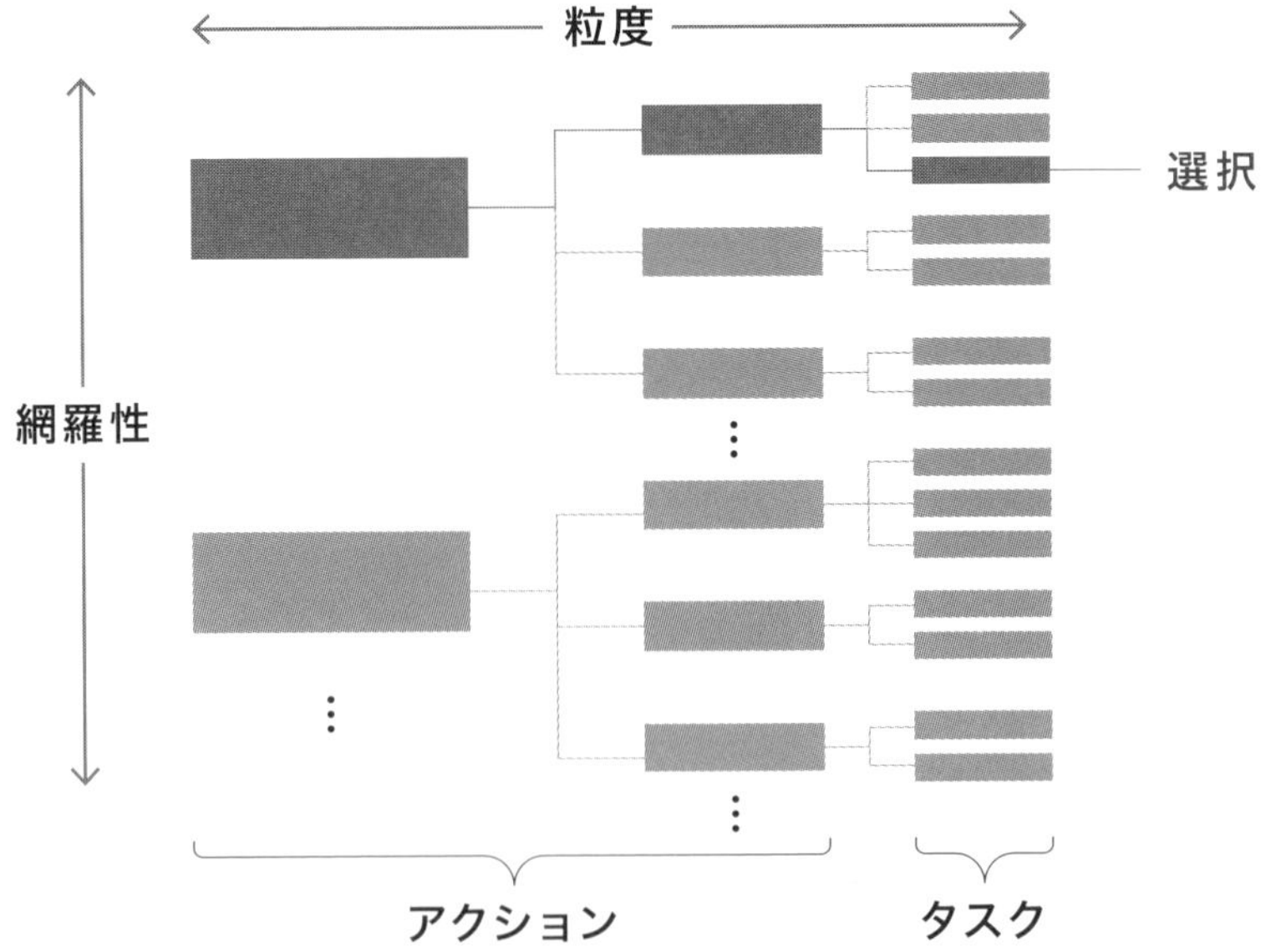

されます。この「選択」は、第2章03節で解説した担当者の「スキル」と「Will」「Can」の影響を受けるので、人によって精度が変わってきてしまいます。とくに、自分のほうが経験や知識があるアクションやタスクの場合は、担当者の「選択」に違和感を覚えることもあると思います。この場合は、網羅性と粒度を整理したうえで、「選択」の背景や理由を話し合うようにしましょう（図解44）。

状況と品質の見極め

「状況と品質の見極め」は、進行中のアクションやタスクの状況を把握し、その品質や状態を評価して軌道修正を行うプロセスです。例えば、進捗状況の定期的なレビュー、制作物に対するクオリティのチェックや広報やCIチェックなども含まれます。段取りを組む際には、この確認のタイミングをどこに配置するかは全体の進行に大きな影響を与えるため、とくに注意が必要です。

目的

どのようなアクションやタスクであれ、実行まで遂行することが重要ですが、「目的」を見失うことによって手段が先行してしまい、求めていた成果が得られなくなることがあります。そのため、まずは、判断に迷ったときにいつでも立ち返られる目的が全員に共有されているかを確認してください。「何のためにやっているんだっけ?」と、関係者に一言問いかけるだけでも目的を再確認するきっかけになります。アクションやタスクを進める当事者ほど見失いやすいものなので、チーム全体でサポートし合う環境を整えましょう。

期日

「期日」は各アクションやタスク、取り組みや施策の完了予定日です。期日を設定することでタイムラインを明確にし、目的を達成できるように管理します。期日が曖昧なものは優先順位が下がり、実行されないリスクが高まります。曖昧にしたくなる気持ちをぐっとこらえて、明確にしましょう。

注意が必要なのは、任せたアクションやタスクの期日がズルズルと後ろにズレたり、遅延している状態が続いているときです。このような場合は、担当者に単にやる気がないとか、期日に対する意識が低いという解釈をせず、ほかの要因を探ってみましょう。アクションやタスクのやり方がわからないから着手できない、他の重要度が高いアクションやタスクにリソース（精神的、物理的の両軸）が奪われていて余裕がない、優先順位のつけ方に悩んでいることなどもあります。真意を探るためには、寄り添ったサポートやオープンなコミュニケーションが必要です。会話を通じてタスク整理を行うだけでも構いませんので、お互いに理解を深めながら、アクションやタスクの実行を目指しましょう。

権限設計

「権限設計」によってメンバーに適切な決定権と実行権を与えることで、迅速な意思決定と効率的な実行を可能にします。担当者が何をどこまで決めてよいのかを明確にしないと、迷いが生じてしまうのは当然のことです。「確認したほうがいいのかな？」と迷わせてしまうことは、実行だけでなく成果にも大きな影響を与えます。そうならないよう、責任だけでなく権限も渡せるように、権限設計を行ってください。

口頭で伝える場合は、「いった、いわない」が発生してしまう可能性があるので注意が必要です。そのような状況では、事実がどうあれ信頼を失ってしまうことは避けられません。口頭で業務を任せることを伝えてもよいのですが、最終的にテキストで記録して残すのが望ましいです。

アラート条件

「アラート条件」は、アクションやタスクの進行において注意が必要な状況やリスクが発生した際に警告を発するトリガーです（図解45）。最も恐ろしいのは、問題発覚時点では取り返しがつかないことです。そのため、計画に対して問題が発生していることを検知する内容や条件を関係者間ですり合わせ、発見と対処の

図解45　アラート条件の例

予算超過	想定していた予算を超過することが予想された場合
期日超過	想定していた期日を超過することが予想された場合
品質不足	想定していた品質を下回ることが予想された場合
リソース過負荷	想定していた稼働量、稼働率を超過することが予想された場合
変更点の増加、影響	当初の計画に対する変更の影響が大きく、計画の大幅な見直しが必要であると予想された場合
ネガティブフィードバック	関係者から、ネガティブなフィードバックを受け、計画や進行に影響を与えてしまうことが予想された場合

精度とスピードをあげてください。すべてのアクションやタスクにアラート条件を設定するのではなく、それぞれの重要度や担当者のスキルと経験に応じて検討するようにしてください。

ティーチング

「ティーチング」は、メンバーに必要なスキルや知識を伝えることで、実務能力を引き上げることを目指す取り組みです。この取り組みは、アクションやタスクをより効率的・効果的に進めるために必要不可欠です。自主的に学び、成長できる環境を整えることも重要ですが、ティーチングによってメンバーが必要な情報やスキルを身につけられるようサポートすることも欠かせません。例えば、メンバーが社外の専門家から新たな知識を学ぶことや、経験豊富な人物からアドバイスを受けることなどが含まれます。適切な指導やアドバイスを受けることで、計画的かつ効率的に進めることができます。ティーチングと学習は、ディレクションにおける重要な要素であり、その両方を理解し取り入れることで、チームの成長と成功につなげていきましょう。

壁打ち

「壁打ち」は、メンバーや社外の人々と課題やアイデアを共有し、自由な発想で意見交換を行うことで個人やチームのポテンシャルを発揮し、より高い成果を出すことを目指す取り組みです。社内の人との壁打ちでは、共通の前提条件を共有しているため、課題や議論の深耕が可能です。一方で、社外の人との壁打ちでは、前提条件を知らないために発想の自由度が高く、その人の持つ豊富な経験や知識をもとに、新たな視点や広い発見が手に入ります。

壁打ちは、相手の話に耳を傾け、その人自身が持つ知識や解決策に気づく機会を提供することに価値があるため、自身に知識や経験がない場合でも、質問を投げかけたり、話を聞いたりすることで、相手が自らの中にある答えを見つけ出すサポートは可能です。ディレクションに「壁打ち」を取り入れることで、より協力的かつ創造的な環境をつくることができ、担当者がアクションやタスクの実行において自信を持って取り組むことができるようになります。

プランB

「プランB」は、事前に準備された代替計画であり、予期せぬ事態や問題が発生した際のリスクに対応するためのものです。ビジネスの環境は変動が激しく、かつ予測不可能な事象や要素は常に存在し、計画通りに進むことは稀です。そのため、プランBを事前に用意することで、リスクに対する備えを検討し、対応の柔軟性を高めることが重要です。わかりやすい例としては、計画していたオフラインイベントが天候を理由に中止になった場合の対処や、新商品の発売に遅れが生じた場合のプロモーション活動の調整案などです。重要なプロジェクトほど、プランＢの検討が必要であることはいうまでもありません。

ディレクションの際には、これらのポイントを意識し、重要度に応じて関係者で指差し確認を行うことをオススメします。知識だけでなく経験も必要なディレクションスキルですが、それぞれを意識して臨むことで得られる経験値を大きくすることも可能です。組織の実行力を高めていくためにも、力強いディレクションスキルを個人とチームに身につけてもらいましょう。また、どうしても1人で進めないといけないときに、自分自身に余裕がないと感じたら12のポイントを1つずつ確認してみてください。見えていないことによる不安が、少し軽くなると思います。

02 感情の波をうまく乗りこなす

感情を押し殺して業務に徹するのがプロフェッショナルな仕事ぶりとされますが、マネジメントにおいて、感情の解釈と対処方法に焦点を当てるべきだと考えています。私は、**メンバーの感情や反応を理解し、次の「気持ちから生じる感情」「スキルから生じる感情」「経験から生じる感情」「関係性から生じる感情」の4つで切り分けて考えてみてください。**

気持ちから生じる感情

「好き・嫌い」や「やりたい・やりたくない」といった感情は、個人の内面的な動機づけや好み、価値観にもとづくものです。パフォーマンスに影響するため、メンバーの内面的な動機を理解し、アサインを考える際の重要な要素として扱いましょう。

スキルから生じる感情

「得意・苦手」や「できる・できない」といった思いは、個人のスキルや実行可能性に関する自己認識です。

これらが「気持ちから生じる感情」と組み合わさり、「苦手だけどやりたい」といった状況もあります。苦手な業務を担当してもらう場合は、サポート役の配置やティーチングの実施などの工夫をします。

経験から生じる感情

「やったことがない」仕事に対する感情は、ポジティブなものもネガティブなものもあります。メンバーがどちらの感情を抱きやすいタイプなのかを把握するようにしましょう。新しいことに挑戦するのが好きな人がいる一方で、必要以上に不安を感じ、その他の業務のパフォーマンスにも影響を与えてしまう方もいます。どちらが良い・悪いという話ではなく、その情報をもとに成果を最大化するマネジメントをしましょう。

関係性から生じる感情

チーム内の信頼関係や協力関係によって生じる感情も重要です。プロジェクトとしてのやる気はあるが、関係する部署との関係が悪化している場合など、人間関係がパフォーマンスに影響を与えることがあります。相手や周囲にその感情が伝わってしまうようなコミュニケーションが取られていたり、パフォーマンスやモチベーションに影響を与えていたりする場合は、適切に対処する必要があります。

これらの感情に向き合うのは、あくまでも適切なマネジメントを行い、目標を達成するためです。メンバーの感情に振り回され、ただメンバーの願望を満たすだけにならないよう注意してください。

03 連携を強化するレポーティング

レポーティングは組織内での情報共有や経営判断を含む重要な意思決定のために不可欠で、また、連携を強化する手段でもあります。「上司や周囲がマーケティングに対する理解がない」と悩む方も多いかと思いますが、それによって投資や施策の承認、協力を得られないことに対してもどかしさを感じることもあるでしょう。ここで考えたいのは、判断に足る情報を渡せているか、説明責任を果たせているか、という点です。活動計画やマーケティングプランで実行しようとしていることを説明するだけでなく、適切なレポーティングを行うことでマーケティング活動に対する理解を促すことが必要なのです。

フォーマットは相手と目的に合わせる

レポートのフォーマットは「受け取る相手の目的に合わせてつくる」という考え方が基本です。相手にレポートで実現したいことと知りたいことを聞いてから、その目的に沿ってフォーマットをつくります。

レポートを書く際によくある失敗が3つあります。1つ目は、重要そうな数字や内容をとにかくズラッと書き並べてしまうことです。これは相手の目的がわかっていないので、自分が出せる情報をすべて出してしまっているケースです。

2つ目は、グラフや図などでダッシュボード化されたものをＵＲＬで共有して、「これを見ればわかります」と報告してしまうことです。こちらも、前述の通り、相手の目的を果たせない可能性が高いです。相手からすれば「どこを見ればいいのかわからない」「どういう状況なのかわからない」ということが起こっているかもしれません。

3つ目は、専門用語や定義の補足がなく理解が難しい内容になっていることです。例えば、ＣＰＡやＣＴＲといったようなアルファベットの略語は、相手のリテラシーに合わせて書き直すか補足を入れるべきです。それ以外にも「商談数○○件」といった数字を報告する際に、数字の抽出条件や定義も補足しておかないとレポートを受け取った人が間違った判断を下しかねません。

繰り返しになりますが、レポートの目的は上司や他部署に対する報告や連携強化が目的です。マーケターの目線で一方的に報告するのではなく、相手とその目的に合わせて内容を考えるようにしましょう。

進捗や結果をもとに次のアクションを記載する

レポーティングの際は、進捗状況や掲げた目標に対する結果を明確に記述するようにします。これは、チームのモチベーションのためだけではなく、上司や他部署との連携を円滑にするためにも重要です。たとえ目に見える成果がまだ得られていなくても、計画通りにアクションやタスクを進められている場合、その状況を共有することで、チーム内の勢いや結束力を高めることができます。

ただし、情報共有や報告で組織やメンバーにネガティブな影響を与えないよう注意が必要です。例えば、設定された目標があまりにも高すぎて達成できない場合は、目標そのものが形式的なものとなり、モチベーションが下がってしまう可能性があります。また、個人目標が設定されている場合は、未達であることが周囲に伝わってしまうと、自己効力感の低下を招き、最悪の結果、メンバーの離職に至るケースも考えられます。

メンバーにネガティブな印象を与えないようにレポーティングの方法を工夫する必要があります。具体的な方法としては、公開先を調整したり、メッセージを付け加えたり、最終的な目標は変えずとも先行目標と指標を設定するなどが考えられます。

さらに、進捗状況や結果に応じて、次のアクションを明確に記載することも重要です。レポーティングのタイミングで次のアクションについて考えることは、アクションやタスクを前に進める強力な仕組みとなります。もしレポーティングのタイミングで次のアクションを明確にできない場合や、次のアクションの実行に不安を感じた場合は、コミュニケーションの機会を設けることで連携を高めていきましょう。

04 改善活動の強度を高める振り返り

施策はやりっぱなしにせず、改善活動を行うことで実行力を向上させましょう。改善活動の強度を高めるための振り返りのポイントを図解46に整理しました。それぞれのポイントを深く掘り下げて考察し、実践に反映していくことが重要です。それぞれ解説します。

フレームワークを活用して改善活動を行う

改善活動を進めるうえで、まずは、各役割の方からコメントをもらいながら「ハイライト」と「ローライト」の欄にそれぞれ成功体験と失敗からの学びを書いてください。バランスよく取り上げるように注意しましょう。できていないことをいかに潰していくかという発想も、できていることに焦点を当てて自分たちの強みを見つけることも同じくらい重要です。同じ数だけ列挙するというルールで振り返るのもよいでしょう。

図解 46　振り返りのフレームワーク

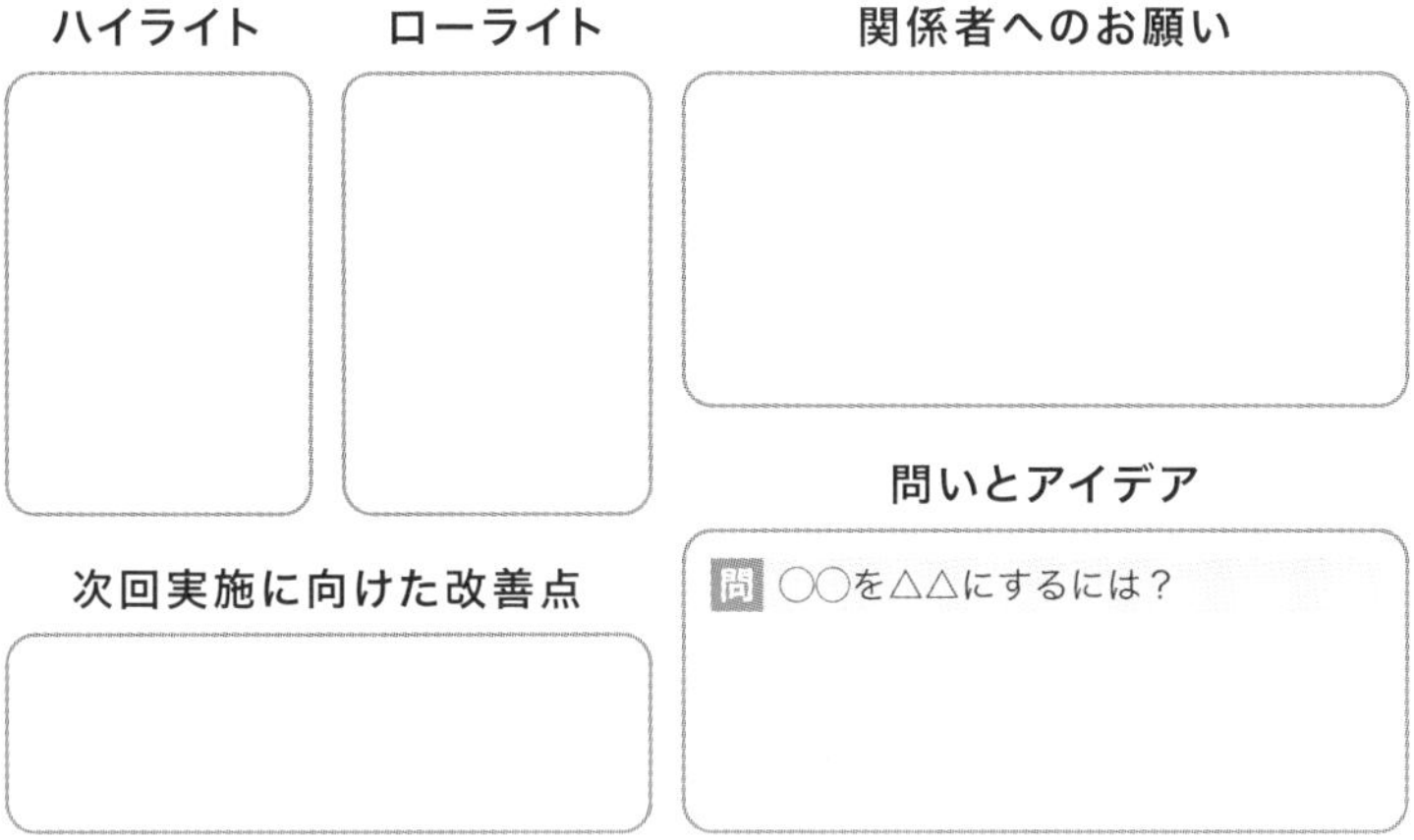

各役割は、マーケティング・インサイドセールス・セールスといった役割のほか、セミナー施策であれば企画者と登壇者、コンテンツであれば取材を受けた人やライターもいると思います。これらの方からのコメントは、施策だけでなく、オペレーションやディレクションにも生かせる学びを得られます。

次に、「次回実施に向けた改善点」を整理していきましょう。ハイライトとローライトを見てみると、さまざまな粒度になっていると思いますので、それを要点別に改善点としてまとめていきます。出てきた改善点は「実行難易度」と「改善インパクト」を意識しながら、すぐに取り組める改善点か、中長期的な視点で考えるべき改善点かを整理していきます。中長期的に取り組む必要があるものは、活動計画の作成タイミングやマーケティングプランを見直す際に実施を検討しましょう。

改善点は、関係者に伝えるべき内容になることもあります。その内容は「関係者へのお願い」の欄に書きましょう。例えば、マーケティングから営業に対して、商談の情報や録画データなどを共有してほしいとお願いすれば企画内容をブラッシュアップできるかもしれません。

最後に「問いとアイデア」の欄に、施策を改善するための問いとアイデアを書いて新たな可能性を探します。チームに対して、「もしも○○を△△するならどうする？」という問いを投げかけ、それに対するアイデアを集めます。ここで出てきたアイデアは、「次回実施に向けた改善点」や「関係者へのお願い」にも転用できるものがあります。できるだけ社内ルールなどの枠にとらわれずに、自由なアイデアを持ち寄る時間にしてください。

振り返りを行う際には、これらのポイントを踏まえ、具体的で建設的な議論を心掛けることが重要です。とくに、各役割の方同士でアイデアを交換することは、取り組みや施策のレベルを1つあげるきっかけとなります。振り返りのフレームワークを有効活用し、改善活動の強度をあげていってください。

05 メンバーの成長を支援する期待と評価

組織の実行力を高めるためには、メンバーの成長を助けるマネジメントが欠かせません。そのために必要なのが「期待と評価」の明確な伝達です。**各メンバーに期待していることをしっかりと伝え、それにもとづく評価をフィードバックすることで、メンバーは自らの行動変容と成長を実感することができます。**メンバーの中長期的な成長を支援するためのマネジメントについて解説していきます。

期待を明確に伝えることの重要性

組織のリーダーやマネージャーは、メンバーに対して期待する行動変容や成長を明確に伝えることから始めます。**一方通行の伝達にならないように、メンバーとのすり合わせが不可欠です。**期待していることを伝える際には、なぜその行動が重要なのか、どのような成長を見込んでいるのか、またそれは組織がどのような成果を出すための成長なのかを具体的に説明したうえで、メンバーの意見や感想を聞くことが大切です。

評価のすり合わせ

期待している行動変容や成長を伝えたら、次に行うのは評価のプロセスです。期待した行動変容や成長が見られたかどうかを評価し、その結果をメンバーに伝えます。

メンバーに伝える際には、行動変容だけでなく、その行動による成果やチームへの貢献も共有することで、メンバーの自信とモチベーションを高めることができます。単に成果や結果を伝えるだけではなく、期待した行動変容や成長に対してどの程度達成されたかに焦点を当てて伝えます。求められるのは、納得感です。普段からよく見て、よく会話し、誠実な態度で接するようにしていないとフィードバックはうまく機能しません。メンバーに自身の成長過程をよく理解してもらい、次の成長につながるサポートを提供しましょう。

なお、ここでお伝えする評価は、人事評価制度と必ずしも連動させる必要はありません。人事評価の権限を持っていないメンバーをマネジメントする場合は、あくまでも組織としての実行力を高めるための計画に対して期待していることを伝えるようにしましょう。

組織のマネジメントにおいて、期待と評価を伝えるプロセスは、メンバーの成長を促し組織全体の実行力を高めるために不可欠です。メンバー1人ひとりが能力や可能性を最大限に発揮できるように、「期待と評価」のマネジメントに積極的に取り組んでいきましょう。

06 価値を生み出すミーティングを行う

他人同士がコミュニケーションを取りながら仕事を進めていく以上、ミーティングで話し合う時間は重要です。もちろんミーティングばかりしていても成果は生まれませんし、無駄なミーティングは開かれるべきではありませんので、アクションへとつなげていける価値あるミーティングを設計しましょう。

図解47のポイントを確認しながら、自社にあるミーティングを挙げてみてください。**うまく各項目が書けないミーティングがあれば、その項目の内容や開催の有無を見直すべきです。**そのうえで、「価値を生み出すミーティング」を実現するためのポイントをお伝えしていきます。

とくに重要なポイントとなるのは「意思決定者」と「ミーティング結果の反映先」です。「意思決定者」はプロジェクトや施策の責任者、組織やチームのリーダーなどが当てはまります。組織やチームではなく、人を記載するようにしてください。

続いて、「ミーティング結果の反映先」では、議論した内容をどこに反映させるのかを明確にしてください。例えば、「商談獲得率の改善」という内容について議論するのであれば、「ターゲットの条件」「フォローの条件」「フォローの内容」「フィードバックの方法」「フィードバックの内容」などの結果の反映先が

図解47　価値を生み出すミーティングを実現するためのポイント

項目	内容
目的	ミーティングを行う目的を明確にします。目的を前もって決めること、それを共有することで生産的なミーティングを目指します。
アジェンダ	アジェンダを事前に設定し、参加者に共有することでミーティングの流れを管理します。アジェンダに過不足がないかの確認も行いましょう。
参加者	必要な人物のみを招集することで、ミーティングの効率を高めます。関係ない人物を含めることは無駄に直結します。一方で、物事を議論したり意思決定に必要な人物は確実に参加させましょう。人数が多い場合は議論は難しいため、共有や報告が主となります。
時間・頻度	頻度と時間は、目的や緊急性に応じて適切に設定します。長時間にわたる会議は参加者の集中力を低下させ、生産性を損ないます。不用意な定例会のセットは避けるようにしましょう。
意思決定者	意思決定者を明確にすることで、ミーティングでの意思決定プロセスをスムーズに行いましょう。その人物が最終的な判断を下すことを理解していれば、お互いに効率的な議論が可能となります。
ミーティング結果の反映先	ミーティングの結果を具体的に反映させる先を明確にしましょう。ここが曖昧ではせっかくの時間も無駄になってしまいます。

考えられます。「セミナーの申込数を増やす」という内容であれば、「企画」「アプローチ手段の選択肢」「アプローチ手段の改善」「バナーやLPのクリエイティブ」などが考えられます。ミーティングの中で出た結論を曖昧にしたままにせず、最終的に変更するのは何かを明確にしてください。

ディスカッションルール

ミーティングで議論する際のルールを設け、効率的かつ効果的なミーティングを実現しましょう。ルールは目的に応じて設定されるべきですが、私がいつも設けている3つのルールを紹介しますので、参考にしてください。

1つ目は、**「自分の意見に対して意見をいわれることは否定されたわけではないという**

第6章
実行力を高めるマネジメント
～⑥実行と改善のサイクルを回す～

共通認識を持つ」というルールです。意見を述べるという行為は何かを否定することとは別物だという共通認識がなければ、不必要な対立やメンバーへのフォローが生じ、意見を述べるハードルや負荷が上がってしまいます。組織内のコミュニケーションコストが著しく増加してしまうので、この共通認識を持つことをルールとしました。

誰かの意見に対して自分の意見を言うこと、それに対して反論をすることを「ケンカ」と表現する方もいますが、それは誤解です。この認識を広めてしまうこと自体が、ディスカッションの質を下げることにつながってしまいます。もしこのような誤解を見かけた場合は、認識と行動を改めるよう促し、冷静に建設的なディスカッションができる環境をつくっていきましょう。

2つ目は、**「みんなで決めない」**というルールです。ポイントでも挙げた「意思決定者を明確にする」をルール化したものです。一見、「みんなで決める」という方法は合理的に思えるのですが、実際にはそうではありません。意思決定者が明確ではないため、参加者は真剣に取り組めない可能性が高いです。また、合理的に判断しようとした結果、当たり障りのない決定になることも多々あります。そしてその責任も、同じように曖昧になります。これらを避けるためには、意思決定者を明確にしたうえで、「意思決定者の判断を支援する」という目的で自由にアイデアを出すことが必要です。提案されたアイデアが意思決定者にそのまま採用される必要はないですし、採用されなくても十分判断のきっかけになっているという考えです。些細な一言で、一気に思考や議論が進むようなこともあります。

ただし、意思決定者には訓練が必要です。意思決定者が「AとBで悩んでいるのですが、どう思いますか?」という相談の体裁で、決めることを委ねているケースがあります。このような場合は、意思決定者に「あなたはどう思いますか?」と聞き直して意思を引き出し、それを採用するようにしてください。意思決定者に任せた事柄は本人に最後までしっかりとやりきってもらい、オーナーシップを育みましょう。

3つ目は**「事実と解釈と意見を分けて伝える意識を持つ」**というルールです。

ミーティングでは、「事実」「解釈」「意見」を明確に区別することが重要です。「事実」を共有することで共通の理解をつくり、「解釈」を交換することで深い洞察を得られます。さらに、お互いの「意見」を交換することで、生産的なミーティングを実施することができます。

「事実」とは、誰が見ても共通の理解を持てる情報です。これには具体的な数字や観測可能な現象、特定の出来事など、客観的な情報が含まれます。「解釈」とは、事実にもとづいた各個人の理解を指し、仮説なども含まれます。解釈は個人の経験やバックグラウンド、価値観に深く影響されるため、同じ事実をもとにしても、異なる解釈になることが一般的です。「意見」とは、個人の主観的な見解です。解釈や事実にもとづいて形成されることもあれば、個人の感情や直感にもとづくこともあります。

「セミナー当日の参加率を上げるためのアクション」というテーマのミーティングを例に、その伝え方を見ていきましょう。次の伝え方は事実と解釈と意見を混ぜた状態です。

「セミナーには50人が申し込みましたが、実際の参加者は25人だけでした。これは明らかに、フォローアップメールが不足していたことが影響しています。申し込み後のコミュニケーションをより丁寧に行えば、もっと多くの人が参加してくれたはずです。なので、次回は申し込みがあったらすぐにサンクスメールを送って、開催の1週間前と前日にもリマインドメールを送るべきです。そうすれば、参加率が上がると思うので実際に参加者数も増えます」

続いて、事実と解釈と意見を整理したうえでの伝え方を見てみましょう。

〈事実〉

「セミナーには、50人の申し込みがありましたが、そのうち実際に参加したのは25人でした。参加率は50％でした」

〈解釈〉

「参加率が50％という結果になったのは、申し込み後のフォローアップが不十分であったために発生したと考えています」

〈意見〉

「申し込み後のフォローアップを強化することで、当日の参加率を改善できると考えています。具体的には、現在実施している申し込み後に自動で送信されるサンクスメールに加えて、セミナー開催の1週間前と前日にリマインドメールを送ります。申し込み完了後の継続的なフォローアップにより、参加意欲を高めることが可能になり当日の参加率が改善できると考えています」

混ぜたパターンと分けたパターンは、話の内容は同じですが、皆さんの受け取り方は大きく異なったはずです。混ぜたパターンでは、事実（セミナーの申し込み数と実際の参加者数）、解釈（フォローアップが不十分だったため参加者数が少なかった）、意見（申し込み後のフォローアップを強化すべきだという提案）が1つの流れで語られており、それぞれの要素が明確に区別されていません。このように情報が混在していると、聞き手はどこが事実でどこからが解釈や意見なのかを判断しづらくなり、コミュニケーションが曖昧になってしまいます。

一方、分けたパターンでは、「解釈」の交換の余地に気がつけたと思います。Aさんは「フォローアップの不十分さ」と解釈していましたが、ほかの可能性も考えられるでしょう。「意見」にある提案の内容の是非もそうですが、まずはチームメンバーで「解釈」の共有を行い、「意見」を発表したうえで改めて、改善のためのアクションの内容やその実行における優先順位や改善のインパクトなどについてディスカッションできれば、良い意思決定の場になります。

当事者に余裕がないときほど3つを分けて伝えることは難しくなってしまうと感じています。それができていないときは、それを非難するのではなくて、一緒に分解して整理するのを手伝いましょう。

ミーティングで重要なのは限られた時間の中でより良いディスカッションと意思決定を行うことです。改めて、ディスカッションのルールについて考えてみるきっかけになればと思います。

第3部

組織の成長期

プロセスマップ（14～15ページ）

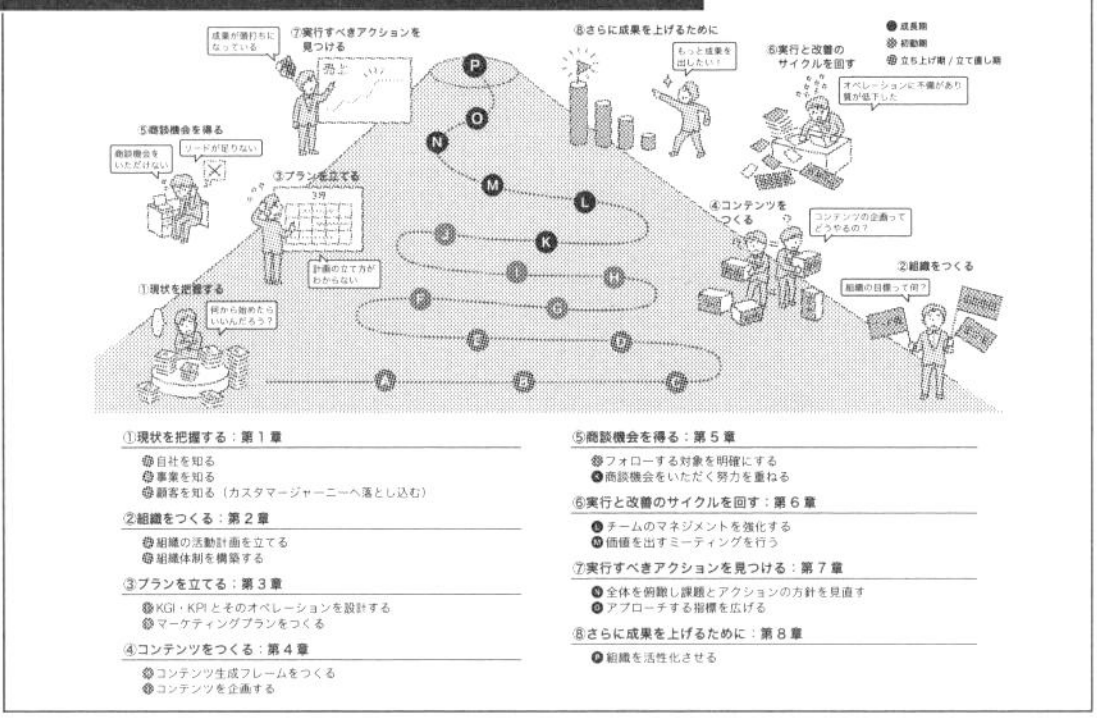

N 全体を俯瞰し課題とアクションの方針を見直す
O アプローチする指標を広げる

組織の役割や目標が明確になり、施策のオペレーションやマネジメントの土台も形成され、組織の規模も大きくなってくると本来の目的を見失い「組織としての役割を全うすること」に意識が偏ってしまいます。全体を俯瞰したうえで、実施すべきアクションを見定めましょう。

キーポイントマップ（22～23ページ）

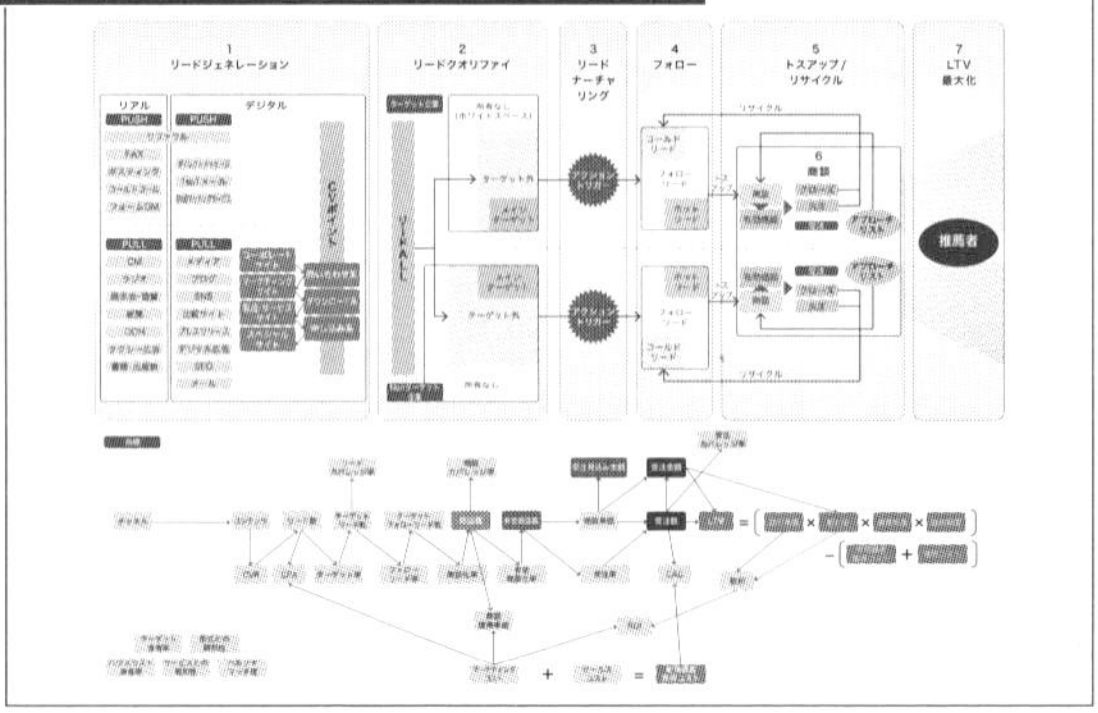

①施策と指標の相関を確認する
②必要なアクションを見つける

「キーポイントマップ」にあるそれぞれの施策と指標の相関を見ながら、事業貢献を果たすために本当に必要なアクションを見つけ出します。自分たちが指標の改善や目標の達成に愚直に邁進し続けたことが、全体の足を引っ張ってしまうような事態を招いていることも十分にありえます。ボトルネックの特定は、前工程から後工程へスムーズに連携できているかどうかが重要なポイントです。

アクションマップ（34～35ページ）

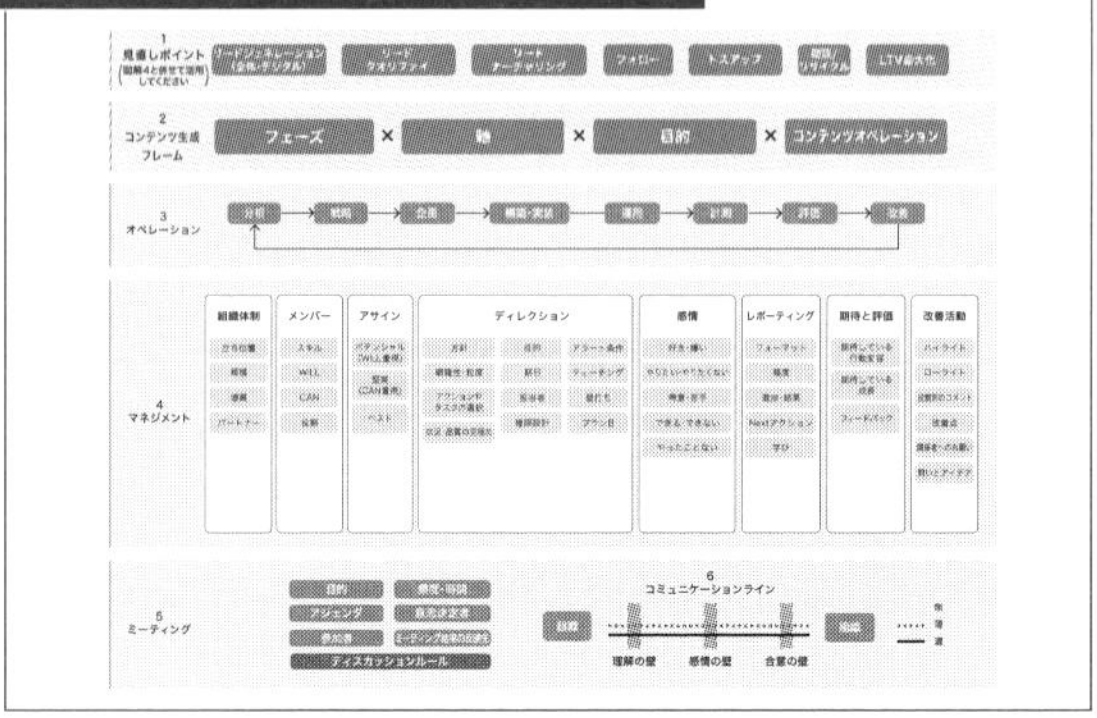

ボトルネックを特定する

「見直しポイント」は、「キーポイントマップ」を並べながら見ることでボトルネックの特定をサポートしてくれます。重要度と難易度、改善のインパクトを考えながら、どこを改善するのかをディスカッションしてください。また、施策実行時に妨げとなったり組織として弱いと感じるポイントとその要因をあぶり出し、実行までの道筋を整備するようにしましょう。

第7章

ボトルネックを特定するための全体俯瞰～⑦実行すべきアクションを見つける～

本章における
3つのマップの
使い方

マーケティング組織の成果の総量を増やすためには、自分たちが管理する範囲ではない指標の改善にも手を広げ、関わる人の量と範囲を大きくする必要があります。事業貢献に向き合い、そのために実行すべきアクションを全体を俯瞰しながら導き出します。

01 ターゲット企業に対するリード・商談・受注状況を明らかにする

第3章01節で解説した「マーケティング施策の成果可視化に必要なもの」を構築し、第5章01節で解説した「リードクオリファイ」のオペレーションが運用できていると、**ターゲット企業に対する「リード」「メインターゲットリード」「商談」「受注」などの状況を明らかにすることが可能になります。**図解48をもとに説明します。

例えば「Ｔｉｅｒ：Ａ」では、自社が保有するリードは80％で、メインターゲットリードだけに絞っても50％はカバーできている状態である一方で、商談は10％しかカバーできていません。受注率は高く、自社の商品やサービスとの親和性が高い企業をターゲティングできているといえます。であれば、「Ｔｉｅｒ：Ａ」の企業に対してマーケティング組織として何を実行すべきでしょうか？ 残りの20％のリードを創出するためのリードジェネレーション施策を実行するよりは、ハウスリストに対する商談機会獲得のための取り組みや施策を進めるほうが優先度も事業貢献インパクトも高いといえます。ハウスリストに対する商談機会獲得ということであれば、その取り組みや施策の主幹はインサイドセールスや営業かもしれません。ですが、マーケティング組織としても積極的に関与し商談機会獲得のためのアクションに協力すべきです。

図解48　ターゲット企業に対する現状

項目		リードALL		メインターゲットリード		商談		受注	
		リード数	リードカバレッジ率	ターゲットリード数	ターゲットリードカバレッジ率	商談数	商談カバレッジ率	受注数	受注カバレッジ率
ターゲット企業	Tier：A（100社）	280	80%（80/100社）	75	50%（50/100社）	8	10%（8/80社）	4	50%（4/8社）
	Tier：B（400社）	1,100	50%（200/400社）	240	40%（160/400社）	60	30%（60/200社）	8	5%（3/60社）
	Tier：C（200社）	140	20%（40/200社）	35	10%（30/200社）	20	50%（20/40社）	6	30%（6/20社）

それに対して「Ｔｉｅｒ：Ｃ」は、商談カバー率もそこからの受注率も非常に高いことがわかります。一方で、リードの創出状況を見てみると全体の20％しかカバーできておらず、まだホワイトスペースが残っている状況です。「Ｔｉｅｒ：Ｃ」の企業群に対してこそマーケティング施策を講じてリードを創出すべきであるといえます。具体的にどのようなコンテンツとアプローチ手段であれば接点を持てるのかを検討して実行していきましょう。同時に、なぜ選んでもらえているのかを知るために、すでに受注となっているユーザーの生の声をインタビューで集めることでマーケティング施策に生かせるかもしれません。

最後に「Ｔｉｅｒ：Ｂ」です。リードの創出状況も商談機会の獲得状況もある程度カバーできているといえそうですが、受注率が相対的に低い状況です。商談の進行と失注、クローズ、受注の早急な分析と改善アクションが必要です。

このように、ターゲットを明確にすることで「リード」や「商談」、「受注」の現状を明らかにすることができます。**これらの数字を踏まえて、マーケティング組織としてだけでなく、会社全体として本当に実行すべきアクションを明確にすることが大切です。**

ハウスリストの管理

自社で保有するリードに対して、適切なコミュニケーションを行うためにはハウスリストの管理が必要です。MAツールやCRMなどのツールを活用し、目的に応じて適切なリストを扱える状態をつくります。**リストは「ALLリスト」「セグメントリスト」「オプトアウトリスト」「除外リスト」の4つに分けると管理しやすくなります。**「ALLリスト」は文字通り、すべてのリードを対象としたリストで、自社が保有しているリードの全体数がどれくらいあるのかを把握するためのものです。

続いて「セグメントリスト」です。セグメントリストは、リードに紐づく個人情報や企業情報、行動情報などのデータをトリガーにして抽出できるリストを指します。「資料ダウンロード者リスト」などのようにシンプルなCVリストの場合もあれば、「従業員300名以上×総務×部長リスト」といったように条件を掛け合わせて抽出したリストもセグメントリストの一種です。

次に、「オプトアウトリスト」です。そもそもオプトアウトとは、メールの受信者が配信停止依頼などを

図解49 リストの扱い方

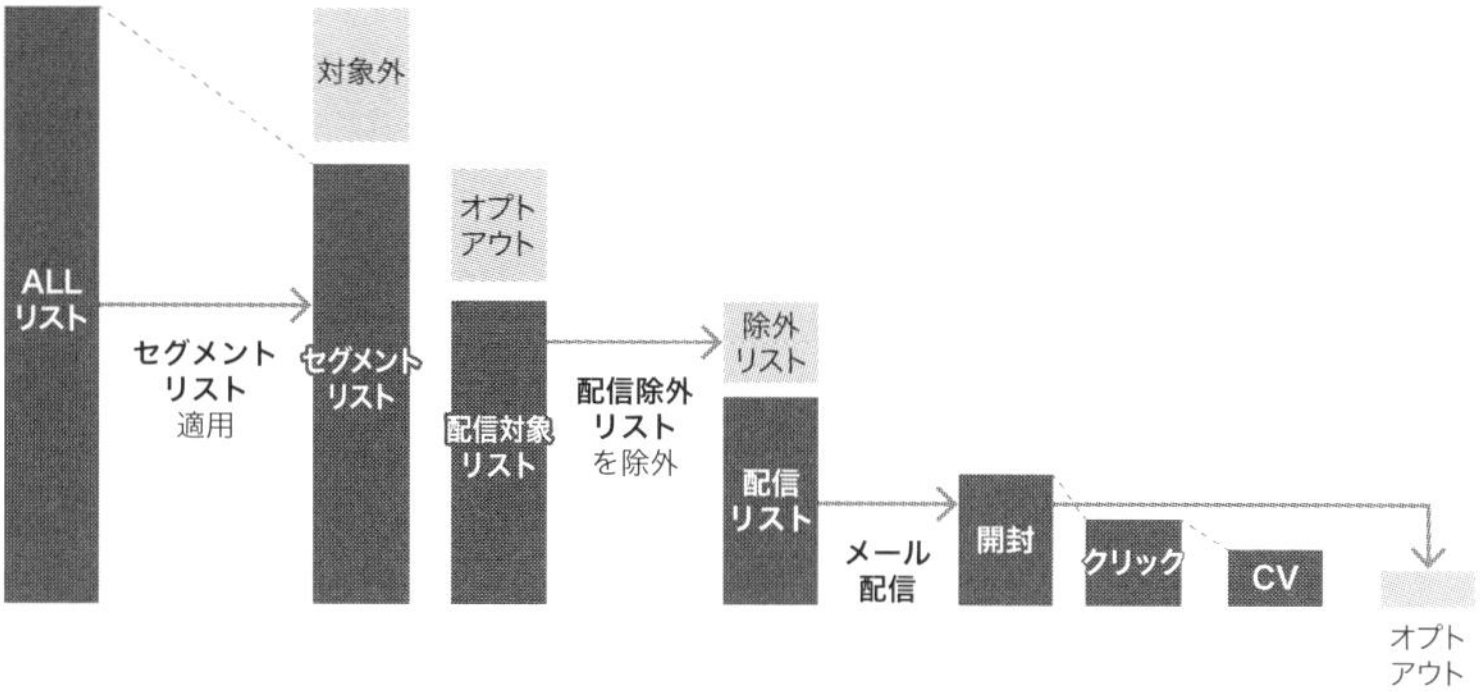

行い、受信の拒否を行うことを指します。オプトアウトリストは文字通り、オプトアウトの申し出を受けたリードのリストです。

最後に「除外リスト」です。除外リストは、配信対象から除外するリストです。最もわかりやすい例は、競合他社のリストです。その他、企業規模やリードの属性に応じて、対象として除外する場合に運用するリストです。

図解49で、メールマーケティングを例にこれらのリストの扱い方を見ていきましょう。「ＡＬＬリスト」を分母にそこから「セグメントリスト」を抽出して、「オプトアウトリスト」と「除外リスト」が適応されることで、実際にメールが配信されるリストが出来上がります。この例とは別に、ＡＬＬリストからセグメントリストを引き算していくことで配信リストをつくることもあります。前者であれば「製造業×営業」のリストに対してメールを送るような考え方をし、後者であれば、ＡＬＬリストからセミナーの申込者を引いたすべてのリードに対してセミナーの告知メールを送る、などの考え方をします。

02 「全体俯瞰×見直しポイント」で課題とアクションの方針を見直す

実行すべきアクションを見つけるためには、マーケティング活動を俯瞰し、成果創出を阻害するボトルネックを見つけ出さなければいけません。「キーポイントマップ」と「アクションマップ」の「見直しポイント」で俯瞰してみましょう。

具体的には「キーポイントマップ」で全体の流れを確認し、改善すべき「指標」を見定めます。その指標を改善するためのアクションは多岐にわたるため「見直しポイント」を確認しながらボトルネックを探り、アクションの方針を決めていきましょう。重要度が高いものは、具体的なアクションやタスクまで落とし込み、「活動計画」に組み入れていきます。

例えば、「商談数」を改善するために、「プッシュとプルのバランス」「ターゲットへリーチできる施策であるか」「コンテンツの軸」「予算を使わない前提になっていないか」の4つの見直しポイントを議論すれば、「マーケティングプランのリプランを行う」というアクションを導き出せます。そのほかにも「有効商談数」を改善するために、「商談打診条件・打診方法」「ヒアリング項目」「コミュニケーションログの収集、管理方法」「商談体験」「営業のマテリアル」の5つの見直しポイントを議論すれば、「トスアップから商談のプロセスと中身を改善する」というアクションを導き出せます。これらのように、**どの指標を改善するためにどのポイントを見直すのかという順で考えれば、アクションを導き出しやすくなります。**

ボトルネックは、「アクションマップ」に記載している「オペレーション」「マネジメント」「ミーティング」「コミュニケーションライン」にある場合もあります。すべきことは決まったのに実行がうまくいかない場合は、それらに目を向けることも必要です。課題は複雑化しており、それらを実行するのは感情を持った人であることを忘れないようにしましょう。

管掌範囲ではない指標の改善は関係者を巻き込まないと実現できない

マーケティング組織の成果の総量が増えるほど、関わる人の数と業務範囲を大きくしていくことが求められます。それは、期待される成果によって、掲げる指標を変える必要があるからだと考えます。

例えば、「リード数」という指標は、基本的にはマーケティング組織だけで達成可能な指標です。より効率的にリードを獲得することが求められるため、CPAの最適化と創出するリードの数に集中すればよいです。一方、「商談数」の増加を目指す場合は、効率的なリード創出だけでなく、効果的なフォローが必要になります。これはマーケティング部門だけでは実現できません。「受注数」も同様に、インサイドセールスや営業部門との連携が不可欠です。

このように、マーケティング組織が事業成果に影響を与えるようになるほど、関係部門を巻き込みながら、管掌範囲外の指標改善に取り組む必要が出てきます。

多くの組織では、受注・売上・利益を最大化することを目的に分業化が進められています。しかし、分業化された組織内では、自然と生じるチーム間の壁や現状維持への本能的な欲求により、個別最適の罠に陥りやすく、変化を避ける傾向が強くなります。このような状況を打破し、組織全体が一丸となって機能するためには、マーケティング組織が積極的に役割間の連携を促進し、組織全体の変革を推進する役割を果たす必要があります。

これを実現するためには、「行動指針」が不可欠です。行動指針は、組織の高い目標に対してメンバー全員が一致団結し努力するための基盤です。行動指針の中身は自分たちで考えて打ち出したものでなら何でも構いません。「迷ったときはより難しいほうを選ぶ」などのたった一言でもよいでしょう。重要なのは中身ではなく、メンバー全員が切磋琢磨し合うことで、一丸となって組織の高い目標に立ち向かう姿勢を持つことです。

指標を改善する難しさ

それぞれの「指標」の関係性について理解を深めましょう。特定の指標を改善することが、必ずしも全体の最適化につながるとは限りません。むしろ、ほかの指標に悪影響を与えてしまうこともあります。例えば、CPA（顧客獲得単価）を下げることは必ずしもCAC（顧客獲得コスト）を最適化することに直結せず、

ＣＡＣを下げることは必ずしもＬＴＶを最大化することに直結しない、ということを意味します。次に、具体例を用いて説明します。

例えば、ＣＰＡを改善するために単純にＣＰＡが低い広告に予算を投下すると、たしかにＣＰＡは改善されるかもしれません。しかし、その広告で獲得したリードは本当にターゲットとなるリードだったのかはわかりません。その後の商談に全くつながらないことや、商談機会を得ても有効商談化しないことはよくあります。

仮にそうした商談を受注まで進められたとしても、営業がかなりの時間を費やす必要があります。その結果セールスコストは増加し、むしろＣＡＣが悪化する可能性があるのです。また、頑張って受注を取ったとしても、継続的な発注に至らなければＬＴＶも見込めません。

ほかにも、マーケティング施策として打ち出すメッセージを過度に装飾し期待値を上げることで、商談獲得単価を下げる改善を行うこともあります。しかしこれは結果的に商談の場で顧客から信頼を失ってしまう事態を招きます。

これらの例から学ぶべきことは、指標を改善することの難しさと個別最適が全体へ及ぼす影響です。

先に具体例として挙げた事態は、データが適切に結びついている環境で、それら全体を俯瞰して見ようとしないと気づけないことです。常に全体像を把握しながらボトルネックを特定しどの指標を改善するのか、そのために何をするのか、そして実行した結果が成果につながっているかを意識することが重要です。「マーケティングは経営そのものである」とよくいわれますが、その理由を理解できたかと思います。

03 個別最適を生まないための仕掛け

ここまで成果を出すためには、自分たちの管掌範囲ではない指標の改善に挑戦する必然性の話と指標を改善する難しさについて解説してきました。分業化された組織がそれでも大きな1つの個として成果に向き合ったアクションを積み上げていくためには、個別最適を生まないための仕掛けを講じることが必要です。構造的に発生してしまう個別最適の弊害を生まないための取り組みや施策について理解を深めましょう。

個別最適を生まないためのKGI・KPI設計

近年、企業の多くがマーケティング・インサイドセールス・営業という分業体制を敷いています。分業体制のメリットはさまざまですが、専門知識の蓄積と、作業の効率化・精度向上、人材の有効活用を背景に分業体制を進めていると考えられます。分業はすべての企業に適しているわけではありません。事業形態や抱える課題、目指す姿、リソースに合わせて、必要な体制を考えるべきであるのは、分業による個別最適の弊害を見れば明らかです。個別最適の弊害を見極めるのは難しいですが、図解50のような発言が出始めたら警

図解 50 分業化による弊害は各部門の声に表れる

マーケティングの声

目標：リード獲得数の最大化、リード獲得単価の最適化
行動：とにかく安く、とにかく大量のリードを創出する
発生する事象：
CPAはよくても受注につながらない

インサイドセールスにパスしているリード数はクリアしています。有効商談化率や受注率の改善は営業の責任範囲ではないでしょうか？　とにかく施策を打つので手一杯なので、会話している余裕はありません

インサイドセールスの声

目標：商談機会獲得数の最大化
行動：とにかく挨拶だけでも商談機会獲得へつなげる
発生する事象：
活動の負荷や負担が大きいわりに、成果につながらない。短期的な目標達成に傾倒し、メンバーが疲弊する

目標としている商談数を達成するためには、徹底的なコールと、無理筋でもなんとか商談につなげることが求められます。サービスに関する詳細な説明は営業が行うので、私たちはとにかくアクションを積み上げていきます

営業の声

目標：受注数の最大化
行動：無理やりな受注
発生する事象：
商談対応の負荷増加による営業生産性の低下や受注率の低減。期待値コントロール不足により、顧客満足度の低下やブランド毀損を引き起こす

インサイドセールスからトスアップされる商談はすぐに受注につながる気配がないので、ヒアリングの質を上げてほしいです。できれば商談の前工程もやってくれるとありがたいですね。ホットではない新規商談でスケジュールが埋まると大きな損失なので、自社に興味を持ってもらうところまでは進めておいてほしいです

図解 51　個別最適の弊害を生まないためのKGI・KPIの設計

<table>
<tr><th></th><th>マーケティング</th><th>インサイドセールス</th><th>営業</th></tr>
<tr><td>受注数</td><td colspan="2">← 共通KGI →</td><td>メインKGI</td></tr>
<tr><td>受注見込み金額（パイプライン）</td><td colspan="3">← 共通KGI →</td></tr>
<tr><td>有効商談数</td><td></td><td>メインKGI</td><td>メインKPI</td></tr>
<tr><td>商談数</td><td>メインKGI</td><td>メインKPI</td><td></td></tr>
<tr><td>ターゲットフォローリード数</td><td>メインKPI</td><td></td><td></td></tr>
</table>

戒が必要です。これらの発言は分業という構造上、必ずといっていいほど発生してしまうもので、全員が苦しい思いをしている状況が生まれています。

　こうした個別最適の弊害を生まないためには、マーケティング、インサイドセールス、営業で共通で持つKGIと、それぞれが持つメインKGI・メインKPIを設計することが大事です（図解51）。重要なのは、自分たちのメインのKPIよりも1つ後工程のKPIを持つこと、共通のKGIを持つことの2点です。マーケティングはリード創出ではなく「商談数」をメインで追いかけるKGIとし、インサイドセールスであれば、商談数ではなく営業へ引き渡した後に有効商談化した数をKGIにします。

　このように後工程までを意識した設計にすることで「とにかくリード数だけを意識したマーケティング」や「有効商談化率が低いアポを量産するだけのインサイドセールス」が生まれてしまうことを防ぐことができます。さらに、自分たちの管掌範囲ではない指標にも対等に意見することも可能にな

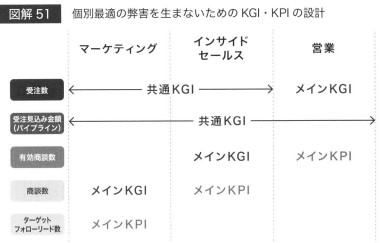

ります。インサイドセールスは有効商談数を目標にしているので、営業と有効商談化率を引き上げる取り組みについて、対等に議論することができます。企業の文化によっては、どうしても営業の意見が強くなる傾向があり、各々が対等な立場で議論できるように、指標を設計することがとても重要です。

役割を全うする強さと弱さ

分業体制下では、売上への意識はどうしても希薄化していきます。これは、与えられた役割に集中するあまり、全体の目的を見失いがちになるためです。役割を全うすることは組織の強さにつながる部分もある一方で、弱さをもたらすこともあります。例えば、あるマーケティング組織がメッセージの伝達に集中し、最終的な「販売」という目的を見失ってしまう状況を想像してみましょう。

事業責任者やセールス担当者が顧客や市場に深い知識を持つ場合、マーケティングはそのメッセージを効果的に伝えることに注力することもあるでしょう。たしかに、顧客にメッセージを届けるという役割を確実に果たすことで、組織全体の効率性や強さを支えることはできます。ただ、営業が受注を獲得しようと奮闘しているとき、マーケティングがただメッセージを届ける役割を果たすことに留まると、両社の間には目的意識や熱量の差が生まれてしまいます。目標に対する共通の理解と熱量がなければ、役割間の壁が高まってしまうのは必然でしょう。

こうした役割意識は、無意識に仕事の範囲を狭めてしまうこともあります。「それは営業の仕事で、マーケティングの仕事ではありません」といった発言はよく聞きます。もし「営業が商談のフィードバックをくれない」と悩むなら営業の方に聞きにいきましょう。「顧客についての解像度が低い」と思ったら、商談に同席しましょう。「マーケティングに対する理解がない」と落ち込むのであれば、積極的に勉強会を開き、理解を促す取り組みを進めましょう。仕事に線を引くのはほかでもない自分自身です。**お互いがお互いの領域に踏み込み、異なる役割や視点からの貢献を試みることで分業のメリットを最大化するのが大切です。**

実態にともなっていない指標はチャレンジを妨げる

組織が目標を実現するために追いかける「指標」は、チームの現状や目指すべき方向性を正確に反映したものでなければなりません。組織が成長する過程で、従来の知識や経験、思考や定石と呼ばれるものから離れ、自分たちの状況に即した指標を採用する決断が求められます。実態に合わない指標を設定してしまうと、チームのメンバーが新たな取り組みやアイデアを試す機会が制限されてしまいます。例えば、セミナーの開催数を指標とした場合、セミナー以外の施策へのチャレンジは阻害されてしまうでしょう。インサイドセールスであれば、「商談数」への責任を強く求めてしまうと、中長期的なアクションに挑戦することが妨げられ、コールやメールのアクションを積み上げることへのプレッシャーを高めてしまいます。**指標を設定することは、評価されないアクションは実施しづらくなるという構図を生み出します。**なので、非常に難しいことではありますが、大切なのは「自分たちの状況に合わせて最もよい指標を掲げること」に尽きます。他社の事例や書籍から着想は得つつ、自分たちの頭で考え、自分たちに最適な指標を掲げましょう。

また、「感情的なコミットメント」も非常に重要です。設定した指標の進捗に一喜一憂できるかどうかという問いは、気づきを得るきっかけとなるでしょう。その指標に対して関心を持ち、個人やチームの行動が進捗に影響を与えていると感じられるかどうかが成果を分けます。数字に対して自身やチームの情熱を感じられない場合、理想的な指標を少しだけ脇に置いておき、短期的に行動変容を期待できるような指標を採用することも検討してください。例えばチームで「今週は書き出したタスクをみんなで上から消していこう！」というような取り組みを行い、毎日のタスクの消化率を確認することもよいでしょう。非常にシンプルでわかりやすく、チームの作業の進捗と一体感を実感できるでしょう。

指標に振り回されることなく状況に柔軟に対応する姿勢が、最終的にはチームの成果を最大化するカギとなります。チーム全体が笑顔で「この指標は現状に合っていないかもしれない」と議論できるなら、そのチームは確実に成長の道を歩んでいるといえるでしょう。

プロセスマップ（14～15ページ）

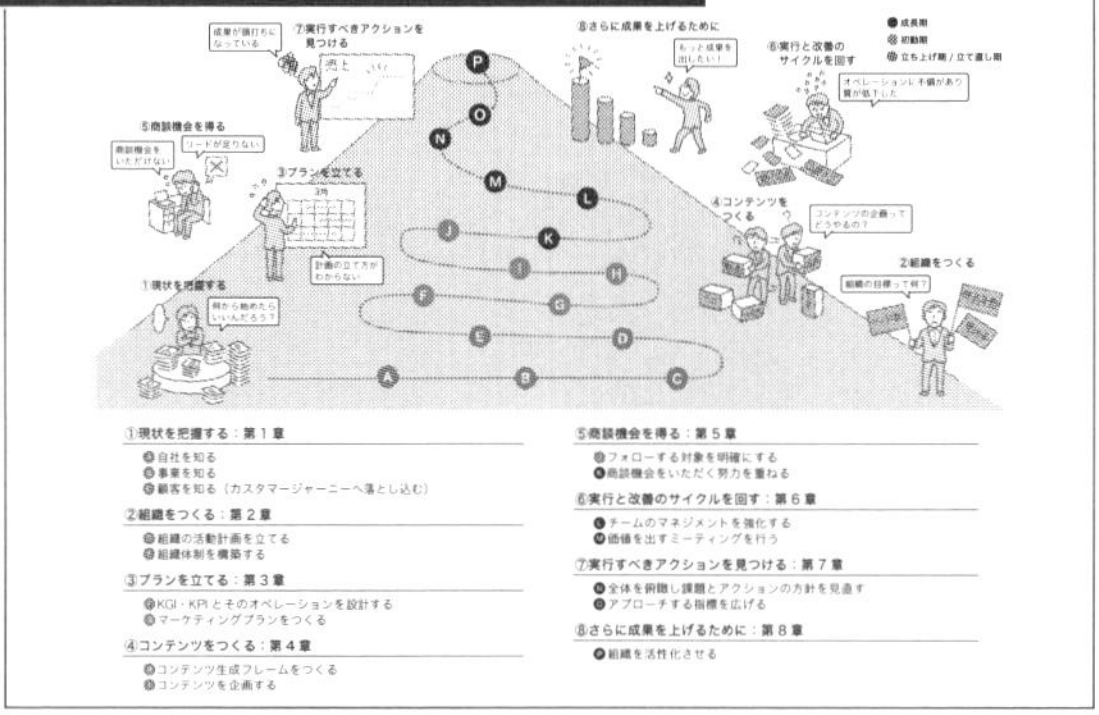

P 組織を活性化させる

第７章までに、マーケティング組織として実行すべきことは解説してきました。最後は、コミュニケーションの重要性に焦点を当て、人と人との関係性を強化し、高い成果を創出するための組織活性化を行います。組織が活性化することで、１つひとつの施策から生まれる成果も大きくなります。

キーポイントマップ（22～23ページ）

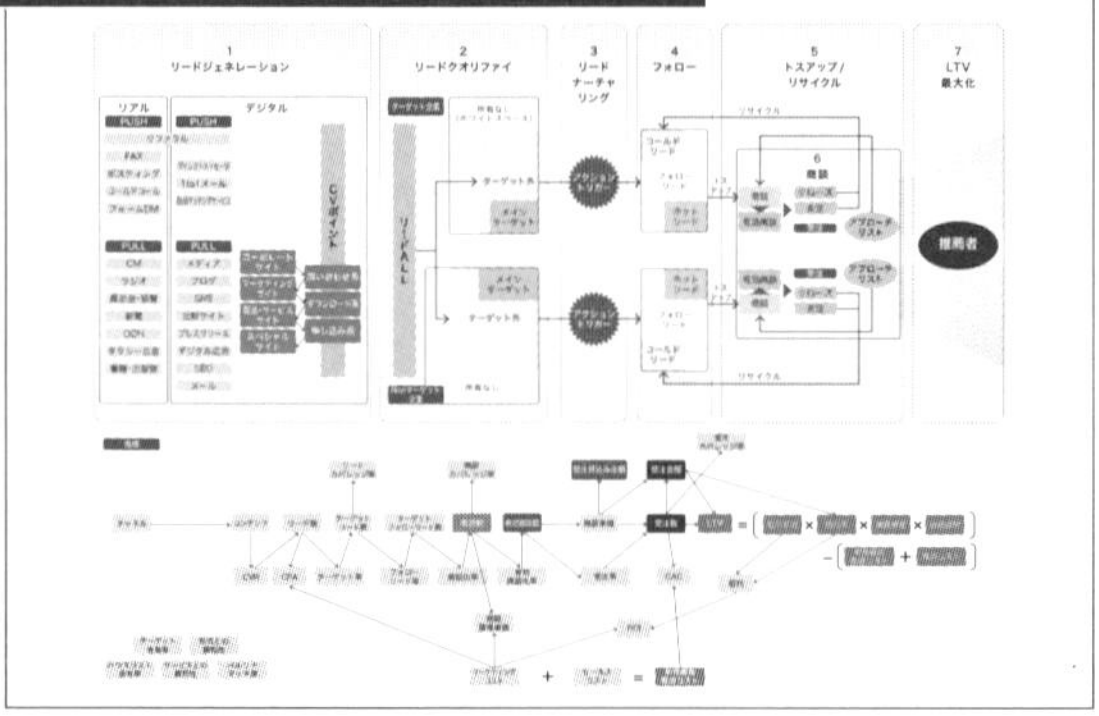

3つの壁を越えるために活用する

「キーポイントマップ」を関係者とのコミュニケーションに活用することで、「理解の壁」「感情の壁」「合意の壁」の３つの障壁を越える手助けとなります。組織を動かすための丁寧な合意形成を図るためのツールとして活用してください。

アクションマップ（34～35ページ）

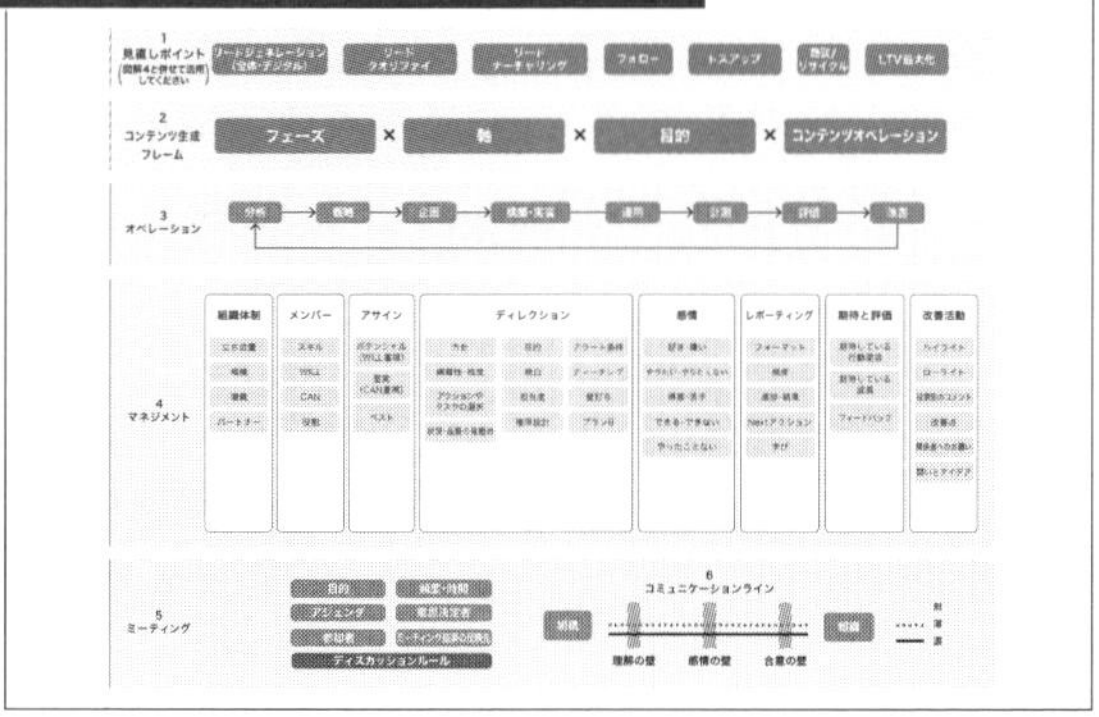

コミュニケーションラインを作成する

「コミュニケーションライン」によって組織間の関係性を明らかにします。メンバーが持つ「才能」を起点に戦略やアクションを推進していくリーダーとしてのスタンスがさらなる成果創出のカギを握ります。リーダーが担う役割を理解し、組織を形づくる１人ひとりのメンバーに向き合う方法を理解しましょう。

第8章

リーダーシップとコミュニケーション～⑧さらに成果を上げるために～

本章における3つのマップの使い方

さらなる成果を上げるためには、3つのマップを使いこなしたうえで組織を導くリーダーシップの発揮が求められます。関係者との良好な関係を築きながら組織全体を活性化させるために、リーダーとしてのスタンスとそのアプローチ方法を学びます。

01 コミュニケーションラインと3つの壁

関係者を巻き込みながら物事を進めていくうえで、コミュニケーションスキルが求められるのはいうまでもありません。円滑なコミュニケーションがなければ、通る意見も通らず、実行すべきアクションも実行に移されることはなくなり、必要な議論も十分に行われません。前章でマーケティング組織が成果を最大化するためには、自分たちの管理する範囲ではない指標の改善にも身を乗り出さないといけないという話をしましたが、だからこそ関係者1人ひとりと友好的な関係性を築いていくことが求められます。

コミュニケーションライン

組織間の関係性を明確にするために、図解52のような「コミュニケーションライン」という図を作成することをオススメします。この図は、組織やチーム間のコミュニケーションの頻度や密度を可視化するツールです。具体的な描き方としては、各組織や役割を箱で表し、それらを結ぶ線でコミュニケーションの頻度や密度を示します。この作業を通じて、組織間の関わり合いや、コミュニケーションの断絶を発見することが

図解52 コミュニケーションライン

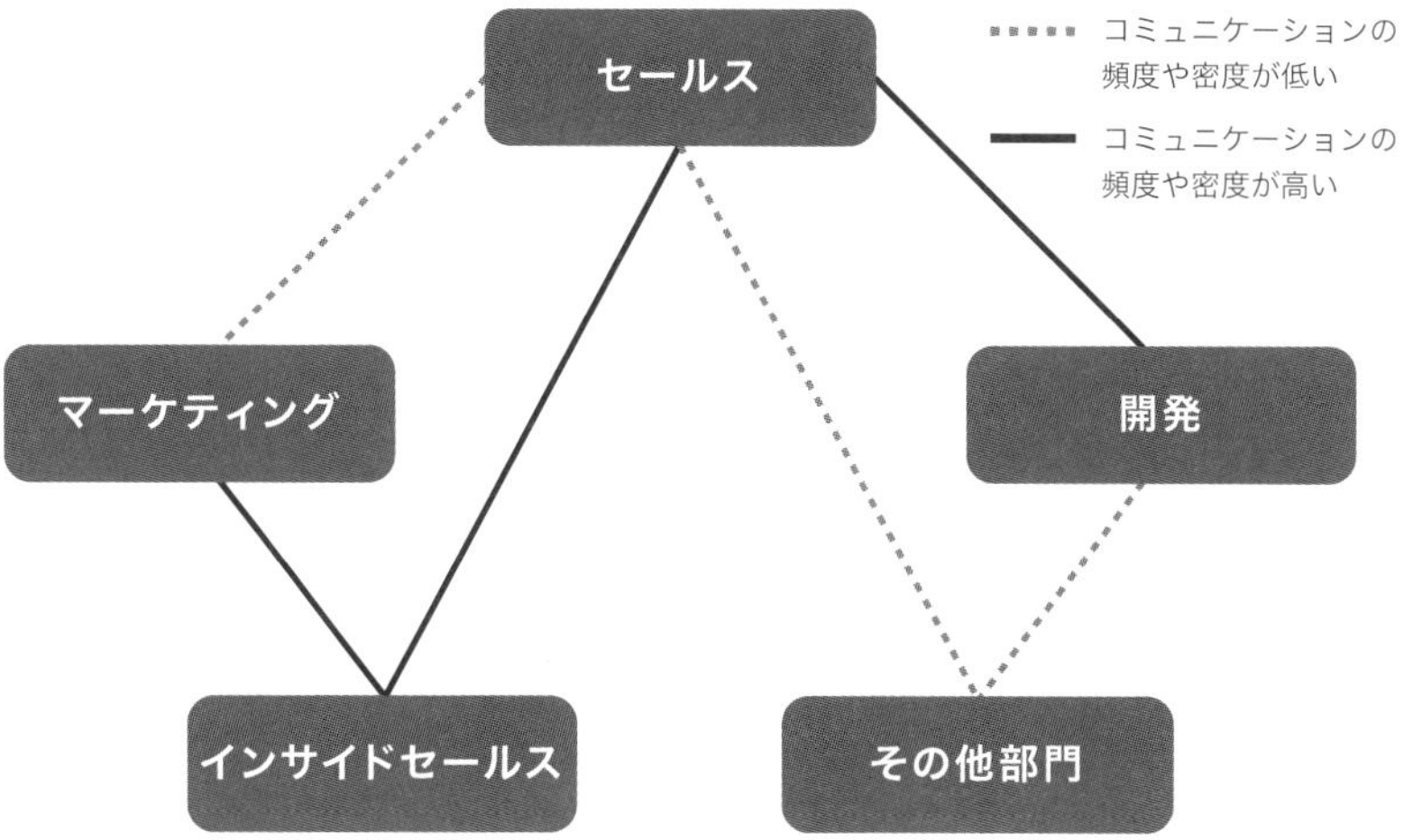

できます。

「コミュニケーションライン」を作成する際は、精緻さよりも主観にもとづいた現状の把握を目指しましょう。実際に図を描いてみると、意外な発見があります。

いざ可視化してみると、組織の成り立ちや文化などの背景や、コミュニケーションが断絶していることに気づくことができます。例えば、マーケティングはインサイドセールスとは関わりが深いが商品やサービスの開発部門との関わりがないことに気づけたり、インサイドセールスはデザインチーム（図ではその他部門として記載）との接点がないことに気づけたりします。このような接点のない状況は、「これまでがそうだったから」という理由で続いていることも多いです。

また、異なる立場や年齢層のメンバーが感じているコミュニケーションの密度についても理解することができます。経験豊富なマネージャーと若手社員、マーケティングとインサイドセールスなどでは、組織間の関係性をどのように感じているかが大きく異なることもあります。個々の視点からコミュニケーションラインを描き、**その結果を共有することで、組織全体のコミュニケーションの課題や改善点を見つけ出すことができます**。非常に簡単なワークなので、ぜひ1人ひとりの目線でつくったものを見せ合いながら話し合ってみてください。

コミュニケーションばかりを重視して会話や対話の時間ばかりを設けても成果は生まれませんが、結局は組織にいる人同士で協力しながら成果を生むことを求められるのがマーケティングの仕事です。普段の会話や対話なくして、いい仕事はできません。このようなコミュニケーションの可視化を通じて、組織の強みを最大限に生かし、新たな価値を創出する関係性づくりにも意識を向けましょう。

3つの壁

コミュニケーションや協力関係を構築するうえで「理解の壁」「感情の壁」「合意の壁」という3つの障壁を越えていく必要があると考えています。それぞれの壁と、それらを乗り越えるためのアクションについて解説します。

「理解の壁」とは、文字通りお互いの理解が不足しているときに発生するもので、言葉の意味や用語の定義、相手の意図や背景など、情報の伝達や理解に障壁がある状態です。理解の壁が存在すると、コミュニケーションは誤解や齟齬を抱えたまま進行するため、効果的な協力関係の構築が難しくなります。次の要点を押さえながら対話を積み重ねていきましょう。

・言葉の意味：お互いに使用する用語や専門用語の意味を正確に理解する
・意図の共有：言葉だけでなく、その背後にある意図や目的を共有する
・理解する努力：相手の立場や視点、提案や意図を理解しようとする努力をする
・伝える工夫：自分の提案や意図を相手が理解しやすいように工夫して伝える

続いて「感情の壁」は、行動や価値観などに対する個人的な感情がコミュニケーションを妨げる状況です。個人の価値観にもとづく好き・嫌い、相手の提案や意見の善し悪しなどが関わります。感情が主観的なものであり、相手の内面に深く関わることも多いため、ほかの壁に比べて乗り越えることが難しい障壁です。感情の壁を越えるのは容易ではありませんが、次の要点を押さえながら対話を積み重ねていきましょう。

・相手へのリスペクト：相手を尊重する気持ちを伝え、相手の立場や感情を理解しようとする
・接触回数と接触頻度：質の高い対話を意識しながらコミュニケーションの機会を増やす
・オープンなコミュニケーション：自己開示を行うことで相手の自己開示を引き出す
・傾聴：相手の話に耳を傾け、非言語的なメッセージも受け取りながら相手を理解しようとする
・教えてもらう：相手の知識や経験から学びを得ることで尊重し合える信頼関係を築く

最後の「合意の壁」は、目標や課題、アクションの方針に対する合意が困難な状況です。合意の壁を越えるためには、合意に至る過程を丁寧に進めていくことが必要です。次の要点を押さえながら対話を積み重ねましょう。

- **現状の把握：現在の状況を共有する**
- **背景の理解：その状況になった背景や理由を理解する**
- **理想や目標の共有：向かうべき方向性や、どのような目標を達成したいのかを伝える**
- **課題の特定：取り組むべき課題を明らかにし、その理由を説明する**
- **アクションの方針：課題解決に向けたアクションの方針を提案する**
- **具体的なアクション：実際に取り組むアクションを提示する**

越えるべき壁によって、自分が取るべきアクションは変わります。自分の説明が足りていないのかもしれないと資料をつくり込んでいても、実際に必要なのは相手の話に耳を傾ける機会かもしれません。一生懸命に具体的なアクションを説明するのではなく、言葉の意味を1つひとつ丁寧に説明することが必要かもしれません。冷静かつ客観的に状況を見極め、適切なコミュニケーションを取りましょう。

図解53　Noを恐れずに合意を取りつける

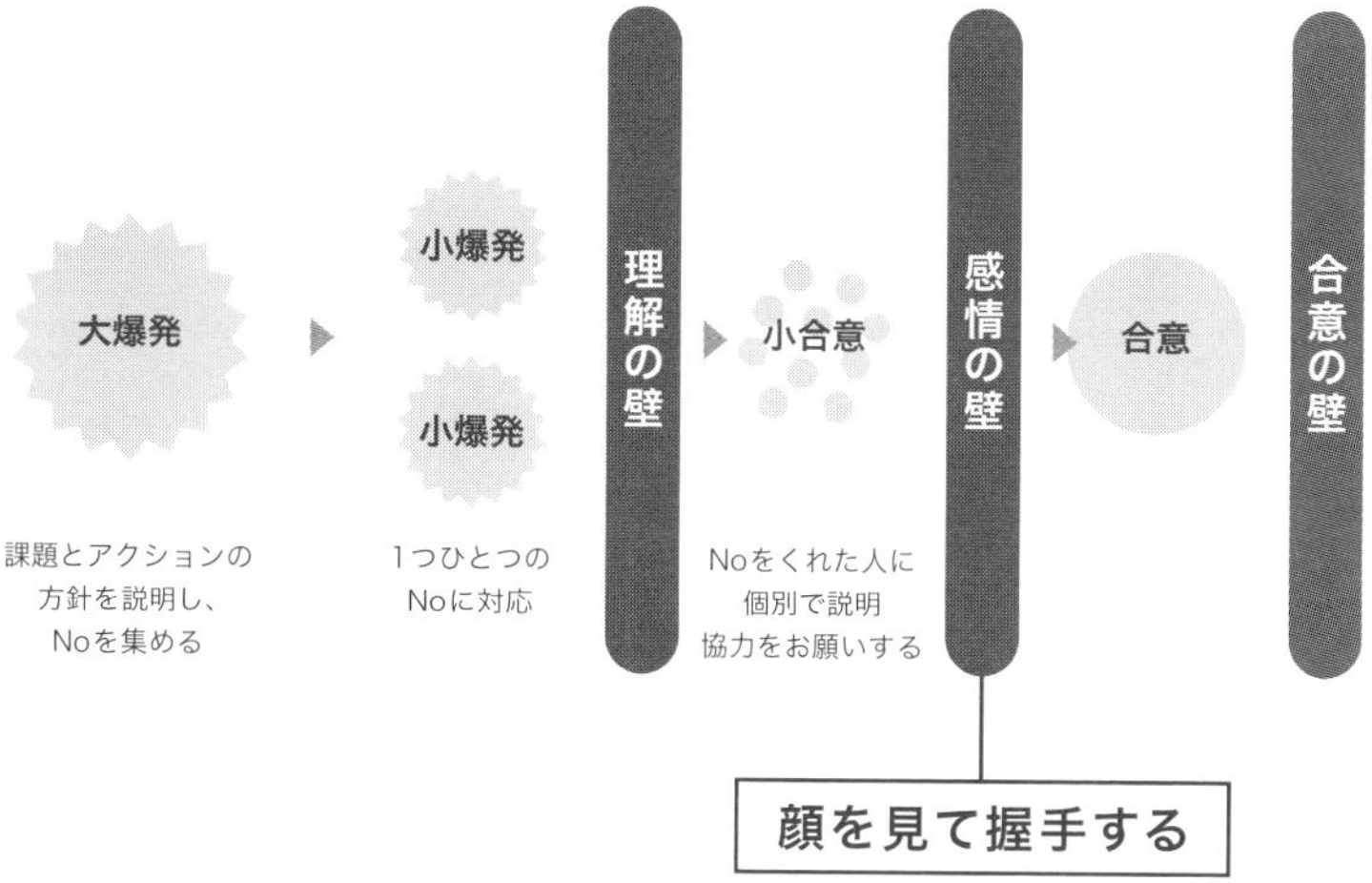

「No」を恐れずに合意を取りつける

関係者からの「No」を恐れるあまり、一方的に協力してほしいことやその内容、期日などを伝えるような進め方をしてしまい、多方面からお叱りのコメントをもらったような経験はありませんか? 私はプロジェクトを推進することと、強引に進めることを履き違え、失敗をしてしまった経験がたくさんあります。

合意形成のプロセスは一筋縄ではいかないものですが、関係者が多い場合に有効な方法を1つ紹介します。それは、「Noを恐れずに合意を取りつける」という方法です(図解53)。**関係者からの反対や懸念点を積極的に引き出せれば、より強固な合意を築くことができます。**

関係者から「No」を引き出せれば、課題や懸念点が明らかになるだけでなく、改善の機会をもらえます。「No」の中には、建設的な疑問や懸念から感情的な反発に至るまでさまざまな種類がありますが、どれにも関係者の思いや意見が隠れています。だからこそ大事なのは、**関係者が抱える「Ｎｏ」に反論するのではなく、相手の立場や懸念を理解し、それに対する解決策をともに考える**ことです。改善策を説明する場を設け、追加の「Ｎｏ」を集めるというプロセスを丁寧に進めていくことで、前述した「理解の壁」を越えていきます。

次に重要なのは「感情の壁」を越えるために、「Ｎｏ」を示す1人ひとりの顔を見ながら説明する時間を個別に設けることです。これは、１ｏｎ１で行う場合もあればグループ同士で行うことになる場合もありますが、できるだけ少人数・小規模で実施するようにしてください。ここまで丁寧に進めていくと、面と向かって反対する人は限りなく少なくなっていきます。一生懸命進めようとしている姿勢が伝われば、「多少わからない部分はあっても、一生懸命やっているなら応援するよ」という気持ちを引き出すことができます。

そして最後に、全体の場での合意形成を目指します。これまで集めた「Ｎｏ」とその対応方法を示しながら、「皆さんと個別でもお話しをして、概ね合意をいただいております。改めまして、この場を持って合意ということでよろしいでしょうか？」などと全員の場で合意を取りつけてください。これにより、信頼構築とプロジェクトへの共感を深めることができます。

これは1つの例でしかありませんが、汎用性の高い大事な進め方です。

02 マーケティング組織のリーダーに求められるもの

いつだって1人の行動から変わる

マーケティング組織のリーダーには、成果を最大化するために変革をもたらす強力なリーダーシップが求められます。ただ、組織に対する変革は一朝一夕には実現できませんし、とくに大きな組織においてはさらに困難を極めるでしょう。しかし、組織の変化は常に1人の行動から始まります。変わらない現状に心が折れそうになることもあると思いますが、そこで諦めずに変化を起こし続ける粘り強さを持ちましょう。

マーケティング組織のリーダーに求められるのは、ただ指示を出すことではありません。自ら変革のために行動して周囲を鼓舞し、ともに新しい方向へと進むことを促すことです。最初は小さな影響かもしれませんが、行動し続けることで徐々にその影響が拡大し、組織全体にポジティブな変化をもたらします。リーダーが熱量を持って行動すれば、周囲に伝播し、自然と賛同してくれる人や応援してくれる人が集まってきます。常に見られている自覚を持ち、自分の影響力を正しく使うことが重要です。

営業の現場を知る

営業の現場を知ることはマーケティング組織にとって極めて重要です。「営業はマーケティング観点を持つべき」といわれることもありますが、私は「マーケターこそ営業のマインドやその姿勢を学ぶべき」だと思っています。

営業活動には、顧客1人ひとりに対する深い理解と細やかな配慮、自社の商品・サービスを選んでもらうための努力があります。顧客のニーズや課題を細かく捉え、それに応えることで、信頼関係を構築しているのです。そうした営業活動の積み重ねがあるからこそできる、マーケティングの施策があることを決して忘れてはいけません。

時に、マーケティングに従事されている方から「営業はやりたくない」と聞くことがありますが、非常にもったいないと思います。顧客と接点がないマーケターが顧客の真理を理解しようとしても机上の空論になってしまいます。**マーケターも営業現場での顧客との対話を経験し、顧客のニーズを深く理解することで、マーケティング戦略の精度を高めることができるのです。**

営業とマーケティングは補完し合う関係にあります。営業の現場を知るために歩み寄り、ともに目標を達成しようとする姿勢があってはじめて営業から協力を得ることができるようになります。顧客に近い営業の現場を知ることにリソースを投下することで、より強固な営業との信頼関係を築きましょう。

知識とスキルを身に着けて会話ができるようにする

マーケティング施策を進めるうえでは、マーケター個人ですべてを実行できる必要はありませんが、ある程度のことは何でも「できる・知っている」必要があります。なぜなら、自分の考えや意図を正しく伝えることや相手の言葉や意図を理解することができなければ、施策や成果に悪影響を及ぼすからです。さまざまな人と対等に会話するために、最低限の知識とスキルを身につける必要があります。

例えば、Ｗｅｂ制作においては、基礎知識やタグ、ＭＡツールやアクセス解析ツール、ＣＭＳなどに関する知識があれば、制作会社の担当者とのコミュニケーションが円滑になるはずです。一方で、テクノロジーの進化は速く、マーケターに求められるスキルセットの幅と深さが拡大しています。未経験の分野に挑戦する機会が増えていくことが予想されるため、普段から「自分の知らないこと」に向き合う心理的なハードルを意識的に下げることが重要です。

未経験の分野にも身を乗り出し成果を出すためには、周囲の人のサポートが不可欠です。自分の知識や経験の範囲の中で答えを出そうと思わずに、周囲の人の力を借りて新しいアイデアや視点を求める姿勢が重要です。知識や経験が豊富な人たちから学ぶ機会を積極的につくりましょう。それは、同志や友人と呼べるような関係性の仲間であったり、適切なパートナーだったりします。自分の周りに頼りにできる人たちがどれだけいるかも、自分のスキルの1つなのです。

謙虚な姿勢を持ち、わからないことがあれば素直に質問し、助けを求めることは、個人の成長だけでなく、組織全体の実行力を向上させるうえでも重要です。完璧主義を捨て、お互いに補い合いながら成長することが、マーケターにとっても企業にとっても最良の道であるといえます。

デジタルマーケティングを推し進める場合はWeb制作についても基礎知識が必要です。詳しい人に任せればOKという考え方もありますが、関係者との円滑なコミュニケーションに大きく貢献します。だからこそ、学び続ける姿勢と他者との協力を惜しまないようにしましょう。

組織に人がいるのではなく、1人ひとりが組織をつくる

マーケティングの仕事は、常に変化し新しい挑戦を要求される領域です。成果を生み出すためには、個人が成長するだけでなく、組織全体が継続的に成長し続けることが不可欠です。成果に向き合うリーダーやマーケターにとって、良い組織をつくり維持することは重要な課題です。ここでは、「健全な危機感」「適度な緊張感」「前向きな飢餓感」「失敗を許し合える安心感」の4つポイントから、優れたチームをつくるための秘訣をお伝えします。

1：健全な危機感を持つ

チームが自己満足に陥らず、常に改善と進化を目指すためには、「健全な危機感」を持つことが欠かせません。マーケティング組織では、外部と内部の変化を敏感に察知し、それに応じて戦略やアクションを変更・調整することが求められます。そのため、メンバー1人ひとりが「改善点はどこか」「次に何をすべきか」を常に考え、行動に移し続ける必要があります。

2：適度な緊張感を保つ

「適度な緊張感」は、チーム全員が同じ方向を向いてプロとして仕事を行うために必要です。期日や約束を守り、パフォーマンスやアウトプットのクオリティを向上させる姿勢が、適度な緊張感の醸成を促し、高い成果へとつながります。過度なプレッシャーは不要ですが、だらけた雰囲気にならないようにしましょう。

3：前向きな飢餓感を養う

「前向きな飢餓感」は、チームが常に新しい挑戦を求め、成長や達成に挑み続けるために重要な要素です。これは「もっとよくしたい」「新しいことに挑戦したい」という熱意にもとづくもので、自己実現や新たな目標への熱意をチームの原動力に変えます。メンバーそれぞれが自身の興味や好奇心を追求できるように、ともに学び、知識や経験を共有する文化をつくっていきましょう。「やってみたいこと」がチームにたくさんあるとき、最も生産的で創造的な状態にあるといえます。それを実現するためには、普段から挑戦する人とその姿勢に対して尊敬と称賛を伝える習慣が必要です。そうした小さな行動の積み重ねが「前向きな飢餓感」を養うことにつながります。

4：失敗を許し合える安心感をつくる

「失敗を許し合える安心感」は、メンバーが恐れずに新しいアイデアを提案し、行動に移すことを支援するために必要な環境です。チームの文化として「失敗を学びの機会と捉えること」を根づかせる必要があります。こうした環境をつくるためには、リーダーが先陣を切って自身の失敗を公にし、その教訓を共有することで、メンバーが自信を持って挑戦できる環境を整える役割を果たします。失敗は誰でもするものですが、その扱い方がチームの文化をつくります。

良いチームとは、1人ひとりがチームの一員としての責任と役割を自覚し、共有された目標に向かって協力し合える集団です。前述した4つのポイントは、そのための土台を築くうえで重要な要素です。組織の中に人がいるのではなく、個々人が組織をつくるという意識を持ち日々の言動や行動にも気を配ることで、真のチームワークを発揮し、実行力の高い組織をつくることができます。自身もそのうちの1人であることを自覚して、日々のアクションを通じて組織の成功に貢献していきましょう。

03 才能との出合いが戦略を変える

最後に、私がとても大切にしている言葉を皆さんにも紹介して本章を終えたいと思います。それは「才能との出合いが戦略を変える」という言葉です。ここでの「才能」とは「周囲は驚くかもしれないが、自分にとっては当たり前のようにできること」と定義させてください。誰にも負けないような特別な能力ではありません。例えば、次のようなことです。

・数字を見ながら改善策を考えるのが好き
・原稿の内容チェックは全く苦ではない
・粛々とメールのテンプレートを改善することに夢中になれる
・とにかく新しいことに挑戦するのが好き
・ツールを使うことが楽しく、活用と定着のための勉強会を開催したい

・イベントの準備で慌ただしい時間にやりがいを感じる
・正確にオペレーションを遂行するのが得意
・初対面の人ともすぐに打ち解けられる　など

これらはその人の「才能」そのものでもありますし、その一端が垣間見えるものでもあります。人がイキイキと仕事ができる瞬間は、自らの才能と意欲が最大限に発揮でき、自己効力感と貢献感を味わえるときだと私は考えます。人は自信に満ちあふれ、他者に貢献できたと感じられるときにパフォーマンスが最大化されます。ですので、組織がさらに高い成果を上げるためには、個々の才能を見つけ活用することが不可欠です。

しかし多くの企業では、戦略やアクションの方針、具体的なアクションのアイデアが先行しており、そこに人を当てはめるというアプローチが取られるのが一般的です。もちろんこれは誤りではありませんが、肝心の実行する人を考慮しておらず、結果的には期待した成果につながらないこともよくあります。実行する人次第で、どんなに優れた戦略やアクションもその成否は大きく分かれてしまうのです。

では、マーケティング組織のリーダーの役割は何でしょうか？ それは、メンバー1人ひとりが持つ才能を発見し、育成する環境を整え、戦略やアクションを柔軟に調整し、メンバーが最大限に才能を発揮できるようにサポートすることです。つまり、「才能との出合いが戦略を変える」とは、個々の才能を起点に組織全体の戦略やアクションを設計することであり、そのためには才能を発揮できるようサポートすることもまたリーダーの仕事である、と自覚するための言葉であると考えています。

しかし、自分には何の才能もないと感じる人もいるかもしれません。私自身も、何においても上には上がいて、外に目を向ければ自分よりすごい人たちばかりで落ち込む日もたくさんあります。そのような中でいきなり「あなたの才能は何ですか？」と聞かれても、「自分には才能なんてない」「自分の才能なんて高が知れている」と尻込みしてしまうのも無理はありません。ですが、読者の皆さんも含めて、マーケティング組織の中で才能を発揮できる場は必ずあります。

マーケティング組織のリーダーの方は、才能との出合いを大切にし、それを起点に戦略を考え、アクションを起こす覚悟を持ちましょう。才能から新たに挑戦すべきことを見出すことができれば、きっとそれはさらなる成果を上げる重要なカギとなるでしょう。

おわりに

タイトルにある「マーケティングの実践ガイド」という表現は、皆さんが自信を持ってやるべきことに取り組めるように……と願いを込めてつけました。マーケティング組織を支えるパートナーのような存在として、皆さんの近くに本書を置いていただけると嬉しいです。ぜひ、手に取った感想もお聞かせください。

そんな本書は、これまで出会ってきた数多くの方とのご縁とご指導のおかげで執筆することができました。出版にあたって感謝を述べさせていただきます。

まずは、編集を担当してくださった翔泳社の大久保遥さん。多大なサポートのおかげで最後まで挫けずに走りきることができました。「読者のために」というスタンスでたくさんの助言をいただけたことに感謝しています。ありがとうございました。

次に、コニカミノルタジャパン株式会社のマーケティングチームでともに戦った皆さん。あの文化祭前夜がずっと続くかのような日々と、学びを発信する活動の楽しさに出合えたおかげで今の自分があるのは間違いありません。1人ひとりが持つ才能の存在を信じ、そしてそれらを発揮することが組織の成果に直結することを教えてくれたのは、ほかならぬ皆さんです。

また、こうして執筆することができたのは、株式会社EVeMの仲間たち（北島聖士さん、辻本知範さん、大久保舞さん、丸茂洋平さん、山口和歌さん、長村禎庸さん、ジェイさん、長岡宏さん、渡部沙哉子さん、石井秀平さん、阿部仁さん、品原由衣さん）の支えとパーパス実現のために野心的な目標に挑む日々、そして「マネジメントの型」の学びがあったからです。マーケターとしての誇りを胸に、かけがえのない仲間とともに、一生の財産ともいえる日々を過ごせていることに心の底から感謝しています。

そして、出版に関する相談に乗ってくださり、背中を押してくださった茂野明彦さんには、特別な感謝を申し上げます。時に厳しく、時にやさしく、いつも私のチャレンジを応援してくださりありがとうございます。

ここには到底書ききれないほどたくさんの方から受け取った恩を、本書を通じて少しでもお返しできていればこれほど嬉しいことはありません。この場を借りて、私がこれまでお世話になったすべての皆さんに感謝とお礼を申し上げるとともに、結びの言葉とさせていただきます。

２０２４年５月　富家　翔平

本書内容に関するお問い合わせについて

このたびは翔泳社の書籍をお買い上げいただき、誠にありがとうございます。弊社では、読者の皆様からのお問い合わせに適切に対応させていただくため、以下のガイドラインへのご協力をお願いいたしております。下記項目をお読みいただき、手順に従ってお問い合わせください。

●ご質問される前に

弊社 Web サイトの「正誤表」をご参照ください。これまでに判明した正誤や追加情報を掲載しています。
正誤表　https://www.shoeisha.co.jp/book/errata/

●ご質問方法

弊社 Web サイトの「書籍に関するお問い合わせ」をご利用ください。
書籍に関するお問い合わせ　https://www.shoeisha.co.jp/book/qa/
インターネットをご利用でない場合は、FAX または郵便にて、下記 “翔泳社 愛読者サービスセンター” までお問い合わせください。
電話でのご質問は、お受けしておりません。

●回答について

回答は、ご質問いただいた手段によってご返事申し上げます。ご質問の内容によっては、回答に数日ないしはそれ以上の期間を要する場合があります。

●ご質問に際してのご注意

本書の対象を超えるもの、記述個所を特定されないもの、また読者固有の環境に起因するご質問等にはお答えできませんので、あらかじめご了承ください。

●郵便物送付先および FAX 番号

送付先住所 〒160-0006　東京都新宿区舟町 5
FAX 番号 03-5362-3818
宛先（株）翔泳社 愛読者サービスセンター

※本書に記載された URL 等は予告なく変更される場合があります。
※本書の出版にあたっては正確な記述につとめましたが、著者や出版社などのいずれも、本書の内容に対してなんらかの保証をするものではなく、内容やサンプルに基づくいかなる運用結果に関してもいっさいの責任を負いません。
※本書に記載されている会社名、製品名はそれぞれ各社の商標および登録商標です。

富家 翔平（ふけ・しょうへい）

大阪経済大学を卒業後、大手通販会社のマーケティング、広告代理店にてマーケティングコンサルタントを経験。その後、コニカミノルタジャパン株式会社にて、「営業改革プロジェクト×マーケティング組織の立ち上げ」を推進。マーケティング企画部部長として、事業部・全社のマーケティング組織の責任者を務めた。

現職の株式会社 EVeM では、実践者の 1 人として、マーケティングに「マネジメントの力」を掛け合わせた成果創出に挑戦している。BtoB マーケティングとセールスをテーマにしたイベントやセミナー、メディアへの登壇実績多数。

[X アカウント（@fuke_tomiya）]
https://x.com/fuke_tomiya

装丁・本文デザイン／岡部夏実（Isshiki）
DTP ／滝澤博（Isshiki）
装丁・本文イラスト／米光マサヒコ

最高の打ち手が見つかる
マーケティングの実践ガイド

3つのマップで戦略に沿った施策を実行する

2024 年 6月 26日　初版第 1 刷発行
2024 年 8月 20日　初版第 2 刷発行

著者　富家《ふけ》 翔平《しょうへい》
発行人　佐々木 幹夫
発行所　株式会社 翔泳社（https://www.shoeisha.co.jp）
印刷・製本　株式会社 ワコー

ⓒ 2024 Shohei Fuke

本書は著作権法上の保護を受けています。本書の一部または全部について（ソフトウェアおよびプログラムを含む）、株式会社 翔泳社から文書による許諾を得ずに、いかなる方法においても無断で複写、複製することは禁じられています。

本書へのお問い合わせについては、254ページに記載の内容をお読みください。

落丁・乱丁はお取り替えいたします。03-5362-3705 までご連絡ください。

ISBN 978-4-7981-8572-9　Printed in Japan